瞬间掌控人心

常晓玲◎编著

西苑出版社

图书在版编目(CIP)数据

瞬间掌控人心/常晓玲编著. —北京:西苑出版社,2010.7

ISBN 978-7-80210-793-9

Ⅰ.①瞬… Ⅱ.①常… Ⅲ.①人间交往-社会心理学-通俗读物 Ⅳ.①C912.1-49

中国版本图书馆CIP数据核字(2010)第129011号

瞬间掌控人心

编　　著　常晓玲

出版发行　西苑出版社

通讯地址　北京市海淀区阜石路15号　　邮政编码:100143

电　　话:010-88624971　　传　　真:010-88637120

网　　址　www.xycbs.com　　E-mail:xycbs8@126.com

印　　刷　北京晨旭印刷厂

经　　销　全国新华书店

开　　本　710mm×1000mm　1/16

字　　数　270千字

印　　张　19

版　　次　2010年8月第1版

印　　次　2010年10月第1次印刷

书　　号　ISBN 978-7-80210-793-9

定　　价　29.80元

(凡西苑版图书如有缺漏页、残破等质量问题,本社邮购部负责调换)

人类区别于其他动物最明显的特征就是使用语言，但是混迹于现代社会中，人和人之间的距离感使得人们不得不将自己的真实想法掩藏起来。

所以，人们常叹人心难测。有的人一笔业务跟了大半年，到最后却不能确定客户的用意；有人的尴尬事竟被相识多年的好友透露了出去，成为众人的笑柄；更有人谈了多年的恋爱，却不知对方究竟是不是自己这辈子要找的人……

在人的一生之中，会遇到各种各样的人，稍有不慎，也许你就得罪了小人，生活就会平添无数烦恼与困扰，唯有练就一双“火眼金睛”，看穿他们的内心，认清他们的本质，才能在生活中游刃有余，进退有据：你可以在众人中不露痕迹地分辨出真朋友还是假朋友；你可以准确无误地判断出上司的意图；你可以在朋友的语调中读出他的隐衷；你可以在对你微笑的人的一转身间发现他的谎言。

随着时间的推移，人们渐渐发现，人的心理是可以被阅读的。人活在世，各有所需。有所需自然有所求。因此，只要清楚一个人此时此刻的需求，就一定有办法解读此人的心理。根据人不同的需求，人的心理会随着外在浮现出来。那么，怎样才能看出面具后面的真实意图呢？怎样才能了解他们的内心世界并掌控他们的思维动态呢？

一个人的外貌特征、穿着打扮、不经意间的肢体动作、话语中的言外之意无不透露出他内心的秘密。

因此，从身势语言、衣着搭配、言谈举止、兴趣偏好等方面入手，对身体语言的形态、内涵及其运用有全面深入的了解，从而揭开身体语言的密码，读懂他人的真实意图，窥破人际关系的秘密，掌握和运用比说话更高效的沟通技巧，你将学会如何解读他人的身体语言，知道你的老板、同事、商务伙伴、爱人到底在想什么，而不是仅仅知道他们在说什么；你将能够认清谁是你真正的朋友，谁一门心思想要欺骗你；你将可以轻松辨别某个人是不是真的爱上了你，还是仅仅是你自己的错觉；你将学会怎样控制非语言信号，只传递你希望传递的信息，让你在工作与生活中游刃有余，成就无往不利的事业和人生。

目录

第一篇　识人篇

第一章　人的心理可掌控

读懂人，才有知人之明，而读不懂人，就会败事，甚至伤身。战国时期的军事家孙膑，因没有读懂庞涓，而受到了刖掉膝盖骨的重刑；韩非没有读懂李斯，最后竟被囚禁而死。

会读书，更要会读人。哪怕是一颦一笑，一丛鱼尾纹，社会学家从中寻觅历史，文学家从中透视深埋其中的哀乐人生，哲学家从中剖析人性善恶，医学家从中判断健康状况，心理学家从中管窥血型和性格。尽管人生并不是一首牧歌，但首先自己得心地坦然，光明磊落。然后，以冷静的目光去看社会，去读人，读好了人这部大书，有助于我们事业有成，我们就会真正实现由必然王国到自由王国的转变。

第二章　古人的阅读术

古人识人的经验很丰富,至今仍有借鉴的价值。古人提倡用各种方式检试一个人的品性,包括远使之而观其忠,派他到远处任职,观察其忠诚度;近使之而观其敬,让他在身边任职,观察其敬慎;烦使之而观其能,派他做繁杂之事,观察其能力;卒然问焉而观其知,突然问其问题,观察其是否机智;急与之期而观其信,仓促约定见面时间,以观其信用;委之以财以观其仁,托付大笔钱财,观察其是否是仁人君子;告之以危而观其节,告诉他情况危急,观察其节操;醉之以酒而观其则,故意灌醉他,观其本性;杂之以处而观其色,与众人杂处中,观其为人处世态度。

第三章 静态下的外貌

在对人认知的过程中，一般是从他者的行为表现开始，从他的一言一行、举止风貌、衣着打扮、姿态表情等外在特征，逐渐深入到他的人格结构、内在特征的。对人外部特征的认知可以分为对外部静态特征的认知，即对他人的整个外貌的认知和对动态特征的认知，即对他人的外部的认知。

第四章 不同表情的不同语

人的身体的不同部分有着不同的暗示语，脸部表情、眉毛的挑动，眼睛下的深情，以及鼻子、嘴唇、下巴等都有不同的语言。但也不要仅仅局限于一些原本的意思，如并不是所有的点头都表示同意。

第五章　举止观人注意静心

察言,主要是听弦外之音;辨色,主要是理解对方的肢体语言。肢体语言往往比口语沟通内容更具可信度。人可以随意地说出言不由衷的假话,但是要将肢体语言完全隐蔽起来就不那么容易。行为举止是心灵的体现,观其行,就能知其心。

第六章 声音下的灵魂

话语是一个人表达内心想法的主要而常用的方式，人们说话时的声音的快慢缓急，声高声弱，无不反映着说话人的情绪变化，心情的好坏。

第七章 话题识人

从一个人所说的内容可以探视一个人的内心，可以听出他的内在心理、个性品质。

第八章 兴趣反映的性格

兴趣爱好是一种根据个人意志所选择的习惯行为。生活中，几乎每个人都有自己喜好的习惯行为，如有人爱看书，有人喜弈棋，有人嗜酒成癖，有人跳舞上瘾。总之，大千世界，每人各有所好。可以说兴趣爱好是人的潜意识的最好流露，因而也最能暴露出一个人的深层心理结构。因此，阅读对方，兴趣爱好不可不察。

第九章 好马配好鞍——穿着打扮也能揭示人的性格

人的穿着打扮，不仅反映了一个人的容貌、气质和风度，更反映了一个人的素质和审美观。服装服饰是人内在美的一种外在表现形式，通过衣着打扮可以洞察一个人的性格。

第十章　饮食小细节,看人大学问

俗话说,“民以食为天”。任何人活着总是离不开食物的,食物对于人来说可谓是重中之重。从一个人喜欢吃什么东西可以观察出他的性格特征,同样,从一个人以什么样的方式来吃东西,也可以观察出他的性格特征。

第二篇 应用篇

第十一章 识人方法的精华概括

通过具体细节的掌握可以观察到人心，在具体的生活中，有人对综合运用识人方法进行了总结。他们形成了具体的方法，如引蛇出洞、抛砖引玉。在观察、认识别人时，不要把自己放在被动的位置上，也要学会主动出击。

第十二章 管好你的手

手的动作暗藏深意。手的动作有着丰富的语言，手的动作也是除了语言之外的一种很重要的肢体语言，它可以通过不同点的动作表示不同的含义。

第十三章　在具体生活中的运用

具体的识人术,要运用在具体的生活中,在朋友、家庭、职场关系的处理中,只有在日常生活中把它们发挥得淋漓尽致,才能真正收到实效。朋友间的友好相处,家庭的和睦,职场的顺利,都在很大程度上需要正确地识人。

第十四章　识人在交际应酬上的运用

每个人的生存都离不开工作,工作是人生活中不可缺少的一部分。有的人在工作中豁达干练,有的人在工作时却是懒散拖拉;有的人办公桌整整齐齐,有的人的办公桌则凌乱不堪。一个人的工作是干练还是拖拉,是整齐还是凌乱,我们从他们工作中的细微动作不但能够看出其性格特征,还可以推测出他们的工作能力。

第一篇

SHUN JIAN
ZHANGKONGRENXIN

识人篇

第一章　人物的心理可掌控

读懂人，才有知人之明，而读不懂人，就会败事，甚至伤身。战国时期的军事家孙膑，因没有读懂庞涓，而受到了刖掉膝盖骨的重刑；韩非没有读懂李斯，最后竟被囚禁而死。

会读书，更要会读人。哪怕是一颦一笑，一丛鱼尾纹，社会学家从中寻觅历史，文学家从中透视深埋其中的哀乐人生，哲学家从中剖析人性善恶，医学家从中判断健康状况，心理学家从中管窥血型和性格。尽管人生并不是一首牧歌，但首先自己得心地坦然，光明磊落。然后，以冷静的目光去看社会，去读人，读好了人这部大书，有助于我们事业有成，我们就会真正实现由必然王国到自由王国的转变。

可以被阅读的人的心理

自古有读书一说，难道有读人的吗？其实，每个人都在读人，也被人读，某种意义上可以说，人就是一部复杂的、难以读尽也难以读透的大书。俗话说：知人知面不知心。人心犹如一潭深不可测的湖水，从古至今，无数人发出过这样的感叹：识人难，识人心更难。社会中口是心非的人随处可见。有的人和别人称兄道弟几十年，到最后竟然看不清朋友的面目；有的人一个项目谈了大半年，却始终也不知怎么确定对方到底有没有诚意；答应不把你的秘密告诉别人的朋友，却在某一天把你的秘密当成了谈论对象；更有甚者，有人谈了几年恋爱，却一直不知对方的底细，等到结婚了才看清对方的真面目，却又后悔不已。或许人们前一刻还如胶似漆，情同手足，后一刻却翻脸无情，势如水火。

我们生活在这样一个到处充满着虚伪、狡诈、隐瞒和怀疑的世界里，你带着面具看我，我带着面具看你，始终进入不到一个真实的世界里。我们无法封闭自己，不要和陌生人说话，始终不会做得太彻底。

人心真的如此不可琢磨吗?

大量事实证明，人的心理是可以被阅读的。我们所说的人的心理是可以阅读的，并不是说是直接去读人的心理，这是不可能的，而是通过其外在表现去揣摩。根据人不同的需求，人的心理会随着外在展现出来。大家一定熟悉小说家柯南道尔所创造的那个侦探怪杰——夏洛克·福尔摩斯，他对于阅读人的心理着实有一套，他说："指甲，外套的衣袖，脚上的靴子，裤子膝盖上的褶皱，食指和拇指上的老茧，面部表情，以及衬衣袖口和他的种种行为，通过这其中的每个细节，我们都能轻而易举地推断出这个人的职业。"他的话给了我们不少启示，人虽然是复杂矛盾的综合体，但也是信息之源，总会有一些因素可以为我们认识一个人的真实面目提供依据。一个人的外貌特征、穿着打扮、不经意间的肢体动作、话语中的言外之意都会透露出他内心的秘密。

读人最简单的莫过于读婴儿了，婴儿的每一次啼哭都表示着有什么要求，细心的母亲自会读懂。大音乐家贝多芬曾把婴儿的啼哭比作"世界上最动听的音乐"。那么，婴儿的笑靥，就可以比喻为世界上最美丽的花儿了。

随着年龄的增长，人变得越来越复杂起来，要把人读透也就日见其难。但尽管难，还得读。做领导工作的，能不读人吗？不然怎么做到知人善任；搞经营的，能不读人吗？不然你怎么知道与你打交道的是儒商还是奸商；搞文学的，能不读人吗？有道是文学即人学。即使你什么功利目的也没有，只是日常生活中交个朋友，也得读人。不然你怎么知道谁正直、善良，至少，当今“杀熟”的现象还真不少。

读人是一门学问。会读的人读内在本质，不会读的人读表面现象；会读的人读全面，不会读的人读枝节，因而历史上因读人的正误所出现的经验教训真是车载斗量，不胜枚举。日本名古屋商工会议所主席土川元夫有一次接待一位要求到他那里工作的人。谈了20分钟，他便作出决定：不能留用。推荐者问他为什么这么短的时间就能决定取舍，土川元夫说：“这个人和我一见面就滔滔不绝地说个没完，根本不让我有说话的余地，我说话时他又满不在乎地不注意听，这是他的第一个缺点；其次，他很得意地宣传他的人事背景，说某某达官贵人是他要好的朋友，另一位名人也是常常和他一起喝酒的酒友，沾沾自喜地炫耀出来故意让我知道；第三，我关心的话题，他又谈不出来，这种人怎么能任用呢！”听了这番分析，推荐人佩服得直点头。

读懂对方才能看准对方

德谟克利特在街上遇到一位熟悉的女孩，他特意看了她一眼，说道：“姑娘，你好！”第二天早上，德谟克利特又遇到那位姑娘。而这一次，他用奇怪的眼神看了那位姑娘一眼说：“这……这……夫人。你好！”姑娘听到德谟克利特的问候，羞愧地走开了。

德谟克利特之所以能在很短时间内看出女孩的很不显眼的变化，是与他锐利的眼光分不开的，他从姑娘的神态、举止中看出常人难以发觉的细节。而他的观察结果是与下述三个阶段密切相关的。

第一个阶段是描述阶段，通过初步接触观察即能描述观察对象的外貌特征、兴趣爱好以及文化程度、社会地位、工作情况等。

第二个阶段是预测阶段，即进一步了解观察对象的思想感情、思维特征、性格特点、为人处世态度等。这个阶段不但能准确描述一个人，而且能预测一个人的行为。

第三个阶段是解释阶段，即进一步对一个人的生活经历、性格成因、行为的动机及心理基础等进行了解与认识。在这个阶段不但能预测一个的行为，而且能解释其行为的动机以及性格的心理基础。因此，观察一个人，必须正确掌握观察的深度，尤其是对一个未知的“生人”更不可盲目下结论，只有通过若干方面的认真考察，才能获得准确的了解。

通过三个阶段融会贯通，人们可以很快地了解一个人的内心动态，从而推断一个人的未来和动向。不少英才性格怪异、行为反常，甚至表现为顽劣不堪，但明眼人能透过这表面现象看出他的本来面目。

春秋战国时，赵国国王赵简子想确立王位继承人。赵简子写了一篇训辞，并将训辞分别写在两块竹简上，叫两个儿子各执一块，并要熟记训辞内容。三天以后，赵简子将大儿子伯鲁叫到身边，要他背诵训辞，可伯鲁一个字也背不出来；叫他把竹简拿出来看一看，伯鲁说早就丢失了。赵王虽不悦，但并未训斥。接着赵简子又把无恤叫来，叫他背诵训辞。无恤从头至尾一字不漏地背了出来，后问他竹简在哪里，无恤立即从袖中取出，并恭恭敬敬地奉呈赵王。赵简子心虽高兴，但并未夸奖。通过这次考验，赵简子了解了两个儿子的做事态度，认为无恤能严守父训，听从教育，做事认真，勤谨有礼，便确立无恤为他的继承人。

与赵简子相反，出身农户的刘裕虽没有多少文化，却能够一统天下，他凭借的是自己的豪侠志气。

刘裕在东晋末年南北朝混战之际，崛起于行武，终其一生，戎马倥偬。这位靠战争登上皇位的农家子弟，胸有韬略，勇武善战，确实充满了“金戈铁马，气吞万里如虎”的英雄气概。刘裕曾在桓玄手下做一个小头目，当时桓玄已经篡位，他的夫人私下对桓玄说：“我看刘裕龙行虎步，风度不凡，恐终不能为人下，不如早点除掉他，迟了恐怕养虎为患。”桓玄说：“我刚刚平定中原，目前正是用人之际，战时杀他对我没有什么好处。等关河平定之后，再作打算吧。”一个女子能够很快看出一个人的将来，是与她平素看人无数的经验分不开的。只是等到桓玄“再作打算”时，刘裕已经羽翼丰满，率领他的人马向自己的帝王之路进发了，不出几年，便夺取了天下。一个人的行动，他人没有一双慧眼和心灵的睿智是看不出来的。

楚汉之争中，项羽的失败令无数人惋惜。而这其中也涉及很重要的一个识人问题。本来，项羽从哪个方面较之刘邦，都处于绝对优势，结果竟是刘邦战胜了项羽，胜利还乡，高唱《大风歌》，而项羽则兵败乌江，被围垓下，至死不知自己为什么死？还大喊什么“力拔山兮气盖世”。更说：“此天亡我也，非战之罪也。”那么，本来是项强刘弱，最后是刘胜项败。究竟项强刘弱转化为刘胜项败最主要的原因是什么？很简单，刘邦有自知之明，知人之明，而项羽则既无自知之明，更无知人之明。

先说刘邦的高明，有一天刘邦正在军营中洗脚，军士传报：营门外有儒生求见，刘要军士告诉他：“现在是战争时期，不见知识分子。”不料，这位知识分子不经同意，直闯营门，冲着刘邦的面说：“你为什么这样轻视读书人？”刘邦说：“天下可以从马上得之，要读书人干什么？”这位读书人当即反问他：“天下可以从马上得之，天下也能从马上治之吗？”刘邦听后，深受触动，立即和颜悦色，向这位读书人施礼道歉，并请他上座。还有，刘邦胜利之后，有一天问左右臣子：“你们直说，我为什么能打败项羽？”这些臣子只是说些拍马奉承的话，刘邦听后摇头说：“我所以能打败项羽，主要靠三位人才。”接着他又说：“出谋划策，研究正确作战方针，保证打胜仗，我不如张良；制定典章法令，管理政务，筹集军费粮草，我不如萧何；身临第一线带兵打仗，做到战必胜，攻必克，我不如韩信。此三人皆为人中豪杰，均能为我所用，这是我战胜项羽的主要原因，而项羽只有一个范增也不能用，所以他注定要灭亡。”

对于唐朝大将军郭子仪，人们知道更多的可能是他在战场上的功绩。他曾在平定安史之乱中立过大功，得到肃宗的赞赏，晋封为汾阳郡王，他在识人方面也颇有眼光。历史上有郭子仪屏退侍女免祸患的记载。郭子仪做了大官之后，不仅妻妾成群，而且拜访他的人也多了。在每次会见客人时，都有一大帮爱姬侍女相伴。但是每次卢杞来他都会屏退所有陪侍的妇女。

留在郭子仪身边的几个儿子对此都感到不解，便问，以往父亲会见客人，总是姬妾满堂谈笑风生，为什么今天听说来人是卢杞，便赶走了所有的妇人？

郭子仪告诉他们：“你们不知道，卢杞这个人生来相貌丑陋，而色发蓝，我怕妇人们见了他会因此讥笑。而且他这人心术不正但很聪明，又会巴结，迟早有得意之日。若是现在得罪了他，他定会怀恨在心伺机报复。宁可得罪君子，也不可得罪小人啊！”

后来卢杞当上了宰相，果然谋杀了不少人，唯独郭子仪因不曾得罪过他而幸免于难。

生活中，隐藏着很多像卢杞一样的人，稍不注意，或许就会因得罪他们而给生活带来很多的烦恼。因此，我们需有看穿人心的本领，从而认清他们的面目，与他们交往时需进退有据：你可以不漏痕迹地在众人中分辨出哪些人可以深交，哪些人只是点头之交；你可以准确无误地听出老板的意图；你可以从朋友的语调中读出他的言外之意；你可以认清对你微笑的人笑容下的隐含意义……

伟人和凡人，心力高超的人和智力平平的人，差别只在咫尺之间，就是在那很微小的地方。有的人发现了重要的甚或石破天惊的事件，有的人却一无所见。为此，每个人都不可忽略小事，往往就在小事上，就在对一个人举手投足的认识上，可以看出事物变化的真实情况。

一个有见识的人，即使在非常安全的地方，对生活中发生的不同寻常的举动，都会居安思危，事先看透别人的真实居心，而采取未雨绸缪的防范之策。

读懂人心才能做好事情

古人说："世事洞明皆学问，人情练达即文章。"做事离不开"人情定律"，不懂察人情是不可以的，因为，人情是无根的东西，想要固定它，必须牢牢地掌握它。

通晓人情，就是要有一种设身处地、将心比心的态度。从正面讲，就是要"已欲立而立人，已欲达而达人"。就好像肚子饿了要吃饭，应该想到别人肚子也饿了，也要吃饭；身上冷了要穿衣，应想到别人也与你一样。懂得这些，你就要"推食食人"、"解衣衣人"。

通晓人情从反面讲，就是要"已所不欲，勿施于人"。你爱面子，就别伤别人面子；你要得到别人尊重，就不能不尊重别人。"只许州官放火，不许百姓点灯"的事，也不是没有人做。

当然，通晓人情还不够，有的人既通又晓，但自视清高，懒得做。情是做出来的，还需要有人缘。有人缘的人，才会广交朋友受人欢迎。

话虽这么说，但人情的"通"，人缘的"有"，是不能靠守株待兔的。天上不会掉下一张馅饼，而且刚好掉到你的嘴巴里。

你也可以成为识人高手

很多时候，人们总是喜欢通过直觉办事。一般人认为，女性的直觉总是特别准，其实直觉并不只是女性的专利。看穿人心，同样需要瞬间透视人心的直觉。可能在0.5秒钟之间就能把一个人的特点大体判断出来。可是，怎么练就这种瞬间的直觉能力呢？其实有一个很简单的方法，就是走进人群，观察人生百态，看得多了，观察得久了，就会有一种不自觉的无形能力。直觉就是一种模糊的经验判断。当某种经验积累得多了，一旦看到某种类似的现象或者反常的现象，就会联想到可能的结果，人们概括为“直觉”。也许你认为生活在这个世界各国已密不可分的现代信息化世界，没有人是孤立的。怎么还需再走进人群呢？关键是我们虽身在人群，却没有用心去观察。

从出生的那一刻起，我们就已经与社会建立起了不可分割的联系。我们在这个社会中，时刻与周围的人、事发生着联系。所形成的这个环境氛围，就是我们看穿人心的前提。然而，就是在这个我们早已置身的环境中，却看不清周围的人，弄不明白身边的事，总是得罪了人，还不知道是怎么回事。或许真是不识庐山真面目，只缘身在此山中吧。

然而很少有人真正去弄明白这其中的缘由，从而找到其中的症结。事实上，我们回想一下就会发现，虽然我们生活在整个大环境中，却没有真正地去观察了解其中的人和事，我们只是活在自己的那片天地里，而没有主动地去和他人建立联系，从而失去了很多能够看穿人心的锻炼机会。

没有人能够真正孤立地生活，既然不得不与别人发生联系，为什么不主动地训练自己的交往能力，使自己在交际中能够真正做到游刃有余呢。从而正确地看透人和事，避免发生一些不必要的麻烦。

孙悟空的“火眼金睛”可以看出任何的妖魔鬼怪，不管他们有怎样的变换。其实在这个社会的炼丹炉里，只要我们能够睁大眼睛，善于观察、勤于思考，真正做到用心，我们也可以练就一双属于自己的“火眼金睛”，成为识人高手。

不要把识人看成是一种多么高不可测的能力，其实在生活中，我们每时每刻都在观察人，只要我们注意留心一下，就可以慢慢掌握。不管你是性格外向还是内向，都有掌握人心的能力。性格外向的人似乎更容易与人交往，在与别人的谈话中就可以把握很多信息，但内向的人可以通过静态的观察来寻找信息，一个眼神、一个无意识的动作都是可以捕捉的关键点。现代信息社会，人们的交往往往依赖电话、网络，这就使识人隔了一层雾。所以，若想真正地掌握这门技巧，还是冲破这层雾比较好。

那究竟怎么观察才能把握人心呢？历史上的曾国藩是一位识人高手，有《冰鉴》传世，我们可以看看曾国藩是怎么看人的。一次，有新来的三位幕僚来拜见曾国藩，寒暄之后退出大帐。有人问曾国藩对此三人的看法。曾国藩说：“第一人，态度温顺，目光低垂，拘谨有余，小心翼翼，是一个小心谨慎的人，适于做文书工作。第二人，能言善辩，目光灵动，但说话时左顾右盼，神色不端，是一个机巧狡诈的人，不可重用。唯有这第三人，气宇轩昂，声若洪钟，目光凛然，有不可侵犯之气，是一个忠直勇毅的君子，有大将的风度，其将来的前途不可限量，只是性格过于刚直，有偏激暴躁的倾向，如不注意，可能会在战场上遭到不测。”这第三个人便是日后为湘军立下赫赫战功的大将罗泽南，后来他果然在一次战争中中弹而亡。

曾国藩在观察人时，从态度、语言、声音、眼神出发，准确地看透了他们各自的性格。当然，这其中也需要很强的经验判断能力。这就需要我们仔细观察、仔细琢磨，掌握各个信息表示的意思，就能逐步掌握技巧。不要有恐惧心理，想想平时我们是怎么学滑冰的，当你真正学会了，就永久地掌握了这门技巧。看人心也是如此，当真正掌握之后，就会觉得像呼吸空气一样自然了。正如我们根本不需要察看我们的脚是如何走路的或我们的手是如何抓东西的一样，看穿人心并不难。

不要以为看穿人心的最高境界就是轻轻一瞥，便能了解别人在想什么。其实，这还只是表面，只要不断地学习和练习，总结经验，是很容易实现的。但真正地洞察人心，则应该是对人性的深刻剖析。

学会多层次了解

“盲人摸象”的故事讲的是：几位盲人摸象，摸到脚的育人说似桶一样的东西；摸到尾巴的说似扫帚一样；摸到肚子的说如鼓一样；摸到耳朵的说如笊篱；摸到牙的说像牛角一样；摸到鼻子的说像条粗绳索。盲人由于视觉的障碍，看不见大象的立体化画面，每人只摸到象的一部分，却把它当做整体，这个故事给所有知人识人者如何去全面认识他人以深刻的启示。

人的潜意识中隐藏着感情、需要、性格、想法、长处、缺点等许多东西，这许多部分构成了人的整体。反过来说，人的整体如同一个立体事物一样，是多面的。每个部分就构成了一个人的面，通过面可以判断一个人的本质属性。但并不是所有的面都和这个人的本质属性相一致，人的本质属性是由大多数的面决定的，如果把人的个别面当成大多数的面，把部分当成整体，就会犯“盲人摸象”的错误。例如把偶然犯错的同志看成是“屡教不改”，把偶做一两件好事的人当成先进人物，这样的后果必定造成知人识人的失误。要避免“盲人摸象”的错误，就必须借助于“立体透视法”来知人识人。所谓“立体透视法”，就是对对象做全面性的综合考察透视，反映这个对象的整体以及这个整体和部分事物所构成的立体画面。

具体内容包括多层次透视、多侧面透视、多角度透视和多态势透视和全方位角度读人。

在了解人时，不但要考察表面现象的浅层次，更要考察内在实质的深层次。

春秋时，秦穆公请相马专家伯乐推荐他的继承人，他推荐了方九皋，秦穆公高兴地接受了。方九皋访求良马三个月，果然找到了一匹理想的良马。秦穆公问他是怎样的马，他说是一匹黄的母马。牵来一看，却是一匹黑的公马。秦穆公很不高兴，把伯乐找来，说："你介绍的那位相马专家，连马的毛色和公、母都分辨不清，哪里还能相什么良马呢!"伯乐问明原由后。不禁大为赞叹："方九皋能不照搬书上的条文，真比我高明千万倍！他所注意的是根本的东西，能抓住内在的实质，忽略表面外形；只看他需要的，而不看他不必看的，像方九皋这样观察事物的方法实在有着比相马更重大的意义!"伯乐把马牵来一看，果然是一匹天下难得的千里马。当然，方九皋连马的毛色和公母这一表面上的东西都认不清，这并不是什么好事，但是，他那看马注意看本质的观察方法是值得称道的。

辩证唯物主义认为，在现象和本质这对范畴中，现象是本质的具体表现，本质是现象的根据；现象是浅层次的东西，本质是深层次的东西。只有通过现象这个浅层次，才能抓住深层次的本质。如果只停留在现象的浅层次上，就会把人看扁。如伯乐的儿子把马的额头、眼睛等表面上的东西当做相马标准，结果相到一个大蛤蟆。

在考察人时，既要看现象又要看本质；既要看一个人的支流，又要看一个人的主流。要善于抓住本质和主流这样深层次的东西衡量人，这样才能保证识人的准确性。

1. 多侧面透视

对一个人的考察要全面，既要看他的正面，又要看他的反面；既要看他的现在，又要看他的过去；既要看他的本身，又要看他与周围事物的联系。正如把“大象”的脚、肚子、耳朵、牙齿和鼻子都摸清后，再作结论。当然，多侧面透视，并不是不分主次地去观察一个对象的所有面。如果对一些反映细节的面观察过多，也会造成识人的片面性。宋代陆九渊曾说：“铢铢而称之，至石必缪；寸寸而度之，至丈必差。”这句话意思是说一铢一铢地称东西，这样称出的一石与一次称足的一石必定有出入；一寸一寸地量东西，这样量出的一丈比一次量出的一丈，一定会有误差。他用这个简单的道理，喻指考察一个人，不能光从一点一滴的小处去计较，用细节去以偏概全。而应当看全貌，否则，简单地把一些事端相加，得出的结论必定不全面。他告诉人们一个深刻的道理，这就是考察人必须从大处着眼，注意全面地看，只有这样，才能使考察具有科学性。

2. 学会多角度透视

多角度透视，就是遇到某些常见的现象后，不要只用一种思维，只停留在常规的层面上，而是要多方位地去探究问题。牛顿看到苹果从树上掉下来，他想，为什么苹果往地上掉，而不往天上去呢？他从相反的角度思考问题，发现了地球的吸引力。知人识人者在认识他人时也是一样，既要善于从正面角度去思考问题，也要善于从相反角度去思考问题；既要从历史角度看待他人，更要从现实角度衡量他人；既要考察他人的个体素质，也要考察他人在群体和组织中的行为表现；既要从品德角度、才干角度、行为角度去考察人，也要从气质角度、喜好角度去衡量人，这样才能判断和识别其真实能力。

3. 学会多态势透视

就是把考察对象放在相对静止的状态下考察之后，还要放在动态中加以研究。比如汽车是在静止状态下制造出来的，而后必须进行动态检查，还要跑磨合路程，以便在“动”中发现问题。有些同志考察人往往只注意“静态”，而忽视其发展变化，以及周围环境对他的影响，因而，工作中盲目性很大。实际上，多态势透视也就是要用发展的观点去识别人。世上万物都处于无休止的运动、发展、变化中，人也不会一成不变。随着主、客观条件的改变，人的思想、品德、知识、才能也会不断地改变，因此，要知人，必须在发展中看人，在变化中识人，特别要看到人的发展前途，善于从发展变化中看清对方。

古语说，士别三日，则当刮目相看。这就是说，人是在不断变化的。如果用静止、孤立的观点识人，就会把活人看成“死人”。只有在发展中识人，才能真正做到知人善任。

以全方位的角度读人

任何一个人，其思想境界、性格作风、学识水平、专业能力等。都在不断发展变化。有的越变越好，小才可以变大才，歪才可以变良才；有的则由好变差，或由风华正茂变为江郎才尽。

汉代叱咤风云的大将韩信，早年家贫，又不会做买卖，常寄食于别人，众人多嫌弃他。淮阴屠户当众欺负他，使他蒙受“胯下之辱”。他后来投奔项羽，不受重用。汉丞相萧何不计其过往劣迹，慧眼识真才，发现他具有卓越的军事潜能。萧何月下追韩信，向刘邦保举其为大将军，并鼓励他施展才华。在漫长的楚汉战争中，韩信充分发挥了他的军事才能，为刘邦建功立业出了大力。

如果刘邦总是用韩信受过胯下之辱的往事来估量韩信的才能，而没有发展看人的慧眼，则韩信就只能成为别人眼中的武夫、无能之辈，一代人才就会被埋没。

从上面的事例中可以清楚地看出，用静止、孤立的观点看待人，会把活人看成“死人”。只有在发展中看人，才能真正做到知人识人的客观公正。

反观今天的某些企业管理者，平时总是嘴上说自己观察人是多么仔细、多么准确，并且总是能够首先看到人家的发展方向。这些话让手下人不免为之心动。可在实际工作中，他们却往往总是一提到某人，就先从这个人以往的某几件事情上大肆议论，历数他过去的种种过失，然后，就轻易地下结论说，这个人似乎也就这样了，以后难有作为。这种用静止的眼光识人的做法，实际上是非常愚昧狭隘的。

人是在发展变化中走向成熟的，总是在不断总结经验教训中增长才干，发挥才能。善于用发展的眼光来识别人，才是唯物主义的科学态度。因为识人不仅仅是在识察人的潜能，也是在培养人，如果总拿一个人过去的失误来判断他的未来发展，从而否定其潜在的能力，这等于是用其以往的经历以主观臆断来压制他的潜能的发挥，打击他的积极性，同样也是在打击他的自信心、进取心，当然也就更谈不上培养和造就人才了。

其实，作为知人识人者，真正以发展的眼光来识别人，实际上也正是他自身素质不断提高的过程。

人才一般有三种状态，即萌芽状态、含苞欲放状态和才华显露大展宏图状态。知人者及时发现处于含苞欲放状态和才华显露状态的人才当然很好，但是，最难能可贵的是如同伯乐相马。当马没有被人发现是千里马，甚至拴在槽头骨瘦如柴无人一顾时，能从马的筋骨等方面发现是千里马一样，能够发现处于萌芽状态、尚未被人认识甚至处于“低谷”中的人才。

坚持用发展的观点看人，就要注意不能用孤立的静止的观点把人看死看扁。要知道，一个人的长处、短处，优点、缺点都是相比较而言的。在一定条件下，长处会转化为短处，优点可以变为缺点；反之亦然。例如，工作大胆泼辣是优点，但是，不顾主客观条件的一味大胆，就会变成盲目蛮干；谨小慎微是缺点，但只要注意不在小事上纠缠，这样谨慎一点，就会变为优点。当然每个人的情况不相同，发生转化的客观条件就会使读懂人心变得更加不容易。

第二章 古人的阅读术

古人识人的经验很丰富，至今仍有借鉴的价值。古人提倡用各种方式检试一个人的品性，包括远使之而观其忠，派他到远处任职，观察其忠诚度；近使之而观其敬，让他在身边任职，观察其敬慎；烦使之而观其能，派他做繁杂之事，观察其能力；卒然问焉而观其知，突然问其问题，观察其是否机智；急与之期而观其信，仓促约定见面时间，以观其信用；委之以财以观其仁，托付大笔钱财，观察其是否是仁人君子；告之以危而观其节，告诉他情况危急，观察其节操；醉之以酒而观其则，故意灌醉他，观其本性；杂之以处而观其色，与众人杂处中，观其为人处世态度。

姜子牙的“六征”识人法

作为西周的开国元勋，姜子牙也是中国古代一位影响久远的韬略家、军事家与政治家，儒、道、法、兵、纵横诸家皆追他为本家人物，被尊为“百家宗师”。在识人方面，他提出了洞察人心的“六征”识人法，围绕识人作出了精要阐述。

1. 问之以言，以观其详

言论是观察一个人的最佳途径，通过谈吐当中的表现，就可以在一定程度上判断出此人的性格和品行。

2. 穷之以辞，以观其变

在考察一个人的时候，可以通过连续不断的发问来观察其反应，并且问题问得越深、越广就越好。面对这样连珠炮式的问题，缺乏信心的人通常都会表现出不知所措的样子，毫无自信可言。如果被提问者原本就心怀鬼胎，在连续的提问下一般都会变得逻辑混乱，不仅答非所问，甚至还会在不同的答案中自相矛盾。通过连续提问，可以判断对方的思辨能力，看到一些潜藏在言辞背后的品行。

3. 明白显问，以观其德

将秘密告知某人，可以借此观察其品德。如果对方在得知这个秘密之后立刻就转述给他人，肯定不能深交，也不能合作，还是避开为妙。反观此条也可以看出，在日常的工作和生活中。无论做事、说话都应该谨小慎微，坚持“沉默是金”的原则，多做事，少说话，尤其不能散播小道消息，或是传播他人秘密。

4. 使之以财，以观其廉

委以财务方面的重任，可以考验人在经济方面的品德。比如，故意把某人安排在容易拿到回扣的职位，就容易看出他是否具有清廉的品性。如果此人属于见钱眼开的类型，自然不能重用。

5. 告之以难，以观其勇

个性软弱的人在遇到困难的时候，往往都会退缩到很远的地方；反之，如果是遇事果断的人，则会迎难而上，想尽一切办法解决问题。所以，如果要试探一个人的才能和勇气，不妨把一些棘手的问题交给他处理。有些平常口若悬河地说自己多么勇敢的人，反而会在这种时刻露出马脚，不仅满腹牢骚，而且还有可能束手无策。

6. 醉之以酒，以观其态

以酒试性、借酒察人，也是一种重要的识人方法。有些平时守口如瓶的人，几杯酒下肚就会变样，不但满口牢骚，还会毫无遮拦地说别人的坏话，这样的人就可以判定他是一个经常怀有不满，甚至嫉妒心强烈，有害人之心的人。

姜太公的“六征”识人法告诉我们，在考察一个人的时候，必须要从整体出发，全方位、多角度地去进行了解。虽说“金无足赤，人无完人”，但也不能以点盖面，只看到优秀的地方，而忽略掉其潜藏的更大的问题。人的性格是复杂的，通过多方面的考察，才能给出一个较为公正和客观的评价。

孔子的阅人术

识人最终就是了解并判断一个人的秉性、本质及其发展。我们的先贤也有一套识人的方法，最有代表性的就是孔子。那么，孔子是怎么看相的呢？孔子在《论语·为政》中这样说：“视其所以，观其所由，察其所安。”

1. “视其所以”

就是看人的动机是什么，看他的目的是什么，他到底想要什么。这就是要观察此人的目的所在。一个人的理想和抱负都很远大，在他身上就能看到不畏艰险、勇往直前的精神，而一个人没有志向，则会做一点事情就累。精神也就不可贵了。

2. “观其所由”

就是看对方追求的是什么，以及他为了达到目的所用的方式手段。如果他采用的方式与方法不正当，他把自己的目的说得再美妙也不会有人相信他。一个人的言行一致很重要，能说明一个人的可信度。

3.“察其所安”

就是再看看他平常安心做什么，能不能安于现实，看到底什么可以使他满足，他关注的重点是什么，什么是他最感兴趣的。孔子最后再讲安于什么的问题，也就是涵养的问题。一有成绩就自视甚高、目中无人的人和怨天尤人的人，都是没有涵养的人。不同的人平常安于什么是不同的。有的安于玩乐，有的安于贫困，有的安于平淡。最难的是平淡，安于平淡的人，什么事业都可以做，因为他不会被事业所困扰。安于平淡的人，今天发了财，他不会觉得自己钱多了而心神不宁，兴奋不已。穷了，也不会觉得没钱就过不了日子，呼天抢地。所以孔子把“察其所安”放在了识人的最后一点，也是语重心长，颇有深意的。

以这三点观察人，伪君子基本上就无处遁形了，谁都没办法可以逃避了。由此，大概一个人一生的命运如何也就有迹可循了。中国有句古话叫“相由心生”，也就是一个人思想转变了，形态就转变了。比如，我们说一个人要发脾气了，是怎么知道的呢？是从他的面色上看出来的。他心里要发脾气，神经就紧张，样子就变了。所以这种从心理上的推断是科学的，而孔子观察人是讲原则、讲科学的。

管仲的“观人术”今解

管仲是春秋时期著名的政治家。当时任宰相时，他实施了一系列的强国政策，使齐国成为春秋时代最富足、最强盛的大国，称霸诸侯，而这一切也得益于他“观人有术”。在《管子》一书的《形势》篇中，管仲详述了他的人物鉴定法，即“观人术”，颇值得参考。

1．訾之人，勿与任大

言下之意是说，不能把重任交给嫉妒心强烈的人，因为他们总是无法用公平的眼光观察周遭的人，尤其是有竞争关系的。另外，嫉妒心强烈的人往往为了微不足道的事怀恨在心，伺机报复甚至背叛，是属于不得不防备的人。所以，即便这样的人非常有才华，也不能让其处理要务、位居高位。

2．抚巨者，可以远举

意思是说，懂得拟订远大计划，把以后的发展看得清楚的人是非常值得推荐的，并且可以与之共策大计或赋予重任。所以，如果发现只图近利的人，只能安排他去干一些不影响大局的事，而那些有先见之明的人就可以放心地让他独当一面，以便让他的才能得到充分的发挥。

3．顾忧者，可与敬道

有责任感的人，都是善于回望过去的经历，并经常从中总结和检讨，为将来的人生之路起到很好的铺垫。所以，可以把一些重要的任务交给善于回顾和总结过去的人。

4．其计也速，而忧在近者，往而勿也

有的人往往喜欢追求眼前之功，全然不管计划是否完善、可行就急匆匆地去做，而缺乏理性思考的盲目行动往往也都会以失败告终。在用人的时候，要避免让这种急功近利之人担任要职。

5．举长者，可远见也

有的人具有先见之明，懂得追求长期利益，是属于大器晚成型。这样的人也许从某个角度来看，好像不够机灵，但这是稳健带来的结果，对这种人应以战略的眼光来看待他。一些看来机灵透顶，但只追逐眼前之利的人，往往给人以聪明至极的印象，一般追求快速效果的人会很欣赏这种人才。其实，只求快速之利并非好事，该重用的应是重视长期利益的“晚成型”人才。

6. 必得之事，不足赖也

有的人开口闭口都说“这种事太简单了”，这么轻易出言的人不足以信赖，往往是夸夸其谈，却半天看不到实际行动。相反，一般说话比较慎重的人，他们都拥有比较周密的思考力，责任感也很强，当被赋予重任时也不可能辜负众望。

7. 必诺之言，不足信也

“这种事交给我办，保证做得又快又好”，如此轻诺的人，决不能轻易相信。现代社会里，就有许多这种“轻诺型”的人。当你听信其言，交给他办，八成都会一拖再拖，或是计划胎死腹中。如果你催他快点做完，他又会说出一大堆理由为自己辩解。所以，在用人的时候一定要远离这样的人。

8. 小谨者，不大立

过分拘泥于细节的人，难有大成，往往会钻牛角尖，容易忽视大局。所以，一个置大局于不顾的人很难有所作为。

9. 有无弃之言者，必参之于天地也

说话干脆利落的人，即使将天下交给他治理，也可以放一百个心。饶舌多嘴的人，即使自己很小心，也会在无意之中泄露秘密。所以，谨言慎行、语无赘词的人是值得信赖，可以委以重任的。

以上就是管仲的“观人术”在今天的解读。适当采用这样的方法进行人才的甄选，管仲才能够得当用人，使自己的政治理想能够逐一得到实现，而齐国也才能一跃成为当时的霸主。虽然距现在有数千年，管仲的“观人术”在现代人才考察方面仍有重要的借鉴作用，它告诉我们，没有责任感、私人感情太强、轻诺、偏于细枝末节的人，绝不能置于重要位置。

康熙用人的秘诀

纵观中国两千多年的封建历程，但凡像贞观之治、开元盛世之类的兴盛时期，都是国有圣主明君，他们的共同之处就是深悉用人之道。而作为一代“千古一帝”的康熙当然也深知帝王之道，且将它演绎得淋漓尽致。探究其用人秘诀，主要有以下几点：

1．不拘一格，各材尽用

康熙有言：“奸人用，忠良也用。有能者用，无能者也用。仁为用，威武用。天下人皆为吾用也。”不仅不拘一格降人才，还能慧眼识人，使每个有才德、有才无德乃至无才无德的人都极尽所能地为其所用。

2．兼容并蓄，满汉一家

在整个统治阶层都“重满轻汉”的“大环境”之下敢“冒天下之大不韪”，大胆重用有才德的汉人除外扰、清君侧。康熙亲政后，改变汉臣得不到重用的状况，先后重用朱国治、周培公、姚启圣、施琅、李光地、张廷玉等人，此举弘扬了中华文化，以宽仁为本，海纳百川，使中国人的意识趋向一致。

3．广听众议，力排众议

康熙在用人上广听众议，找信任之人推荐，从朱国治推荐周培公，周培公推荐姚启圣，姚启圣推荐李光地和施琅层层伯乐选拔出层层千里马乃招招中的，并在用人时以不疑之胸怀行使“事权专”。

4．恩威并用，大收人心

康熙说过类似这样的话：“百姓之心可用三斗米收买，士子之心却是三斗黄金也换不回来的。”对于人才，康熙没有一味施恩，尽量做到有功必赏有罪必罚，对于那些桀骜不驯之人则恩威并施。

5. 忠奸尽收，善于平衡，皇权至上

帝王用人之道不仅在于用人才，还要会用奴才。真正的帝王之道在于奴才和人才皆用并且做到平衡，相生相克，这样国家可治皇权可保矣。康熙用的两个重要奴才就是索额图和明珠。当年他起用明珠之时，苏麻拉姑就识其为“小人”，但康熙言：“君子如水，小人如油，水是必需，但没有油吃饭也不香。”对于这两个奴才康熙都委以重任，统治前期和中期达到了权力的平衡。

6. 德才兼备，以德为先

重视儒学遵从孝道，先观人心术，其次看其才学。

康熙的“用人之道，驭人之法”无不体现了帝王之智、之威、之义，为大清基业奠定了至关重要的“人和”基础。因此，在不是三百年的清朝史上，在动荡不稳的清初，康熙帝以其卓越的文韬武略将朝廷内外整治得井然有序，对中国的统一、安定、发展作出了重要贡献，使中国成为当时世界上最强大的国家，创建了前所未有的康熙盛世！

曾国藩的识人用人之道

画虎画皮难画骨，知人知面难知心。此言所谓识人之难。不同的人由于性情气质经历不同，自然也在日常的言行举止中也表现不同。如何识别这些不同，对于渴望拥有人才的领导来说，显得尤其重要。对于人才的选择，并不是单单依据面试的成绩。在现代社会中，或许并不缺少纯粹有能力的人，有能力、品性又好的人才是真正需要的人才。

人才任用也要观察其品性。居视其所亲，注意观察一个人平时跟谁常在一起，如与贤人相近，则可重用，相反，若与小人为伍，就要当心；富视其所与，看他如何支配自己的财富，如果只满足私欲，大肆挥霍，贪图享乐，则不可重用；达视其所举，已处于显赫地位者，需观察他如何选拔部属，若任人唯贤，量才录用，自然是襟怀坦荡，秉公办事的有为之士；窘视其所不为。对于处于困境之人，可以视其操守如何，若虽身处困境，却不做任何见不得人之事，这样的人可以放心委以重任；贫视其所不取，看一个人在贫困潦倒之时的行为，不取不义之财，甘守清贫，则品性高洁，若见钱眼开，如蝇逐臭，就万不可重用。

曾国藩是一个手无缚鸡之力、胸无用兵之策的文弱书生。他曾经因兵败走投无路，两次投水、多次以剑自刎未遂，还给儿子写绝命信，叮嘱子孙后代永不再带兵征战。而正是这样一个人，最终成为驾驭千军万马的最高统帅。一介书生凭什么立下千古奇功？追根究底，是得人才者得天下。曾国藩自知领兵打仗非自己的长项，他唯一能做的只能是推行人才战略，那么，曾国藩的人才战略到底有何非凡之处呢？

1. 曾国藩宽容大量、求贤若渴

曾国藩看准了有本事的人决不放过，曾效仿刘备三顾茅庐请出了彭玉麟；他还嘱咐师友同僚，随时推荐各类人才；对于任何前来投奔的人才，都礼遇有加，盛情接待。

2. 曾国藩相人有法

他无时无刻不在注意观察人才，并将其优缺点一一记录下来，以备日后参考使用。此外，曾国藩还经常设置不同的情境来考验对方，以找出真正沉稳内敛、德行俱佳的人才。当年，年轻气盛的李鸿章就在曾国藩的考验下碰过好几次钉子。在选人时，他不喜欢用官气重、夸夸其谈的人，并以“德大于才”为用人第一要旨。

3. 量才适用

曾国藩不拘一格降人才，“凡于兵事、饷事、吏事、文事有一长者，无不优加奖借，量材录用”。长此以往，使得他帐下军事型的、谋划型的、经济型、技术型的人才应有尽有。

4. 琢玉成器

对于可造之才，曾国藩在培养上所花的工夫可谓不遗余力。曾国藩从长期实践中归纳出培养人才的方法，主要有“教诲”、“甄别”、“保举”、“超擢”四种。以教诲为例，凡手下将领来拜见，曾国藩总抽出时间接见，并谆谆训诲、告诫他们对上要精忠报国，对下要力戒骚扰百姓。

5. 奖励为重

曾国藩深谙人的心理，认为对人才不能求全责备，而要多鼓励扶助。

在具体实践中，曾国藩建立了有效的激励机制，注重针对不同人的不同需求，采取相应措施来激发其积极性，以厚赏来得兵将之勇，以名位来换幕僚之智，皆大欢喜，军心一统。尤其难能可贵的是，曾国藩不怕部属与自己同职齐名，鼓励他们“自立门户”，并为之铺路搭桥。也正是这样，才有了后来李鸿章、左宗棠等人的大放异彩。

第三章　静态下的外貌

在对人认知的过程中，一般是从他者的行为表现开始，从他的一言一行、举止风貌、衣着打扮、姿态表情等外在特征，逐渐深入到他的人格结构、内在特征的。对人外部特征的认知可以分为对外部静态特征的认知，即对他者的整个外貌的认知和对动态特征的认知，即对他者的外部的认知。

人的静态特征

人的静态特征是一个人恒常的、相对稳定的外在状态。包括人的容貌、皮肤、体型和衣物、装饰、风度等外貌的特征。外貌本身是个物理性的体态，对人认知虽然不是对这些因素本身的认知，但是，外貌是对人认知的前提。历史上曾有不少人试图把有关外貌与人的内心世界的关系总结成理论，并提出了许多形形色色的学说，如相面术，颅相学、体型学、形态心理学等。再加上文学作品中常常离不开的对人物肖像的特征性描写，于是强化了人们头脑中认为外貌与内心世界的联系的观念，渐渐地也就成为对人认知的一般“常识”。

苏联心理学家鲍达列夫曾向 72 个人调查，他们是怎样理解人的外貌的。其中 9 人回答，方方的下巴是意志坚强的标志，宽大的前额是智慧的标志；3 人认为粗硬的头发表示倔犟的性格；14 人认为，人胖表示心地善良；2 人认为，肥厚的嘴唇是好色的标志；5 人认为，个子矮小表示这个人喜欢掌权；5 人认为，漂亮的人常是愚笨的。

这个调查结果是有趣的，也是有普遍意义的。我们如果就这些问题向周围的人照样调查，多半也会得到十分相似的回答，因为它们已成为日常生活中被人们所熟悉和接受的流行概念。

有关皮肤方面，我们一般觉得男子如果皮肤白净、纤细，就是较为文静而懦弱的，如古代戏曲里的白面书生；而觉得皮肤黝黑、粗糙的人是粗鲁而豪爽的，如《水浒传》中的李逵。

有关面部及五官方面，人们常认为嘴唇厚实的人是憨厚朴实、不善谈吐的，而嘴唇薄的人似乎总是巧舌如簧、能说会道的。国外一些心理学家对人们的普遍看法的研究也显示出：鼻子长、颧骨高者会被看成是精明而阴沉的，而鼻子短、颧骨低者常被看成是慷慨、愉快和靠得住的。

有关体型方面，人们常认为心宽体胖，故而体型胖的人无忧无虑，喜欢说笑，容易相处；而体型瘦的人孤僻自守，工于心计，难以相处。

有关人的服饰方面，人们也常认为这是认知对方个性的重要线索。人们习惯地觉得西装革履的人身份更高些，而衣衫不整的人地位就较低。有一次鲁迅先生身着粗布衣衫到一家高级饭店去赴约，就被一位“只认衣衫不认人”的看门人拦着不让上电梯。

虽然这些“以貌取人”的情况未必准确，但这些静态的外貌因素都有一定的含义，表示一定的意义倒是确定无疑的。比如一个体型不适合穿着某种色泽和式样服装的人，假若执意打扮出去，也就表明了这个人的特点了。不过应当注意，代表一个人外在静态特征的往往不是外貌、体型、服饰这些孤立因素，而是所有这些静态外在因素的排列组合。在这种组合中，代表人物主要特点的因素支配并调剂其他各种因素的配置和分布。比如，体魄相同、相貌相近的人，由于风度、做派的不同，会表现出截然不同的特点；反之，体魄不同、相貌不同，甚至年龄也不同，却因为气质、风度等相似，有着大体相同的特点。因此，对他人静态外在特点的认知，不是对一个个因素孤立认知的结果，而是一个综合的过程。

不同体型下的不同心理特质的体现

无论是神经病学还是相学，都有从人的体型判断人的性格特征的理论。“体形”是心理学用来划分人群的一个关键。由心理学家谢尔登最早使用，专门用来制定人类分类学，即根据人不同的体形，大致判断这类体形人的心理特质。当我们单单听到一个人的名字时，并不会在脑海中形成任何形象，因为名字只是一个代号，没有任何意义，不会提供给我们任何信息。但若是我们见到了这个人，通过他的形体特征，就可以获得一些他的相关内容。

人有多种体型，如肥胖型，枯瘦型、筋肉型等等我们可以看看不同的体型与性格之间的关系。

1．肥胖的体型

生活中，我们常和这类体形的人接触，常常被他们开朗热情的性格所感染，这就是典型的“心宽体胖”。具有肥胖的体型的人一般会有开朗、积极、单纯的多重性格，而且比较活泼、幽默。他们会是开放的社交人士，初次与这种人会面，人们就能和他们一见如故，相谈甚欢。这类人喜欢照顾别人，但时间长了，这份关怀很容易演变成压迫感。另外，具有肥胖的体型的人有稳重和柔和的性格，在欢乐和苦闷的时候表现得很突出。

2．筋骨强壮而体格结实的体型

这种人的体型特征就是肌肉和骨骼发达、肩膀宽大、脖子粗。

具有这种体型的人的性格特征是：做事认真、忠实；人情味浓、注意秩序、且过着踏实的生活。他们比天生四肢发达的人更精明。

3．纤瘦苗条的体型

这种体型的人最大的性格特征就是不管是什么事都归咎到自己身上，喜欢自寻烦恼，结果是想要诉说的苦衷不能表述出来，硬是把责任强加到自己的头上。另外，这种体型的人常常心神不宁，思想容易混乱，情绪比较容易失去稳定。

4．纤瘦但身体结实的体型

这种体型的人的性格特是有强烈的自我意识，且很固执；有灵敏的判断力；做事果断；做什么事情都喜欢带着一种挑战的意味；有强烈的信念，做什么事都充满信心；为了实现目标，不管遇到多大的障碍都会向着既定的目标去努力。相反。如果这种人误入歧途，就会变成一个强制、专制、高傲、猜忌、蛮横的人。

5．特别纤瘦的体形

这种体形的人的性格特征是：不管是对人还是对事都很冷静，甚至可以说是冷淡；性格复杂，无法适当地表明立场；外表看起来很无知，实质上却是很难对付的人。其优点是对文学、美术等特别感兴趣，对流行元素很敏感；就算是拿出自己的财产，也要为大众服务。社交上，这种人常采用非常优雅的方式。

从高矮看出人的性格特征

身高或矮，是一个人最容易看得见的标志之一，一般来说，从一个人的身高或矮，可以看出一个人大体的性格特征：

1. 魁梧型。这种人性格刚强，有很强的进取心，喜欢冒险，有比较强的领导才能，喜欢指挥别人。缺点是常常独断专横，争强好胜，疑心很重，办事比较急躁，考虑不周，容易遭受挫折。

2. 竹竿型。这种人喜欢离群索居，少言寡语，小心谨慎，细腻敏感，不喜欢社交。从外表看，老实持重，而内心里自尊心极强。他们在考虑问题时，目的性不明确。

3. 稍高型。这种人喜欢反复思考，固执倔犟，原则性极强，自我意识强烈，容易突然发火。

4. 稍矮型。这种人一般都比较聪明，善于思考，反应很敏捷。他们常常都是懂得自尊自爱的人，办事很谨慎，又有一定的创新精神，他们办事的信条就是“摸着石头过河”。不过这种人常常忧心忡忡，体质往往比较差，经受不起挫折。

5. 身材适中型。这种人往往有很强的进取心，喜欢冒险，在体育运动、体力劳动等方面有很好的素质。由于气力大就是本钱，所以，他们常常有比较强的领导才能，喜欢指挥别人。这种人的弱点是性格很强，常常独断专横，争强好胜。一般来说，他们的疑心很重，办事比较急躁，考虑不周，容易遭受挫折。在事业上，这样的人要么轰轰烈烈，要么默默无闻。

6. 矮小型。这种人有自卑心理，但人聪明伶俐，能说会道，生动活泼。个子矮的很善于动脑筋，他们很机警，有智谋，反应敏捷，办事认真。吃苦耐劳对他们来说只是小菜一碟，是成大事的人。矮个子的人比较有智能和耐力，很机警等，这些都常常令高个子的人自叹不如。可能正是因为这种原因，有“傻大个”这样的说法，这似乎印证了“浓缩的就是精华”这句话。

相由心生之相

人们常说“相由心生”，认为人的内心会在相貌上有所反映。若一个人心地善良，那他面相也会很和善；若一个人内心狡诈，那他也会有狰狞的外表。这虽然是经验之谈，但也是有一定的科学依据的。

一个人的气质、情绪和性格会反映在人的面孔上。人的表情决定于皮下微小的肌肉活动，由于做出面部表情的肌肉长期对其上的皮肤和其下的骨骼进行习惯性的牵拉，这就从很大程度上决定了一个人的面部特征。所以一个人最常见的情绪是能在面孔上表现出来的，例如怀疑或情绪冲动，自信或缺乏自尊，悲观厌世或乐观豁达，往往能“凝固”肌肉。

林肯曾说过：“一个人在40岁之后，就应该对自己的长相负责。”随着年龄的增长，社会交往和与人交流的逐渐增多，许多习惯姿势、语言和面部表情等就会更多地在他们身上留下痕迹，面孔也就越能反映人的日常心态。

人的面孔会日益表现出性格，不同的生活会在不同人们的脸上显出相应的痕迹。当我们到街上遇到一个长得“贼眉鼠眼”的人，通常可以推断这个人平时过多地处在恐惧、担忧之中。由于他经常睁大着眼或斜视或快速地转动眼珠，这些动作导致他眼睛周围的肌肉长期保持紧张状态，并逐步在表皮外留下永久的痕迹。因此，即使在十分安全的情况下，他也以这样的面孔示人。

人们脸上的表情好像天上变幻的云彩。人类的心理活动非常微妙，但这种微妙常会从表情里流露出来。如果遇到开心的事情，面部的肌肉一般会变得松弛；反之遇到悲哀的事情，肌肉自然会紧绷起来。当然，有些人心计比较深，从他们的面部表情很难看出其心理活动。容易产生的两个误解是：没有表情的人并非没有感情；愤怒、悲伤到极点的时候也会微笑。所以，我们在判断一个人心理活动的时候，还应该结合其他行为特征。

不同脸型显现不同命运

小时候看电影，很多小孩总会向自己的父母确认：“这人是好人还是坏人?”孩子的思维里，人似乎就分成两种——好人和坏人。

随着年龄的增长，人们开始知道人是复杂动物，并不是外表鲜亮的人都是好人，而其貌不扬的人都是坏人。“好人”有时候也会做一些坏事，“坏人”偶然也会发发慈悲心。也开始知道人并没有好人与坏人之分，只是他们的性格存在差异，行事为人不同，从而导致他们做出的事情受到好坏不同的评价。但大多数情况下，人总是在好人和坏人之间周旋和互换。这还需要人们花时间慢慢去了解自己所接触的人。

不过，很多时候，人与人的接触只是一刹那的时间，在这一刹那间你可能要跟对方做成一笔很大的交易或有很亲密的接触，为了减少风险，需要有一套独特的识人法宝来准确定位对方的身份和性格，并从中得出对方是否可靠的结论。如此一来，单凭时间的长短来判断绝对行不通，所以，处在交际中，对他人有一个快速的认识还得从他们的外貌、举止、行为等方面寻求突破。

根据脑神经专家的研究，人类脑部大约有 160 亿个大小形状排列不同的神经细胞，其中三分之一与脸部细胞有关，这些细胞能控制一个人的个性、思想与行为，进而影响他们未来的命运。

相学上认为，一个人的脸部宽广整齐，说明这个人财运好，一生大富大贵、百事亨通。反之，一个额头宽、下巴窄的人，本性狡猾，运气不好，一辈子也存不了钱。此外，脸大的人也较易让人记住。给人亲切感，由于脸部细胞比脸小的人多，他们的思维可能更灵活，更具有领袖气质。如果是长官，能较容易得到下属的信任。但若为属下，由于自主性高，我行我素，对领导来说就比较难管理。因此，脸大的人必须善于掌握时机，表现自我实力来引起领导的重视。

小脸的人，多半比较感性，容易给人自信不足的印象。如果是上班族，多是那种在工作岗位兢兢业业、力求上进的人。但这类人往往比较容易相信小道消息，判断事情也不够明快。

瓜子脸。一般来说算是最为完美的脸型，通常有着瓜子脸的人较具贵族气息，对于家庭教育十分重视，比较有家庭观念，且重视亲子关系。但由于过分以自我为中心，往往以自身的立场作为考虑的标准，容易患得患失，反复无常，也比较容易见异思迁。

椭圆型脸。也就是所谓的鹅蛋型脸的人，被视为最好的脸型。拥有鹅蛋脸型的女人大多是美人胚子，不需要化妆就能将自己的美衬托出来。这种脸型的女人一般运气不错，有研究甚至指出，拥有鹅蛋脸的女人由于天生丽质，以致成功的概率要比普通人高出百分之五。而拥有这种脸型的男人，不仅做事沉稳，个性冷静，且具艺术家气质，同时也更善于借助他们的长相获得成功。

长方脸型的人。他们活动性强而且对人体贴。但是缺点是不体谅人，总想站在众人之前做引导性活动。导致人际关系拙劣，一般这种脸型的女性，性格豪爽。不安分守己。喜欢与男人争抢权势。就相学上来说，此类人属于烈马性格，有能力却不容易听别人意见，喜欢独断专行。

根据《科学》杂志的报道，世界各国每年举行的大大小小的选举中，那些竞选纲领听上去不错，且长相英俊的人，最后竟然败给了其貌不扬的对手，原因完全在于选民的判断。什么意思呢？原来，美国科学家研究发现，候选人的脸型在选民的心目中占有重要的地位，对某些选民而言，他们对某位候选人的第一印象，或许要比对其诸多优点进行理性分析更起作用。

一张“有能力的”脸有助于候选人在选举中取得最后的胜利。在选民看来，一张像新闻主持人或知识竞答者一样的脸更能获得选民的支持，因为这些人就像他们播新闻或回答知识问题一样，给人真实和准确的感觉，是值得依赖的，而娃娃脸的人却总是被人们否决。因为在人们的观念中，这些人性格顺从、天真、软弱。虽然长着娃娃脸的成年人或许更正直、诚实，更年轻活泼，更受女性欢迎。然而，政治选举不是选美，也不是选女婿，候选人拥有让选民觉得他值得信任的脸，比英俊的相貌更加要受欢迎。

皱纹是人体晴雨表

大腹便便的弥勒佛，总是眯着一双慈善的双目，眼角的皱纹，将它装点得更加气度恢弘、形象非凡、胸襟宽广。于是，生活中碰到与类似形象的人，不由得让人心情愉悦。相反，当看到一些人眉头紧锁、眼神忧郁，且额头布满抬头纹，就会让我们联想到他可能运气不佳，生活不顺，经历了很多磨难，以致悲从中来，心情低落。可见，皱纹就像一张晴雨表，能反映人们的心情变化。

其实，人们的这种心情变化也非毫无理由。古人认为，抬头纹多的人，无论他们出身有多好，注定是多灾多难，且愁苦不堪。因为在他们看来，这种人从小就喜欢忧郁，遇事总是想不开，并总觉命运对自己不公。于是总是眉头紧锁，时间一长，哪怕有好事发生他们也高兴不起来，而且整天惶恐不安，一副杞人忧天的样子。岂不知他们越是这样。坏事就越是会发生，因为很多时候人的意识支配着他的行动，你越是害怕坏事发生，坏事发生的可能性就越大。所以，这些人的人生注定是灰暗和不幸的。

心理学家通过研究也发现，抬头纹多的人，他们可能对他人抱着一种不满。对自己要求又高，希望事事能做到完美，一旦自己的成绩不好，或交待给别人的事情做得不顺，他们就会痛苦不堪，甚至自怨自艾，整天皱着眉头，时间长了眉头的皱纹就越来越深。

另外，医学家也表示，抬头纹也是身体疾病的信号，很多人总是习惯忽视轻微的疼痛。疼痛来时最多皱一下眉头，这种皱眉频率随着疼痛程度的增加也越来越严重，当到了无法收场的时候，已经演变成了重症。

相反，眼角皱纹，俗称“笑纹”多的人，他们却喜欢笑，很少皱眉头，就算发生不幸，最多也是缩一下眉头，而不会总是眉头紧锁。这种人天生比较达观，能够直面生活中的不幸，并能用微笑来接受它。所以，他们给人的感觉总是很慈善，且乐观。

除了抬头纹和笑纹，医学专家通过研究指出，不同的皱纹形成能反映出不同的健康状况。所以，作为健康考虑，你不妨仔细观察观察这些皱纹。

1. 眼睛周围出现的弧形“笑纹”

有这种皱纹的人很乐观，是乐天派的典型代表，不过也是体内结缔组织质量低下以及听力下降的迹象，而且这样的人身体也可能有痔疮伴随。

2. 眼睛下面出现的半月形皱纹

这种皱纹的人眼里总是含着忧伤，虽然生活过得很好，但他们还是不自主地忧郁。医学家认为，这是肾、膀胱和心脏有病的征兆。一般来说，睡觉前喝水或流眼泪，容易导致眼袋，而眼袋消肿下去后，就会出现一条一条的半月形皱纹。其实这是肾积水，或肾口吸收不济的原因，也可能跟膀胱病变有关。所以，年轻人发现眼睛下面出现半月形皱纹，就应该警惕，如果采取美容手段还是不能消除的话，应该去医院检查一下。

3. 鼻梁上出现的十字形皱纹

这种人鼻子灵敏，对气味的识别能力很强，不过对于患有脊柱或肾脏疾病的人来说，这种皱纹的出现，不排除是严重病变的可能，应该尽早去医院检查。

4. 额头正中间的皱纹

都说皱纹是思考者的风向标，有这种皱纹的人从事的工作常常是需要苦思冥想的脑力活动，因此也容易出现因为用脑过度导致偏头疼的问题。

5. 右脸比左脸的皱纹深

这种皱纹是肝脏不好的典型症状。肝脏不好预示着病毒入侵。要是肝脏变弱，无法完全解毒的话，毒素就会被送至心脏，然后，遍布全身引发人体百病丛生。所以判断一个人的肝脏是否健康，看对方左右脸上是否有皱纹、数量是否对等，如果右边多左边少，预示着肝脏可能出现问题，应该尽早去医院检查。

6. 前额的波浪状皱纹

心理学家认为，这种皱纹的人精神上经常处于痛苦状态，也是患轻微抑郁症的征兆。与别人谈话时，你的交流对象出现这样的皱纹，说明此人心绪不宁，虽然表面上在应答你，但实质上整个思想已经跑到别的地方了。所以，你要想法设法将他的思绪拉回来。

7. 十字形连贯皱纹

这种皱纹紧挨鼻梁的前额，从心理学的角度分析，这样的人目光敏锐，有魄力，且喜欢思考，思考时喜欢用手不断地掐鼻梁接近前额的部位，加上思考时经常皱眉，于是便形成了典型的十字皱纹。但这种皱纹的人往往比较高傲自负，是典型的独断者和霸权者，而且他们精力充沛，很少生病。

8．唇侧纹

这种皱纹始于嘴唇侧边缘，往下倾斜。右边的皱纹透露出来的是肝脏和胆囊的负担过重，左边皱纹则发出脾脏有问题的信号。自然疗法医师认为，肝脏在凌晨1~3点之间活动最为活跃，如果你经常在半夜醒来，补肝的药物和安眠药就能帮你安然入睡。

没有皱纹的额头的人一生似乎没受过什么严重的创伤，对许多人而言，是一直过着一种稳定的生活。流逝的岁月似乎并不曾在这样的人身上烙下痕迹，因为他们总是展现出一股悠闲而年轻的优雅气质。

有皱纹的额头的人表示曾饱尝人生的煎熬，曾经历过痛苦和失落，而这一切清清楚楚地刻在额头上。这样的人是一个现实主义者，知道以不平等的方式，面对这个不平等的世界。

此外，医学家也认为，如果从鼻子到唇边出现的长皱纹呈斜线，则预示着此人心脏可能不好；如果颧骨上出现镰刀形皱纹，可能脚上有病；下巴下面有“猫爪形”皱纹，说明皮下脂肪层被破坏；如果下巴和下唇之间出现皱纹，说明此人肠胃可能有问题，也可能受痔疮侵害；如果嘴上面、鼻子下面有皱纹，说明这个人墨守成规、对人不太友好，这是激素活动减弱的迹象。

可见，人脸上的任何东西都能传达信息，只要留心观察，不管是谈生意还是交朋友，处处皆能找到突破口。

眉毛的“隐语”

眉，从门面来看，象征一个人的修养和性情。好的眉毛表现在四个方面，即“清秀油光”、“疏爽有气”、“弯长有势”、“昂扬有神”，也就是说，眉毛应该有光、有气、有势、有神。在这四个方面，清秀油光显得最为重要。眉毛的光亮程度，能够显示一个人的生命力旺盛与否。通常情况下，年轻人的眉毛都比较光润明亮，而老年人的眉毛往往比较干枯而且缺乏光彩。这说明年轻人生命力旺盛，而老年人生命力开始衰退。眉毛的光亮大致可以分为三层：眉头是第一层，眉中是第二层，眉尾是第三层。层数越多，给人的印象越好，得到他人的提携越多；成功的可能性也越大。一般认为眉毛有光亮的人运气特别好。从医学上讲，一个人的眉相也代表着内分泌系统和肝肾系统；而肝脏及内分泌（荷尔蒙的分泌），又是影响一个人性情的最主要生理因素，因此，从眉相可看出一个人的性情好坏。不同的眉形往往代表了他的个人风格。眉毛有气象有起伏，给人一种文明高雅的感觉。眉毛短促而有神气，就给人一种气势。如果眉毛太长而缺乏起伏，就像一把直挺挺的剑，那么这类人的脾气往往比较火暴，喜欢争强好胜，总是自己把自己搅得不得安宁。如果眉毛太短，甚至露出了眉骨，又缺乏应有的生气，就会给人一种单薄的印象。这类人让人感到不舒服，人们甚至会无端地跟这样的人过不去。

1. 长眉（长度超过眼睛）

长眉过眼的人宽宏大量，重感情，不轻易发脾气。是属于凡事好商量的老好人，但这类人有时会多愁善感。

2. 短眉（长度不超过眼睛）

眉短这类人，在性情上较自私易怒，不轻易与人妥协，多愁善感，和家人的关系较冷淡，容易陷入冷战。

3．粗眉

粗眉代表肝气旺盛，属将军之眉。粗眉人凡事积极，有男子气概，相对地，在处世上容易冲动，弄不好会变成有勇无谋的人。

4．细眉

眉细如柳的人，个性比较消极，凡事优柔寡断。如果男人有这种眉毛，则大部分是属娘娘腔类的人。

5．浓眉

眉浓得像用签字笔画上，如蜡笔描画之黑眉，代表此人有傲慢顽固的倾向，自我意识也比较强，待人不够谦虚诚恳。但此种人心机不深，性情率直，颇有人缘。

6．淡眉

如果眉毛颜色非常淡，远看像是白眉，则这类人反应迟钝，心思也很简单。眉淡之人虽无雄心，但是只要努力，也可成功。

7．稀疏

眉稀疏眉，远看似无似有。这种眉相的人，内向文静，但缺乏上进心，与家人总是聚多离少，自己的健康也不太理想，是较主观理智的人。

8．三角眉

三角眉也叫勇士眉。这类人刚毅果决，不怕遭遇挫折，喜欢以自我为中心。

9．一字眉

一字眉，就是眉形像正楷一字的样子，有粗细之分。粗一字眉的人，胆子大、意志力强，说话声音大而且严厉。细一字眉的人，固执、做事缺乏耐性，但有可能成为智慧者。

10．刀型眉

也就是眉形如刀的人，其心也如刀，这类人聪明果决，办事犀利不讲人情，不够慈悲。

11．杂乱眉

眉毛杂乱如荒草者，通常四肢发达、头脑简单，注意力无法集中，做事也很莽撞。这类人喜欢用武力和争吵来解决问题。

12．扫把眉

有眉头开散和眉尾开散两种。眉头开散的人，通常是某件事情已经快做完了才全心投入；而眉尾开散的人，做事往往虎头蛇尾。

13．上扬眉

这种眉尾上扬的人比较有杀气和霸气，这种人好强不服输，霸道不讲理，自尊心非常强。

14．柳叶眉

眉毛较粗，眉尾弯曲，呈现出不规则的角状，就像春天的一片柳叶。这类眉形的人通常对人比较诚实，与朋友的关系很融洽，家庭观念却比较淡薄。

15．新月眉

眉毛清秀而细长，眉尾稍微上翘，形如新月。这种眉形的人性情宽厚，办事果断，能够与人打成一片，也能与人共同分享功名富贵，因而做事容易成功，但由于容易轻信他人，很可能上当受骗。

综上所述，仅从眉形还不能彻底把人看透，大多数情况下还需结合眉毛的动态进一步地分析。

嘴型体现个性

人嘴部的动作是很丰富的，可以传达出许多信息，从某种程度上还可以折射出一个人的性格特征和心理态度。

1. 嘴唇前撅。表明此人的心理可能正处在某种防御状念。

2. 嘴角的两端稍稍有些向后，表明他正在集中注意力听其他人的谈话。

3. 嘴角稍稍有些向上微露笑意，这种人看起来很活泼，愿意与人沟通，而实际上他们的性格也大多是比较外向的，心胸比较宽阔、比较豁达能够与人很好地相处。

4. 上牙齿咬住下嘴唇，或是用下牙齿咬住上嘴唇以及双唇紧闭。这多表示一个人正用心地听另外一个人的讲话，心里在仔细地分析对方所说的话。也可能在反省自己。

5. 说话时用手掩嘴，说明这个人的性格比较内向和保守，不会将自己轻易地或过多地呈现在他人面前。用手掩嘴这个动作另外一个意思，还表明可能是自己做错了某一件事情，而进行自我掩饰，张嘴伸舌头也有这方面的意思，但也不表示后悔。

6. 在关键时刻，将嘴抿成“一”字形的人，一般比较坚强，有股不达目的誓不罢休的顽强韧性。这样的人对某一件事情，一旦自己决定去做。不管其中要付出多少艰辛，都会非常出色和圆满地完成。

7. 人的下嘴唇往前撇，表明他对接受到的外界信息，持不相信的怀疑态度，并且希望能够得到肯定的回答。

要善于养成观察嘴部表情的习惯。嘴部任何一个细微的变化，都是对方心理发生变化的信号。

双唇上扬：你是一位永远的乐观主义者。你能够不屈不挠、面带微笑地面对一切。心中有某种宗教或神秘的力量，使你相信事情总会迎刃而解。

双唇下弯：和前面所说的正好相反，你是个十足的悲观主义者。你用挖苦、嘲讽的幽默感，来表示对人间事物的愤慨和鄙视。你可能相当成功，但几乎没享受过成功，因为你小时候曾受过很深很深的伤害，但你没让这些伤害复原，反而让它们曲解了你对人、事、物的看法。

厚嘴唇：你不爱开玩笑，可能他人第一眼看到你，也不觉得你很性感，但你的体力相当好，对所有卧室里的活动，都能够全心投入。

薄嘴唇：你不是一个很好的接吻对象。其实，与其说是你的嘴唇，令那些对你有意思的人退避三舍，倒不如说是你吝啬的个性令人裹足不前。你薄而不丰满的嘴唇，透露出你是一个吝于付出，却乐于接受别人施舍的人。当然薄嘴唇的人也不都是如此。

下颚彰显你的办事能力

1．下颚凸出或强健

你行事积极，意志坚强，不轻易受挫。别人向你求教，是因为你看起来像花岗石一样坚硬。你值得信赖，为人诚恳，不过有时候也很顽固。

2．下颚后斜或短小

你过度忸怩害羞，很可能总是低着头走路，眼睛盯着地而不是向前看，仿佛不断向别人道歉，好像每一件事都令你歉疚万分。你胆小的个性使你想象自己正面对未曾真正发生过的突发事件。结果，你的生命便慢慢演化成一种无止境的道歉状态。

3．圆下颚

你可能是一位画家，一位诗人，也可能是一位作家。你的见解并非只限定在某个范围内，而是弯曲多变，极富弹性。摩天大楼或郊区的购物商场，令你倒胃口，你想追求的是绿油油的山水风景。可是如果你离不开城市，那你一定幻想在一栋商业大楼里寻到个宁静的角落。

4. 方下颚

这种下颚通常搭配高而有棱角的额骨。自信而负责任的外表使你魅力十足。因为你看起来已经十分果断，所以比一般人更能够让事情照你的意思而发展。你经常受到他人的推崇、尊敬和礼遇。

腹部难于掩饰性格本质

关于传统体型的看法，也脱离不了反映着腹部行为语言的范畴。古来英雄、豪杰，大多属于大腹便便的类型，而且讽刺漫画所描绘的富豪、领导阶层，也多是该体型者。这是所谓“气宇轩昂”之人。因此，一个人的腹部动作难于掩饰其性格本质。

1. 采取挺腹姿势的人。这种人性格傲慢，目中无人，好胜心强，具备了浓厚夸耀自己优势，借以威慑、支配对方的意图，富有开拓精神，敢于冒险；有理想、有雄心、有坚定的信念；争强好斗，死不服输；我行我素，刚愎自用；具有顽强的毅力、坚强的意志。这些都是这种人身上反映出来的性格特征。除了这些特征外，这种人还富于浪漫色彩。

2. 抱住腹部蜷缩姿势的人。这种人性格内向，敏感多疑，自我保护意识强烈，他做出抱腹蜷缩姿势，则可视为受到不安、不满足、消沉、沮丧等情绪支配的防卫心理状态。

3. 采取左手搭在腹部姿势的人。这种人总是自己去思想，而不过多地考虑周围的环境和现实，缺乏现实性，自己的思想总难与现实相吻合，严重的可能会发展为超现实的空想型。

4. 采取右手搭在腹部上姿势的人。这种人对别人的心境一点儿也不感兴趣，总是漫不经心地伤害别人。

5. 采取用双手托住腹部姿势的人。这种人对某一种事物的兴趣不能保持长久，更谈不上刻意追求，他们的兴趣总是多方面的，并不是只倾注在某一个方面，更不会过久地滞留于其他事情上。

6. 坐着时爱挺直腹部的人，这种人的注意力很集中，能静下心来将一件事情做完。做事有始有终，一般情况下能把事情做好。和这种人打交道，自己必须要是一个认真的人。同他说话时，要全心贯注，不能听漏一个字。回答他的话前，自己要认真想好，否则，不小心说错的话，他会听得真真切切。要想和这种人建立友谊，就必须谨慎小心，对自己的言行注意起来。

7. 坐着时爱蜷着腹部的人。这种感情受到伤害后，很容易治愈并能迅速恢复过来，这一点在心直口快型的人身上表现得很突出。这种类型的人，心口如一，心眼好，如对方做得不好，他会不留情面地批评，对任何人都不讲情面，有时把话说得让人无法承受。尽管这样，他也不会善罢甘休，依然会不依不饶，一直得等他把要说的话说完，自己出了气才算完事。这种人给人的第一印象咄咄逼人。但时间长了，人们会改变对他的看法。一般来说，做这种人的朋友是一种福分，能及时从他口中得出关于自己的一些缺点。

8. 腹部突出的人。这种人对某种事物进行执著的追求。对这种人说话，最好开门见山。这种类型的人，满脑子尽是很幼稚的东西，他会把脑海中所描绘的东西，拿来与眼前的东西作比较。用言语说明，倒不如使用画或图形更能说服他，而且这种类型的人，把工作与休闲区分得很清楚，不喜欢把工作带回家里。会谈最初的 5 分钟，对这种人来说是很重要的。要是在这 5 分钟内，没有令他产生兴趣或关心的话题，日后就算用再多的时间也没有用了。

9. 不爱挺腹部的人。这种人性格保守，很敏感，平时不爱与人交往，待人冷淡型的人。这种人具有对所有人都抱着一种拒绝的态度难以接近。

从头发看魅力的表现

科学研究发现，头发同人体的其他组织或器官一样，也需要营养，并且所需的营养物质种类有几十种之多。因为头发所需营养全部来自头部的血液循环，所以头发过长，所消耗的营养势必就多，大脑的正常生理活动就会受到影响。

1. 头发的长短对性格的体现

头发齐肩或再短一些。这种人大多是充满自信的、超级感性的人。但有时候过于自负，因此不会拥有很多的朋友。

头发已经长过了肩部。不过还没有到腰。这种人大多聪明又漂亮，却有很多烦恼，不能确定自己想要什么样的生活，与人交往时有点羞怯，有点被动，但他们的友好和真诚会给自己带来很多的朋友，其中还会有一两位挚友。

头发长及到腰或是长过了腰部。这种人的个性散发着抑郁的格调，喜欢冒险。也许还会有一点嬉皮的味道，虽然觉得自己和现实中其他人没有什么不同，可实际上对现实生活中充满了畏惧。但是，她们极具异性缘，常常被追求。

头发不但透露了你的个性，也透露了你的健康状况。由发黑、发淡、发浓、发稀等头发状况可以了解一个人的身体秘密。当健康情形不好时，最好头发也不要留太长（当然也不是太短），这样整个人显得比较有精神。

2．根据每个人的发质不同，也能看出其性格来

①头发像钢丝，又粗又硬，而且还很浓密的人。这样的人性格内向，脾气暴躁，疑心比较重，不会轻而易举地相信别人。他们最相信的就是自己，所以凡事都要自己动手，操纵和掌握一切，才觉得放心。他们做事很有些魄力，而且组织能力也比较强，具有一定的领导才能。这一类型的人，理性的成分要大大地多于感性，所以在涉及感情方面的问题时，往往会显得很笨拙。

②头发很粗，但色泽淡，而且质地坚硬，很稀疏的人。这一类型的人性格外向，有虚荣心，自我意识极强，刚愎自用，听不进别人半句话，他们不甘心被人领导，追求身心自由，却渴望能够驾驭别人，使唤别人，不给别人自由。极端自私自利，没有容人的度量，目光比较短浅和狭窄，只专注于眼前，看不到长远的利益，如果不改掉这个毛病，一生将不会有大成就。

③头发柔软，却极稀疏的人。这一类型的人，性格比较外向，头脑聪明，但没有主见，个性刚强，凡事都要争先，总是以自己为中心，他们喜欢出风头，更爱与人争辩，借此来吸引他人的目光，获得他人的关注。在他们的性格中，自负的成分占了很多，他们妄自尊大，不把任何人放在眼里，尽管自己在某些方面表现得不怎么样，仍自我感良好。他们做事的时候，多缺少必要的思考，常会做出错误的判断，而且还容易疏忽和健忘，往往把事情做得很糟糕。

④头发浓密粗硬，却能自然下垂的人。这种人性格内向，心思比较缜密，优柔寡断，喜欢独处，比较敏感，往往能够观察到特别细微的地方。他们的感情比较丰富，虽然容易动感情，但对情感并不专一，属于那种处处留情的人。

⑤头发浓密乌黑，还和胡须连在一起的人。这种类型的男性，往往性格鲁莽粗犷，耿直无私，豪放不羁，具有侠义心肠，嫉恶如仇，喜欢多管

闲事，好打抱不平，脾气大大咧咧的，有为朋友两肋插刀的义气。

⑥头发淡疏，粗硬而卷曲的人。这一类型的人，性格沉稳，很有城府，有知识，思维比较敏捷，善于思考，并有很好的口才，能够很容易地说服别人。意志坚强，他们的性格弹性比较大，可以说能屈能伸，能很快适应各种环境。但他们的能屈能伸是在坚守一定的原则和基础之上进行的，所以无论外在的东西怎样多种形式地不断变化，其内在还有一些稳定不变的东西。

⑦头发浓密柔软，自然下垂的人。这一类型的人，大多性格比较内向，话语不多，善于思考。从某种程度上说，他们具有很强的耐性和韧性，这一类型人所从事的事业多是和艺术方面有关的。

⑧头发自然向内卷曲，如烫过一样的人。这一类型的人，脾气大多比较暴躁，粗鲁无礼，敏感多疑，而且疑心比较重，总是患得患失地在犹豫和矛盾中挣扎，除此之外，嫉妒心还很重。

⑨发根弯曲，发梢平直的人。这一类型的人自我意识比较强，处处炫耀自己，爱吹毛求疵，说话不经考虑，放荡不羁，厌恶被人约束和限制，不会轻易地向他人妥协。

⑩秃顶的人。这种人比较聪明，性格憨厚，善于思考，才思敏捷，为人处事随和大方，心地善良，比较务实，有很强的责任感

3．从指甲形状判断你的职场性格

指甲虽然只是薄薄一层，你几乎找不到它的根在哪里。但神奇的是人类肝脏的变化，健康状况，身体某种矿物质的缺乏几乎都相应地反映到了指甲上。有心理学家甚至认为，一个人的性格到底是怎样的，观察他的指甲就能找到答案。

到底指甲蕴涵了什么样的秘密，能泄露出如此多的信息呢？

研究者研究发现，人的双手上布满了密密麻麻的神经。这些神经四面八方延伸到身体的各个角落，这也是人们所谓“十指连心”的原因。

因为这些神经系统的分布，一旦身体出现不适或缺少某种物质，就会传递到手上。然而手因为经常接触东西，导致皮肤粗糙和肤色偏暗，以致身体传递疾病信号或其他信号时，总是无法很鲜明地传达到人的手上。而指甲相对于其他身体器官而言，疾病信号和矿物质缺乏信号总能色调鲜明地反映在指甲上，比如，病人肠胃是否建康也是能够通过患者的指甲进行观察。

此外，身体的每块肌肉内都布满痛神经，尤其以指与指甲间。身体有疾病或人的情绪有所变化，都会反映在指甲上。化学成分的改变，而指甲最早接受这种不适，并在指甲上有所显示。

通过观看健康状况及情绪的好坏，关键在于指甲的颜色及形状。正常的指甲一般比较饱满，略透出粉红的颜色，且有柔性，不易断裂；而指盖发灰，出现白色或黑色细条状的斑点都是肠胃不佳，缺少某类矿物质的表现。此外，那些辛苦劳作的人，他们的指甲普遍都是又扁又短，且质地粗糙。

此外，指甲也跟人的情绪有关。就色调来说，如果一个人心情愉悦，或自信满满，那么他的指甲甲面一般都比较有光泽，且给人美好的视觉印象，就像细瓷一样，有一层发亮的光泽。而一旦心情灰暗，整个指甲虽然形状没有什么改变，但颜色很灰暗，且甲面干燥，最前端的指甲尖也会表现得很疲软。

就举动来说，犯错或心情复杂的人喜欢咬自己的指甲，并且越咬越着急，以致出现将皮肉撕破的现象，这其实是因为紧张、沮丧等原因引起的反常举动，一旦你发觉与你交流的一方不断咬指甲，说明你的话语让他感觉很烦躁，或他有其他更重要的事情需要思考。如果出现他跟你征询是否有指甲剪，那么就应该停止说话，因为这时他需要一边修指甲，一边思考了。

相学家也指出，准确把握交谈者的性格，可以从观察对方指甲的大小长短形状入手。

1. 长指甲

指甲修长的喜欢漂亮的事物，具有艺术特质，略有神经质。对自我要求很高，凡事追求完美。这类指甲多见于艺术家、理发师和模特。

2. 圆指甲

圆形指甲的人，热情且开朗，无忧无虑，不会太计较个人的得失，即使好事情被别人搞砸，也能容忍。没有金钱观念，缺乏自制力，心地善良，而且很容易去相信别人，因此上当受骗的可能性也比别人高。

3. 短指甲

做人比较实在，忠厚老实，工作认真。有责任感，适合从事新闻传播及研发相关等工作。就个性来说，此类人心直口快，缺乏幽默感，容易得罪人或不肯屈就他人。

4. 扇形指甲

指甲呈扇形张开的人，个性比较诡异，思维逻辑比较特别，拥有超乎常人的思考方式。固而做事比较独断独行，很难与一般人融洽相处，容易与人有争执。假如能多听别人意见，自我修改和反思，说不定会大有作为。

5. 椭圆形指甲

椭圆形指甲的人，为人热情，适合从事有关“美”的工作。虽然工作缺乏耐性，但只要是自己喜欢的工作，都会尽全力去完成。

6. 四方形指甲

个性朴实，缺乏浪漫的情趣，是一位很专情的人。对于分内的工作定能尽心尽力去完成。待人诚信，虽然有些古板老气，仍受到朋友、亲人的肯定。

看来，相学家根据人的指甲形状来定位这个人的性格特征和命运走向。也是经过了长期的观察与了解得来的，可以说无论从生理上还是相学上，都认为透过人体指甲了解观察对象信息是一门重要学问。

第四章　不同表情的不同语

人的身体的不同部分有着不同的暗示语，脸部表情、眉毛的挑动，眼睛下的深情，以及鼻子、嘴唇、下巴等都有不同的语言。但也不要仅仅局限于一些原本的意思，如并不是所有的点头都表示同意。

点头不是 YES，摇头不是 NO

一位先生去印度某大学做演讲。到了预订的宾馆后，他对那所大学派来专门接送他的司机说：“明天早晨八点，请你准时来接我。”司机冲他摇了摇头。

“明天早晨八点，请你准时来接我。”这位先生有点迷惑地重复道，他看到司机又冲他摇了摇头。

这位先生很是郁闷：“明天早晨八点，请你准时来接我。你为什么不?”司机有点害怕，赶紧又冲他摇了摇头。

终于，先生火了，他大声斥责道：“为什么你不？你是××大学派给我的司机，为什么不能来接我?”

司机显然十分委屈，只听他说道：“我一直在摇头说‘好的’，为什么你还要骂我?”

原来，在印度，摇头才是“是”的意思!

大部分文化中，人们都用点头来表示肯定或者赞成，用摇头来表示否定或者反对，甚至连先天性聋哑或失明的人都会用点头摇头来表达这些意思。用这两个动作来表达肯否态度，似乎是人们与生俱来的本能。但是如果你因此便认为所有人的点头都是表示肯定，所有人的摇头都是表示否定，那你可就大错特错了!

开篇的小故事已经告诉我们，在印度，人们会用摇头的动作来表示肯定，用点头的动作来表示否定。与此相似的还有伊朗、保加利亚和希腊的部分地区。即便是近在咫尺的日本，他们的点头的意思也跟我们有着显著的差别。与人谈话时日本人会频频点头，但是这个动作的意思多半是“你说的话我听到了”，或者“啊？是吗”等，而不全意味着“你说得对”、“我明白了”之类的肯定含义。在阿拉伯国家，单一的点头动作是用来表示否定态度的。

不要觉得他们的风俗令人费解，要知道即便在我们所熟知的日常生活中，点头也未必是完全用来表示肯定之意的，同样，摇头也未必完全用来表达否定之意。具体地说：

缓缓点头：如果听者每隔一段时间就向说话者做出点头的动作，并且速度较缓，每次点头两到三下，表示他对谈话内容很感兴趣。

快速点头：快速点头的动作能传达出“你说得太对了”、“我十分同意你的观点”等非常肯定的意思。但是有时候，它也可能是在告诉说话人“我听得很不耐烦，你不要再说了”，尤其是配合着“好好好”、“我知道啦”等语言时。另外，它也有催促之意，即催促说话者快点结束发言，以便听者自己来表达。注意，如果听者不但点头速度很快，而且点头频率很高，那么一般来讲，他是对你的谈话不感兴趣，希望你快点闭上嘴巴。

缓缓摇头：缓缓摇头一般是用来表示否定之意的，比如“我不同意你的观点”、“我没有听懂你的意思”、“我不会按你所说的去做”，等等。

快速摇头：快速摇头除了表达否定之意外，有时也会被女孩或一小部分男孩用来表达“害羞”和“腼腆”。但表达后一种意思时，摇头的幅度多会比较小。如果在小幅度较快摇头的同时还伴有低头的动作，则可断定必是“害羞”无疑。

看来，我们应该改一改既定的思维习惯，从交谈的具体场合，再结合对方的具体反应，去理解其点头或摇头的意思，而不是一味地认为“点头YES 摇头 NO”。

明白了点头、摇头的复杂内涵，我们就要注意，当想对说话者表示我们对他所说的很感兴趣时，就应该向对方缓缓地点头两三下，同时表现出认真深思的态度。如果老不点头，就会让对方觉得“这个人不好说话”。如果对方不轻易向你敞开心扉，而你又希望和他深谈，你便在他说话时稍稍提高点头频率，因为这样会激发说话者的表达欲望，甚至能够让他比平时健谈三四倍，而当我们希望对方快点闭嘴，又不想用语言来引发他的不快时，则可以用快速点头的方式来传达我们的意思。

同样，你也可以按照摇头的更多内涵来强化自己的相关动作，以便利用它传达更丰富的意思，获得最理想的交谈效果。

需要特别提出的是，你不用担心对方“听”不懂你的动作语言，这些天生的、源于本能的动作基本上是人类通用的沟通工具，只要你做出来，对方就会在不知不觉中领略你的意思，从而迅速调整自身的状态。

右脸的不同笑

20 世纪 30 年代，有位叫做沃尔沃的德国科学家做了一个测试。他把同一个人的同一张面部照片做了一些小小的处理——把这个人的面孔沿中线分成左右两半，然后把右边面孔与右边面孔相连，又把左边面孔与左边面孔相连。

结果，沃尔沃发现了让人吃惊的事实：他看到根本就不是一个人，新合成的两幅照片显示的是表情迥异的两个人。原照片上的人物本来是微笑着的，新合成的照片上，两半右脸相接的那幅像上的人物依然微笑着，而两半左脸相接的那幅像上的人物却显出了近乎恐怖的模样，他虽然嘴巴张开，貌似在微笑，但是整体表情一点也不放松、不开心。

这是为什么呢？原来，我们的左右两半脸有着不同的分工。左脸直通人的心灵，表露的常常是内心的真实感情，因此是“隐蔽的”面孔；而右脸则如同一副面具，会按照理性的指引做出假笑、假悲伤、鬼脸等表情，而将内心真实的喜怒哀乐隐藏起来，因此是“公开的”面孔。如此说来，许多时候，我们左脸所显露的信息，正是右脸所要掩饰的。上面提到的科学家之所以会看到两张表情完全不同的新照片，是因为照片中的人物原本就是不快乐的，他在假笑。你瞧，他拘谨忧郁的左脸已经向我们展示了他的内心。

由此，我们可以学到一个新的读心术——探知个人的真实情感时，要分别看他的左右脸，并且着重看其显露本心的左脸。比如想判断一个对你报以微笑的人是真笑还是假笑，你就可以把目光集中到他的左脸而不是右脸上。左脸的肌肉、纹理、左眼的眼神，均可告诉你事情的真相，让你知道对方是不是在骗你。不过，你可别以为这是一件简单的事情，人类的右脸之所以会“表演”，是因为人类的左眼更敏锐一些，因此面对对方时，我们更容易观察其右脸，并且从右脸去判断对方整张脸的表情和内心情感。

让不甚敏感的右眼去面对与心灵相通的左脸，让敏锐的左眼去面对善于“表演”的右脸，似乎是上天的一种安排，也是人类的一种自然选择。当我们想隐藏一些情感的时候，当然不希望被洞察力较强的左眼一下子给看穿。既然如此，我们在明了如何判断他的真假表情的同时，也可以得到另外一个启示——利用人类这种“先天弱势”，玩点小花招儿，用假笑骗倒所有的人，为自己赢得更有利的局面。别忘了，微笑能够让人放松戒备、消除敌意，而绝大多数人无法准确区分真笑与假笑，只要看见有人冲自己微笑，他们的内心便会很自然地升起一种满足感，而不会思考这笑容究竟是真是假。所以，如果你能时刻以微笑示人，不管这笑是真是假，都能赢得别人对你的好感。

如何避免因为假笑过假而让他人反生不快的情况呢？很简单，站到镜子面前，努力笑一下，看看自己在假笑时左右两半张脸各会出现什么样的反应，细观察左右脸的不同，然后努力让左脸模仿右脸的表情。如果觉得不论怎么练习，自己的假笑也不够自然的话，那就找一件让你想起来就想笑的事，或者一个让你想起来就想微笑的人吧，把他牢牢记在心里，当需要微笑时，去想他即可——当微笑真正发自肺腑时，我们的左右两半脸的表情是没有任何区别的。这样，无论何人，都不会再发现我们的“秘密”。

“目光语”的神奇

眼睛是心灵的窗户，丰富多变的目光语，比语言更能透露我们内心的秘密。心里高兴时，眼睛会眯成一条线；内心疑惑时，眼睛会眨个不停；感觉吃惊时，眼睛会瞪得很大；不屑一顾时，眼睛会避免看对方或只做斜视等等。

目光语不仅丰富多样，而且适用于任何一种场合。懂得目光语，有助于我们迅速看透人心，应用目光语，有助于我们顺利达成目的。下面我们就以各种场合为例，来探讨各种目光语的内涵及使用规则。

如果我们仔细观察，一定会发现，在五官之中，深层心理中的欲望和感情，首先反映在眼神里。人们视线的移动、方向、集中程度等都表达了不同的心理状态，观察人们视线的变化，有助于人与人之间的交流。人们常说：“性为内，情为外，性为体，情为用。”情绪所表现的最显著、最难掩的部分，不是语言，不是动作，也不是态度，而是眼神。对一个人而言，是不是精神干练，重要的不在于眼睛的大小，而在于眼睛是否有神。眼神可以帮助我们识别人心。

眼睛是透露人的内心世界的最有效的途径。人的一切情绪、态度和感情的变化，都可以从眼睛里显示出来。人的情绪变化，首先会反映在不自觉的瞳孔改变上。当人的情绪兴奋、愉快时，瞳孔会不自觉地变大。眼睛不仅是心灵的窗户，更重要的是“眼睛会说话”。心理学家爱尔旋沃斯等人发现，目光接触是最为重要的身体语言沟通方式。

在日常生活中，很多信息与情感的交流，都是通过目光接触来实现的。首先，目光接触直接表示对对方的注意，使沟通成为完全连续的过程。其次，目光接触可以实现各种情感的交流。沟通中的目光接触，甚至可以比语言更有效地沟通各种情感。仅在接受的维度上，人们就可以用目光接触并准确交流好感、接纳、喜欢、爱意、眷恋等各种不同的情感。在其他情感维度上也同样如此。人们可以用眼神交流愉快、高兴、兴奋、激动、幸福的感受，可以用眼神传达失落、挫折、悲伤、绝望的情绪，也可以用眼神显示程度不同的惊奇、拒绝、厌恶和恐惧的体验。再次，目光接触可直接调整和控制沟通者之间的相互作用水平，目光接触的次数和每次接触所维持的时间，是沟通信息量的重要指标。一般说来，沟通者彼此的接纳水平越高，关系越亲密，所能接受的相互作用水平也越高。最后，目光接触可以传达肯定或否定、提醒、监督等信息。目光在显示肯定或否定意义的同时，常伴有轻微的点头或摇头。

可以从眼睛来观察：

1．大虹膜（有颜色的部分）

虹膜愈大，说明要表示爱意、愤怒、狂喜等强烈情感的可能性愈大。也许刚才还说着不入流的笑话，而一会儿就变得和小猫一样温驯。情绪变幻莫测，为生活增加了不少刺激，因为没有人可以预测他们下一步要做什么。

2．小虹膜

虹膜愈小，表示愈会隐藏自己的感情。当虹膜收缩时，瞳孔会放大，因此，整个效果好比凝视着一个幽暗、无法测知的深渊。情感都深深隐藏在一片平静的外表下，表现出来的是冷静、沉着的气质。

3．深眼睛

眼睛嵌在脸庞的后方，四周有强而有力的眉毛和高高的额骨包围，这表示深喜探究，仿佛周遭的一切都经常处在一面放大镜之下。擅长区分极细的细节，可以测出一个人个性中的小缺陷。就因为这个原因，这样的人十分挑剔，除非相当特别的人，否则很难进入这种人的生活中。

眼神的波动

眼神恬静面有笑意时，说明这人很高兴，这时与他谈论有关的事情或是向他求助，往往很容易成功。眼神流动，说明心怀诡计，要小心从事。眼神四射神不守舍，说明心已转移至别处。眼神凝定，说明他赞成你的办法，并表示满意。眼神上扬，说明他对你很不在意，不要再自讨没趣。

表示礼貌：与人交谈中，要看着对方的下巴；听人说话时，要看着对方的眼睛；被介绍与他人认识时，只能看着对方的面部，而不能上下打量对方。

表示倾听：要看着对方，不可东张西望，更不可以频频看表。

表示恳求：当求于他人，等他人回答时，眼睛宜略朝下看，即俯视，这样可以让你显得更加诚恳。

表示打断：想要对方快点闭上嘴巴，可以将目光转向他处。相反，如果是希望对方继续说下去，则可以将散漫的目光收回，重新集中到对方的脸部。

表示未知：如果知道对方有烦恼的事，与之打招呼时要避免与其目光相撞，否则对方会以为你发现了他心里的秘密，而这可能会让他感觉不舒服。如果对方身上有缺点，也要使目光尽量避开这些缺点，否则对方会很反感，而且一旦对方有了反感的情绪，即便你再予以赞美，也会给人以做作、虚伪之感。

表达逃避：谈话时长时间不看对方通常被视做一种失礼行为，同时也容易被理解为是躲避，这意味着你企图掩饰或心里隐藏着什么事。如果你不希望对方这样猜测你，那就要避免使用这种目光语。

表达抗议：内心不服气或有愤怒之情，并且希望表达出来时，一定要直视对方的眼睛，这样才能给对方以压力，达到最佳抗议效果。

表示公事公办：想象对方的脸上有一个三角形，这个三角形以双眼为底线，以前额发际为顶点。在正式谈判时，如果你一直盯着这个三角形看，会在无形中给对方一种暗示："我有清楚的底线，我不会破坏原则。"

表示认真和诚意：如果是在进行商务洽谈，时不时将目光落在对方脸部的三角形上，会让对方感觉到你严肃认真的态度以及诚意，这有助于你把握住谈话的主动权和控制权。

表示感兴趣的程度：与人交谈时，视线接触对方面部的时间应占全部谈话时间的一半左右，这样对方会感觉最舒服，也能体会到你对谈话内容比较感兴趣的心理状态。超过这个平均值，对方会认为你对谈话者本人比对谈话内容更感兴趣，这显然很不礼貌，尤其是对方是异性时；低于这个平均值，则表示你对谈话内容和谈话者都不怎么感兴趣，这显然会引起对方心中不快。当然，如果你确实想表达上述意思，那你就可以这样做。

上台演讲：表示看到了所有听众，以听众席的中间部分为中心线，将视线平直向前然后进行弧形移动，以照顾两边，最后让视线落到最后面的听众头上。这会让所有听众都觉得你注意到了他，因此他们会对你的演讲更感兴趣。值得注意的是，推进视线时不必匀速，而应该配合所演讲的语句有节奏地进行。

表示感情浓烈：有节奏或周期性地从左到右，再从右到左，或从前到后，再从后到前地扫视听众，即让视线在反复的弧形移动中构成一个环形整体，能够向听众传达出你浓烈的情感。使用这种目光语时一定要注意过渡的自然性，以免让听众感觉你的目光是散漫地游离或是刻意在移动。

表示思考：如果所演讲的内容比较复杂，或者需要非常集中精力地描述，则可以运用"仰视"的目光语，它表示思索、回忆。

表达震慑：当听众出现不良反应时，用眼睛直视对方，会对制止听众的骚动情绪起到非常厉害的震慑作用。

表达愤怒、怀疑："虚视"即目光似视非视，是一种"眼中无听众，心中有听众"的状态。虚视有个中心区，一般将目光放在听众席的中部或后部。使用虚视可以很到位地向听众传达出你内心的愤怒、悲伤、怀疑等负向且强烈的感情。

如果是初次上台演讲或有怯场之感，使用这种目光语也有助于你避开台下火辣辣的眼神，让你克服紧张的心理，不再因此而分神。

表达同情、怜惜：正常情况下，人每分钟会眨眼5~8次，每次眨眼的时间最长不会超过一秒钟，如果超过一秒钟，那就是"闭眼"。闭眼这种目光语可以传达出你的同情、怜惜、难过等情绪。比如演讲中提到英雄人物即将英勇就义时，演讲者和听众都比较紧张，心情难以平静，便可以用闭眼的方式来使听众与自己产生共鸣。

表达与自己特定身份有关的情感：在演讲时老注意听众会显得不甚自然，因此可以根据内容，结合自己的特定身份，运用"仰视"、"俯视"等目光语。比如，对着后辈演讲，你可以不时把视线向下转，即俯视，以表示对后辈的爱护、怜悯和宽容等；而对着同辈或前辈演讲，你可以将视线稍向上转，即用仰视来表示尊敬或撒娇之意。

需要注意的是，在演讲中使用目光语，一定要按照内容的需要，结合感情的节拍来进行，并需配合以手势、身姿等身体语言。

此外，教师等相关职业者在目光语的使用上可以参考该部分，并应注意保护学生的心灵，尽量避免消极目光语，如对学生怒目而视、蔑视、漠视、垂视等。

在《孟子·离娄篇·上》中有一段用眼睛判断一个人心术的论述："存乎人者，莫良于眸子。眸子不能掩其恶：胸中正，则眸子瞭；胸中不正，则眸子眊焉。"从眼睛里流露出真实的情感是理所当然的，因为眼睛是心灵之窗。一个人的心术、心里的欲望和感情，首先反映在视线上，视线的移动方向、集中程度等都表达不同的心理状态。一个人的心术是正还是邪，通过他的眼神都能看得清清楚楚。

曹操派刺客去刺杀刘备。刺客见到刘备之后，并没有立即下手，而是与刘备讨论削弱魏国的策略，他的分析令刘备很满意。不久之后，诸葛亮进来了，刺客很心虚，便托词上厕所。

刘备对诸葛亮说：“刚才那位奇士，可以帮助我们攻打曹操。”

诸葛亮却慢慢地叹道：“此人见我一到，神情畏惧，视线低而时露忤逆之意。奸邪之形完全显露出来，他一定是个刺客。”

于是，刘备连忙派人追出去，而那刺客已经跳墙逃跑了。

在瞬息间，通过对方眼神的变化，看出他的心术，固然需要先天的智慧，但很大程度上还是要靠后天的训练。因为这种本领与在环境中的磨炼和培养是分不开的。

诸葛亮能够看透那个刺客，主要是从刺客闪烁不定的眼神中发现了破绽。在生活中，没有扎实的本领，想一眼识破一个人的心术，可能就比较困难了。

一个人的所思所想很多的时候会通过他的眼神表现出来。视线的移动方向、集中程度等都表达不同的心理状态。观察视线的变化，有助于增加人与人之间的交流。一个人心里正在打什么主意，他的眼神都会立刻告诉你他在想什么。

曾国藩说：“古之医家、文人、养生者在研究、观察人的‘神’时，一般都把神分为清纯与混浊两种类型。”“神”的清纯与混浊是比较容易分辨的，但清纯又有奸邪与忠直之分，而奸邪与忠直则不容易分辨。从眼神上来分析，一般通过“动”能够看到事物的真相和本质，通过“静”也能够看到事物的真相和本质。

一次，有新来的三位幕僚来拜见曾国藩，寒暄之后退出大帐。有人问曾国藩对此三人的看法。曾国藩说：“第一人，态度温顺，目光低垂，拘谨有余，小心翼翼，是一个小心谨慎的人，适于做文书工作。第二人，能言善辩，目光灵动，但说话时左顾右盼，神色不端，是一个机巧狡的人，不可重用。唯有这第三人，气宇轩昂，声若洪钟，目光凛然，有不可侵犯之气，是一个忠直勇毅的君子，有大将的风度，其将来的前途不可限量，只是性格过于刚直，有偏激暴躁的倾向，如不注意，可能会在战场上遭到不测。”这第三个人便是日后为湘军立下赫赫战功的大将罗泽南，后来他果然在一次战争中中弹而亡。还有一次，李鸿章向曾国藩推荐三个人，恰好曾国藩散步去了，李鸿章示意三人在厅外等候。曾国藩散步回来，李鸿章说明来意，并请曾国藩考察那三个人。曾国藩讲：“不必了，面向厅门、站在左边的那位是个忠厚的人，办事小心，让人放心，可派他做后勤供应之类的工作；中间那位是个阳奉阴违、两面三刀的人，不值得信任，只宜分派一些无足轻重的工作，担不得大任；右边那位是个将才，可独当一面，将来作为不小，应予重用。”

李鸿章很吃惊，问曾国藩是何时考察出来的。曾国藩笑着说：“刚才我散步回来，见到那三个人，走过他们身边时，左边的那个低头不敢仰视，可见是位老实、小心谨慎之人。因此适合做后勤一类的工作。中间那位，表面上恭恭敬敬，可等我走过之后，就左顾右盼。可见是个阳奉阴违的人，因此不可重用。右边那位，始终挺拔而立。如一根栋梁，双目正视前方，不卑不亢，有大将之才。”曾国藩所指的那位“有大将之才”的人。便是淮军勇将，后来担任台湾巡抚的刘铭传。

俗语说：江山易改，本性难移。人的个性是一成不变的，即便是其修养的功夫异常深厚。性为内，情为外，性为体，情为用，性受到外来的刺激，进而发为情。情所表现出来的最显著、最难掩饰的部分，不是语言、动作，也不是态度，而是眼睛，语言、动作、态度都能够用假象来掩盖，而眼睛是没办法假装的。我们看眼睛，不能只看大小圆长，重点是在看眼神。所以在观察一个人时，看他的眼神是十分重要的。

如果见一个人眼神沉静，就可以知道他对于你着急的问题，早就胸有成竹，稳操胜券。这时你只要向他请教办法，并表现出焦虑，如果他不肯明白说，可能因为事关机密，你也不必多问，只静待他的发落便是。

如果见一个人眼神散乱，就可以知道他对你的问题也是毫无办法，徒然着急是没有一点用的，向他请教，也是白费力气。你得平心静气，另想办法。

如果见一个人眼神横射，仿佛有刺，就可以知道他异常冷淡，如果你现在有所请求，暂且不必向他陈说，应该想办法从速借机退出，即使多逗留一会儿也毫无用处。退出后你应该想想他对你冷淡的原因，再谋求恢复感情的途径。

如果见一个人眼神阴沉，应该知道这是凶狠的信号，你与他交涉，须得处处小心才是。

表情的真实意义

笑的方式千差万别，通过观察笑的方式却能识别一个人的内心和性格。

一位任职于美国 FBI 的警察曾经给人们讲过这么一个故事：

1989 年，我们抓住了一名间谍。审讯时，他态度很好，很合作，但始终坚持自己一个人行动，不肯供出自己的同伴。显然，为了忠于自己的国家和人民，他做好了自我牺牲的打算。

这一度让我们束手无策，因为他们对美国的国家安全构成了很大威胁，我们必须尽快找出他的同伙。正在这时，我们的情报分析师马克·瑞瑟建议说，我们可以通过非语言行为收集所需要的信息。

于是，我们向这位间谍展示了几十张卡片，每张卡片上都写着一个与他一起工作过的人的名字——经过调查，我们认为这些人中很可能有他的同伙。我们要求他在看每张卡片的同时都要讲述他所知道的这个人的情况。当然，我们对他所讲的内容并不感兴趣，因为他肯定不会说实话，我们关注的，是他在看到卡片的一瞬间以及在叙述过程中的非语言反应。

我们注意到，当他看到某两个人的名字时，眼睛突然睁大，然后瞳孔迅速收缩，并轻轻地眯了一下眼睛。显然，潜意识中，他是不希望看到这两个人的。由此我们断定，这两个人肯定是他的同伙。

最终，我们找到了这两个同犯，经过审讯，他们供认自己参与了此次犯罪活动。时至今日，那个间谍仍然不知道我们是如何找出他的犯罪同伙的。

奇怪吗？如果你懂得相关的心理学知识，你肯定不会对上述故事表示惊讶。瞳孔能够显现人类的感情，并通过扩大或缩小表现出来。开篇故事中的警察之所以能够通过案犯的眼睛及瞳孔变化捕捉到重要信息，就是利用了这一点。

消极的眼部动作，看到自己不喜欢的人或事物时，我们的内心就会产生消极的感受，相应地，我们的瞳孔就会立即收缩。通过这个反应，我们能够精确地将面前的一切聚焦到眼前，这样我们就能看得更清楚，从而有效地保护自己，这可以被称做消极的瞳孔反应。比如面对推销员时，许多人会眯起眼睛，来表示他们对其推销的产品有所疑惑，或者正在为买还是不买做思想斗争。

当然，人类很可能有完全独立的、不牵涉其他器官的动作，眯眼也一样。当由于反感等负向情绪眯起眼睛时，人们的眉毛也会加油添醋地做帮凶，向外界传达主人内心的不快，如耸起眉毛，或压低它们等。

了解了这些知识，我们读心的功力就又增了一分。它至少提示了我们三点：

1. 当对方向你表现出这种反应时，你或者应该识趣地闭上嘴巴，赶快离开，或者应该准备好应对措施，因为接下来对方可能就要发威，以表达其内心的不满，甚至对你进行攻击。

2. 如果你想向某人传达你对他的厌恶之感，又不想用相关语言导致对方不快，甚至撕破脸皮、引发冲突，那么你便可以让瞳孔和眉毛来帮你的忙。

3. 如果你确实对对方并无此意，这种反应只是你的习惯动作，那么你最好还是想办法改掉它，以免日后引起误会。

积极的眼部动作，我们心情激动，或是突然遇到让人吃惊、兴奋的事情时，我们的眼睛就会睁大——除了眼睛的宽度会增大外，瞳孔也会迅速扩张，这样能使我们最大限度地吸收光亮，从而向大脑输送足够的视觉信息，使内心的快感更强烈，也持续得更久一些。

当然，表达积极情感的眼部行为很多，不仅仅有瞳孔放大，“追视”也是属于这一类。很小的孩子尤其是刚出生不久的婴儿，非常喜欢睁大眼睛，一直看着妈妈的脸，如果妈妈走动的话，他们甚至会努力转着脑袋以便继续看到妈妈。睁大的眼睛、追视的动作，也传递了一种积极的信号，透露出主人的舒适、愉悦。

消极的眼部动作会关联眉毛，积极的眼部动作也会伴随着眉毛形状的一些改变。当人们十分惊奇或喜悦时，伴随着“真的”或者“哇”的一声，他的眼睛会睁大，瞳孔会放大，同时眉毛也会上挑形成弓形，从而使双眼瞪成“闪光灯”的样子，这让他们内心的快乐一展无余。

由此，我们可以得知两点：

1. 当别人睁大眼睛、眼神亮亮地看着自己时，表示他非常喜欢我们，或者对我们所说的话、所做的事表示非常兴或十分肯定。可以这么说，对方眼睛睁得越大，他对你的好感就越多。这是一个十分实用的知识，在做生意、谈判、跟老板对话、谈恋爱等场合，你都可以以此来获悉对方的心理，判断自己的交流方式是否得当，或需要怎样调整。

2. 如果局势稍显紧张，而我们希望交谈继续进行下去，或者我们希望对方能够感知到我们内心的愉快以及对他的好感，便可以有意使用此动作来缓和气氛。

但是，我们同样要给出一个重要的提示：瞳孔扩张以及收缩并不是必然与情绪或状态相关，当光线发生变化、健康状况出现问题，或者对某些药物出现不良反应时，我们的瞳孔也会以放大或缩小来表示。如果属于这种情况，你可千万不要被“情绪”之说误导。

人的一些表情的表现。

厌烦的表情，厌烦的表情主要的外在表现包括叹气、伸懒腰、打哈欠、东张西望、看时间、表情无奈等。

焦虑的表情，焦虑的表情的外在表现就是用手指不断敲打桌面，双手互捏，小腿抖动、坐立不安等。如果厌烦型表情没有得到理解，烦躁的情绪慢慢积累下来，很可能发展为焦虑。

兴奋的表情，兴奋的表情的外在表现为瞳孔放大、面颊泛红、搓手、轻轻跳跃等。

欺骗的表情，如果对方不休，语义却不连贯。尤其他平时是一个沉默寡言的人，那么他的表情就是这些信息的“显示器”。虽然用中国传统的人相学来测一个人的性格与命运有失偏颇，但如果凭面部表情来推测和判断一个人的性格，还是确实有一定的准确性的。

梁惠王广招天下高人名士。有人多次向梁惠王推荐淳于髡，因此梁惠王想见淳于髡，而且每次梁惠王都屏退左右，与淳于髡倾心相谈，但淳于髡总是沉默不语，弄得梁惠王很难堪。

事后，梁惠王责问推荐淳于髡的人：“你说淳于髡有管仲、晏婴的才能，哪是这样？要不就是我在淳于髡眼里是一个不足与谋的人。”

推荐淳于髡的人把这话告诉了淳于髡，淳于髡笑着回答道：“我也很想与梁惠王倾心交谈。但第一次，梁惠王脸上有驰骋之色，他想着驱驰奔跑一类的娱乐之事，所以我沉默不说话。第二次，我见他脸上有享乐之色，想着声色一类的娱乐之事，所以我也沉默不说话。”推荐淳于髡的人将此话告诉了梁惠王，梁惠王听后，一回忆，果然如淳于髡所言，由此他非常叹服淳于髡的识人之能。

男性中带有温和沉稳声音的人，老实，会灵活变通，其实，也有其顽固的一面，他们往往认为正确的就不会改变，绝不妥协，他们不会讨好别人，也绝不受他人意见的影响。作为谈判的对象，这种人刚开始很难与其相处，但他们是忠实牢靠的人。

鼻下的心

人的五官中，鼻子和耳朵是活动能力最差的部位。因此，很难通过观察鼻子读出对方的心理。但是鼻子也有自己的“语言”，不妨从对方鼻子细微的语言中，试着“看”透对方的心理。

1. 鼻子胀大

在谈话中对方的鼻子稍微胀大时，多半表示得意或不满，或情感有所抑制。通常人的鼻子胀大是表现愤怒或者恐惧，因为在兴奋或紧张的状态中，呼吸和心律跳动会加速，所以会产生鼻孔扩大的现象。因此呼吸急促代表的是一种得意状态或兴奋现象。至于对方鼻子有扩大的变化，究竟是因为得意而意气昂扬，还是因为抑制不满及愤怒的情绪所致，这就要从谈话对象的其他各种反应来判断了。

2. 鼻头冒汗

这只是对方个人的毛病，但平日没有这种毛病的人，一旦鼻头冒出汗珠时，应该说就是对方心理焦躁或紧张的表现。如果对方是重要的交易对手，他必然是急于达成协议，无论如何一定要完成这个交易。因为他唯恐交易一旦失败，自己便失去机会，或招致极大的不利，因而心情焦急紧张，自己易陷入一种自缚的状态。因为紧张，鼻头才有发汗的现象。而且，紧张时并非仅有鼻头会冒汗，有时腋下等处也会有冒汗的现象。没利害关系的对方，产生这种状态时，要不是他心有愧意，受良心谴责，就是因隐瞒秘密而紧张。

3．鼻子变色

鼻子的颜色并不经常发生变化，但是如果鼻子整个泛白，就表示对方一定畏缩不前。如果是交易的对手，或无利害关系的对方，并不要紧，多半是他踌躇、犹豫的心情所致。例如，交易时不知是否应提出条件，或提出借款而犹豫不决时的状态。

有时，这种也会出现在向女子提出爱情的告白却惨遭拒绝时。

在相互交流中，一个人的心理活动往往会从鼻子的变化中显示出来。比如谈话过程中，对方的鼻孔稍微扩大，多半是在表示得意心理或不满情绪，当然也有可能是正在压制某种情感。关于这一点，下面这个小故事是一个极好的证据：

年轻时，我在一家超市里工作过。那期间，我曾经遭遇过一宗未遂的抢劫案。

当时，作为促销员的我正站在距离收银台不远的一处大货架下。我注意到一个男人，他站在收银台的旁边，两眼紧盯着收银机。我之所以在众人中唯独看到了他，是因为他似乎不应该站在那里——他没有买任何东西，也没有排队。我之所以格外注意他，是因为他并没有沉默地待在原地，而是在某一刻忽地鼻孔扩大了，这表明他正在深呼吸，准备好要采取某种行动。

他的这个动作立刻引起了我的警觉，几乎是在他行动的前一秒钟，我冲着收银员大声地脱出而口：“小心！”伴随着我的喊声，发生了三件事：一，收银员刚完成一次结账，收银机的抽屉刚好打开；二，那个男人迅速向前将手伸进了收银机的抽屉；三，收到警告的收银员一把抓住了他的胳膊并将其反拧过来。结果，钱从那个男人的手里掉出来，其他结账的人则协助收银员抓住了这个抢劫犯。

一起完全可能得手的抢劫案，就这样全盘输给了抢劫犯扩大的鼻孔。

一般而言，人的鼻孔张大是出于愤怒或者恐惧，因为当人处在兴奋或紧张的状态中时，呼吸和心跳也会加速，相应地，就会产生鼻孔扩大的现象。上述故事中的促销员之所以能够提前对抢劫犯有所警觉，正是因为他在潜意识中意识到这个小动作背后的危机。如此看来，小小的鼻孔，除了具有替人体交换内外气体的重要功能外，还担负着传达主人内心秘密的额外任务。

当然，鼻孔扩大并不是绝对表示内心的兴奋或紧张，只是一种意图线索，或者是使劲儿时的一种自然反应，比如在骑车爬一段陡峭的山坡、搬动重物等需要用力的场合，鼻孔都会随着力道的使出而扩大。但是如果不存在这些情况，并且你身处一个危险的环境中或紧张的氛围下，对方又出现了鼻翼扩张的行为，那你一定要小心了。

除了上述两点外，鼻孔还往往与“轻视”、“不屑”扯上关系。有一个成语叫“嗤之以鼻”，说的就是通过鼻孔出气吭声来表示蔑视、嘲讽。还有一个词叫“鼻孔朝天”，这几乎是全人类都认可的一种形容不高兴或拒绝的身体姿态——当看到某人板起脸，将鼻子高高耸起，鼻孔张大时，我们的直觉就是他很傲慢、倔犟、妄自尊大。

日常生活中，与鼻孔息息相关的还有一种动作，那就是“挖鼻孔”。如果并非鼻孔需要清理，那么该动作多数时候都是在传达一种紧张不安的情绪。人们企图通过这种自我接触产生一种安慰感，缓和内心的不安，不起眼的鼻孔居然能传达出这么多隐秘的信息，实在令人吃惊。那么，推而广之，是不是整个鼻子更能体现人的内心呢？没错！请看下面的分析：

1. 鼻头冒汗

如果并非天生容易鼻头冒汗，那么这种现象应该是由于人们内心焦躁或紧张所致。或许他正在着急如何达成协议，心里盘算着无论如何一定要完成这个交易；或许他正在着急如何掩饰自己的错误，以免遭受惩罚；或许他正在焦虑如何摆脱对方的纠缠，逃到一个能让人身心得到放松的地方去；等等。

2. 鼻子泛白

一般情况下，人的鼻子颜色不会发生变化，除非内心情绪波动比较强烈。比如，情绪十分消极、畏缩不前时，人整个鼻子都会泛白；向异性表达爱情却遭到拒绝时，许多男子都会鼻子泛白；当自尊心受损、有罪恶感或者相当尴尬时，许多人也会鼻子泛白。

3. 摸鼻子

从心理层面上，这是一个非常有意义的动作，它一般会传达出四种意思：

拒绝：当你请求他人帮助你完成某桩事情，对方一边犹豫着答应一边摸鼻子，甚至未答应，只是用手摸鼻子时，你应该知趣地意识到，他接受你请求的可能性不大，或者说，他已经在潜意识中通过这个动作拒绝了你。

不耐烦：如果对方觉得与你谈话很无聊，要想尽快结束，那么他多半接二连三地摸鼻子，如果再伴随着不断变换身体姿势等动作，就是你该闭上嘴巴的时候了。

怀疑：你说出了某些话，而对方用手去摸鼻子，并且身体做出了前屈的动作，那么就等于是在说："不会吧?"表明他对你所说的话心存怀疑。

内心挣扎、困惑或不知所措：遇到难题时，人们往往会不自觉地去摸鼻子。因此如果在谈判中，对方听完你的话去触摸鼻子，那就表明你的提议有可能被他接受，他正在犹豫要不要接受，这时候，你只需要适时再进一步，协议就很容易达成了。如果故意去问一个孩子他不懂的问题，他大多也会做出用食指擦鼻子的动作，这表明他对你的问题感到困惑，不知道该怎么回答。

4. 捏鼻梁

捏鼻梁和摸鼻子的动作比较容易混淆，但二者所表达的意思是完全不同的。这个动作表示对方正在深思你说的话，内心处于一种冲突中。如果是正在谈判的商人，这个动作则多表明“不要打扰我，让我想想”的意思。

不单单是耍嘴唇

司空见惯地咬嘴唇，实际上是一种含义十分丰富的肢体语言。在不同的场合，人们会用它传达不同的内心状态：

1. 内心紧张

有些人内心感觉紧张时会咬嘴唇，比如犯了错误的小孩在面对老师或父母时，十分内向的人需要对众人发言时，等等，都容易出现咬嘴唇的动作。之所以如此，可能与人体在紧张时的生理反应有关。紧张时，人的心跳会加速，血液的流动会加快，流经唇部的血液也会相应增多，导致人的嘴唇出现一种微胀感或微痒感，这种热乎乎的感觉会让人下意识地去碰触它，而碰触嘴唇最简单又最隐蔽的方法，当然就是上齿轻咬下唇了。

2. 暗示焦虑

内心感觉焦虑时，人们也容易咬嘴唇。一个非常典型的例子是，2001年“9·11”恐怖袭击事件发生后，获悉此消息的布什就下意识地咬住了嘴唇。后来在许多场合，只要涉及该事件时，布什都出现了这个下意识的动作。而且在其他一些场合，当局势让他感觉有压力时，他也会用这个小动作来掩饰自己的焦虑。

3．感觉恼怒

有恼怒之感时，有些人也会出现咬嘴唇的动作。最明显的例子就是在赌场，当某人不幸拿到一手烂牌时，他多会鼻子轻皱、轻咬嘴唇。如果恰好其对手还是个深谙人们心理的人物，那这局对于他来说就十分危险了。

4．自我惩罚

如果仔细观察，你会发现运动场上的运动员们在遭遇失利时，多会做出咬嘴唇的动作。这种场合中，咬嘴唇除了表示焦虑外，也可以说是在进行自我惩罚。再比如，有些比较要强的孩子在考试考砸后，甚至会将自己的嘴唇咬出血泡或干脆咬破，这种反应都属于自我惩罚的行为。

5．强做隐忍

被人误解或侮辱时，许多人也会很自然地做出咬嘴唇的动作。显然，这是人们心存不满，但又希望能够控制自身情绪的一种隐忍的表现，也可以看成是他情绪爆发的前期阶段。

除了咬嘴唇外，有些人在内心紧张，感觉不安全、不舒适时，也会去下意识地咬笔杆、咬指甲等，以期获得心理安慰。这些动作可以看做咬嘴唇的变体，与其有着相似的含义。

总结上述种种，不难看出，咬嘴唇在一般情况下都传达了一种消极的意思，使动作执行者在无形当中透露出自己内心的负向情绪。正因如此，很多人都希望改掉动不动就咬嘴唇的毛病，避免被对方看透内心。那么，如何才能改掉此类动作呢?

首先，你可以利用心理暗示。心理暗示有强大的效用，当你一遍遍地告诉自己“我不紧张，我不紧张”时，在很大程度上，你的紧张感就会被缓解。因此，针对自己最容易出现咬嘴唇动作的心理状态，你可以设计一句简短的有助于舒缓情绪的语言，在每逢那种心理出现时便反复默念。

其次，你可以试试心理疗法中的“系统脱敏疗法”。具体来说，你可以在每次咬嘴唇时，就强迫自己去做一个令自己不舒服又比较隐蔽的动作，如用指甲狠狠地掐自己一下，或者使劲咬一下自己的舌头等。长此以往，你就会渐渐消除这个动作。

最后，必须提醒大家的是，如果你正在参加工作面试或者初次与异性约会，那么无论如何，你都要避免此类动作，不仅因为它们看起来不美观，还因为它多半传达的是一种负向信号，会让对方对你的印象大打折扣。

下巴透漏的信息

当逗引小猫小狗等小动物时，它们通常会有两种反应：如果它们打算攻击你，就会将背部弓起，下巴突出，显示自己的强大；如果它们害怕你，正在准许备接受你的侵犯，它们就会全身收缩，下巴也随之收缩。

如果仔细观察，你会发现，人在运用下巴传达意思时，跟小动物们是一样的。也就是说，人的下巴也会说话，甚至还会不顾理性的支配，直接透露出我们内心的真实意思。那么，下巴的各种动作，都反映了人们怎样的心理呢？

站到镜子面前去，将自己的下巴抬高，一分钟后，再将下巴缩起，体会一下以往你在做这两个不同动作时的心态变化，你就会深有体会了。

下巴抬高时，人们的胸部以及腹部也会相应突出，这时人们会显现出一种趾高气扬、自大的样子。除了这种情绪外，抬高下巴还可给人以狂傲、优越感十足或者自尊心极强的感觉。希特勒在许多照片中的神情，都是微微扬着下巴的；撒切尔夫人，也经常用这个动作来显示自己铁腕无情、刚不可摧的性情。

此外，如果是面对面交流，一方扬起下巴，同时眼睛向下地望着另一方，就意味着他瞧不起另一方，不认可另一方所说的话或所做的事情，甚至是对另一方产生了敌意，因而以此动作来传达一种挑衅的意味。

而当下巴被缩起时，人们的背部就会相应地微微驼起，这个动作一般也表达了三种含义：

其一，透露人们的个性懦弱和气馁之感，有祈求对方原谅、宽容、理解之意。你看，很多小孩在犯了错误之后，都会在被责问时微微低头，缩起下巴。

其二，表示怀疑，对你所说的话或所做的事情不认可，或者对你这个人不信任。如果在缩起下巴的同时眼球向上转动，则肯定表达了这个意思。如果常出现这种反应，则证明此人疑心很重，对任何人与事都有一定的防备心理，他们容易闭塞自己，不轻易吐露内心，属于那种比较难交流的人。

其三，和抬高下巴一样，透露出“敌意”，不同之处在于它还传达出恼怒、隐忍之意。那张名为“愤怒的丘吉尔”的经典照片，就拍下了丘吉尔被摄影者突然抽走手中香烟时的瞬间反应，当然，那一刻的丘吉尔是恼怒的。

关于这一点，我们来看下面这则小故事：

一所精神病院里，某教授正在进行一个实验。

和医生们一样，他穿上了白大褂，以显示出医生的威严。接着，他有计划地侵入了许多病人的私人空间，比如紧挨着他们坐下、在他们在的时候随意走进他们的房间或休息室，等等。

他的行为妨害了所有的精神病人。这些更容易显露出本性的病人几乎立刻就做出了反应，比如把教授从自己最喜欢的椅子或座位上赶走、在椅子上移来移去以求尽可能远地离开教授、不停地用手指敲椅子或沙发的靠手等，某些比较狂躁的病人，甚至直接低下头，将下巴垂到胸前，然后眼睛上翻着，恶狠狠地盯着教授，显然，他们是在表示：“请你走开，我不希望你在这儿，你是一个侵犯者，侵入了我的私人领域！”

现实生活中，人们常常对那些精神委靡不振或刚刚遭遇不幸的人说“扬起下巴来!”或者“抬起头来!”就是对这种肢体语言的一种利用。显然，大家在潜意识中都知道，下巴紧贴胸部表达的是消极负向的情绪，而下巴上扬传达的则是一种积极正向的情绪。

上述理论同样适用于鼻子，人们常常通过抬起或压低鼻子来传达正向或负向的内心感觉。当然，这也可以被作为抬高或收缩下巴的一种连带反应——帮着下巴来加强相关情绪的传达。

还有一个与下巴或鼻子直接相关、不可不提的肢体语言是——触摸下巴或鼻子，这常常被作为判断说话者正在撒谎的标志。其实，除了可以作为撒谎的证据外，它同时也透露了说话者十分紧张的心理状态，因为自我触碰常常被看做自我安慰的肢体反应之一。当年美国总统尼克松卷入“水门事件”后，在接受记者采访时，他做出了诸如频繁摸下巴、弄脸颊等一系列动作，这些小动作可是人们此前从未在他身上发现过的。显然，尼克松的这些动作，就直接透露了他与该事件的密切联系，尽管他矢口否认这一点。

没表情下的表情

生活中，我们有时会发现有的人不管别人说了什么，做了什么，都是一副面无表情的样子。其实，没有表情就是一种表情，不等于没有感情。因为内心的活动，倘若不呈现在脸部的肌肉上，那就显得很不自然，越是没有表情的时候，越可能是感情更为冲动的时候。

例如，有些孩子不满父母的指责，但是敢怒不敢言，显出一副面无表情的样子。其实他们内心的不满情绪特别强烈，委屈之情在心头弥漫。如果父母忽视这些，长久不顾他们的感受，势必造成孩子的人格扭曲。

愤怒悲哀至极也会出现微笑的表情。

有的人是很善于掩饰自己的情感的，脸上在笑，心里在哭，嘴上还能继续与人谈笑风生。这样的人具有很强的掩饰能力，用外表的坚强把自己的愤怒或悲哀隐藏在笑容背后，或许这会是乐极生悲的反面吧。

眉毛动作中的情绪变迁，20 世纪 30 年代，位于伦敦市区的一家医院发生了一起护士长与护士间关于“眉毛”的激烈争议，原因是护士长禁止护士修剪眉毛，让她们保持自然的眉形，护士认为这侵犯了她们的自由。不过，伦敦市长却支持了护士长的做法，因为在护士长看来，自然的眉形不但给人真实的感觉，而且可以避免一群眉毛修剪得出神入化的女护士在病人边上晃悠的麻烦，甚至还可以保证这些护士的健康。

遑论医院的这种做法是否真的可取，但就“眉目传情”来说，自然的、未曾修剪过的眉毛中的确包含着语言表达以外的很多感情，只要我们掌握了眉毛中包含的这些讯息，就算与你交流的一方不说话，通过观察他的眉毛变化，我们也能看透他的内心。因为心理学家研究证明，眉毛细微的动作变化与人的心理反应有着密切的关联，是交谈者观察对方的焦点，也是一个人情绪变化的外在反应。

于是，心理学家们通过对各种情绪状态下人们面部表情的大量研究，确信人的眉毛有六种明确的动作，每一种都与某种特别的情绪状态相关联。具体情况分别是：

这个动作的主要状态是，眉毛向下的同时，它们也会略微地向内运动，两条眉毛更加靠近，从而使眉毛之间的皮肤被压缩，形成竖直的短短的皱纹。

眉毛低垂的动作一般会在两种情境下发生——进攻性情境和防卫性情境。当遇到自己看不顺眼的人物后，这个动作就会发生，并伴随着眼光犀利、嘴唇紧闭等动作，原因可能是谈话者说了不该说的话或做了不该做的动作，或者碰到了不该碰到的事情，所以进攻性的情境下，这种动作表达的含义多是厌烦或极度的愤怒；防卫性的情境下意味着某种危机即将降临，但这一动作也可以同时表达两种含义，比如看到自己的丈夫跟某个漂亮的女性走在一起，妻子多会做出这个动作。不过，表达的含义可能先是惊讶，之后是愤怒，紧接着便是一种危机。

此外，当人们意识到危险的时候，不仅会有皱眉的动作，同时还会伴有颧骨部位的皮肤向上抬升的动作。如果看到这样的眉毛动作，作为谈话者，一定要赶快收手或向对方道歉。如果是以观察者的身份观察经常做这种动作的人，或两眉毛中间皱纹多的人，毫无疑问他可能经常遇到让他感到危机的事情，或者善于进攻别人，与这种人打交道，需要慎重。

第五章 举止观人注意静心

察言，主要是听弦外之音；辨色，主要是理解对方的肢体语言。肢体语言往往比口语沟通内容更具可信度。人可以随意地说出言不由衷的假话。但是，要将肢体语言完全隐蔽起来就不那么容易。行为举止是心灵的体现，观其行，就能知其心。

心理行为是对客观现实的一种反应

弗洛伊德说："凡是对一切有益于心理健康的事件或活动做出积极反应的人，其心理行为便是健康的，反之就是病态的。"心理行为是人的大脑对客观现实的一种反映，它能够很鲜明地表现出一个人的特点，所以通过它也可以对人的性格进行观察和了解。

1. 有依赖心理的人。这种人性格内向，完全封闭自己，不爱说话，对自己没有信心，遇事时他们首先想到的并不是自己怎样想办法把问题解决，而是想从什么人那里得到什么样的帮助。在他们看来，自己不能独立完成一件事情，对自己进行了全盘否定的想法。他们很少有自己做主、独立行事的时候。他们总是把希望寄托在他人身上，追随他人，求助于他人，而无法独自操纵和掌握自己的命运。

2. 有自卑心理的人。这种人性格内向，比较自闭，缺少自信，内心深处希望得到他人的肯定的迫切程度往往要超出其他人许多，并且他们一直在为此做着不懈的努力。他们的目的是为了提高自己在他人心目中的地位，证明自己并不比别人差，可是希望越高，失望也就越大，就是因为他们想获得他人肯定的心情太迫切了，往往会捆绑住手脚，而无法从容、自然地表现自己，结果适得其反。由于缺乏自信，导致这一类型的人的心理相当矛盾，他们对他人对自己的称赞总是持怀疑态度，但又受不了批评的话语。在矛盾中，他们会使更多的人远离自己，而变得孤立无援。

3. 有怯懦心理的人。这种人胆小怕事，为人处世总是十分小心和谨慎，但由于超过了一个必要的限度，从而就变成了畏首畏尾，前怕狼后怕虎的人。他们总是在一种恐惧之中走不出来，觉得随时有灾难降临到自己的头上，为了避免预感的事情的发生，他们总是极力缩小自己的活动范围，而不敢大踏步地前进。

4. 有忍辱负重心理的人。这种人具有较高层次的道德修养，比较成熟，有心计，他们的忍是为了达到某种目的而进行的自我克制。能够做到这一点的人需要有开阔的胸襟。对他们来说，忍辱负重不是怯懦，而是一种智慧的体现，他们的意志比常人要坚强，有一定的勇气和魄力、极强的宽容力和忍耐力，除此之外，他们还相当聪明和智慧。

5. 有同情心理的人。这种人性格温和，心地善良，总是同情比自己弱的人。比较有爱心，在遇到某一件事情时，他们会将自己放入其中，将心比心，设身处地地把自己与另外一些人等同起来，去感受他人的悲欢离合，喜怒哀乐。这一类型的人在自己能力许可的范围内，会尽最大力量给予弱者关心和帮助。

6. 有率直心理的人。这种人性格比较外向，自信，对事情抱有乐观的态度，他们的独立意识比较强，有自己的主见，很在乎自己的心理感受，在绝大多数时候，都只是按照自己的意愿去行事，而不是去迎合他人。他们少私心，不会受一些外界因素的引诱和支配。这一类型的人是非、善恶、爱憎多分得特别清楚。

7. 对某一事物有相当执著心理的人。这种人性格开朗，执著到顽固不化的地步，由于过分自信，对别人的意见置之不理，常常面对一件事钻牛角尖。结果好事可能也会变成坏事。有执著心理的人，在很多时候常会受到自己所执著的事物的束缚，使自己的视野变得狭窄，无法真正地自由活动。有执著的精神固然可贵，但应懂得适时而动，适可而止。

8. 有嫉妒心理的人。这种人自私自利，争强好胜，爱出风头，凡事都要占上风，爱耍小聪明，喜欢打探别人的隐私，说别人的闲话，以发现别人的痛苦为乐，他们常常把自己的快乐建立在别人的痛苦之上。

9. 有某种难以克服缺陷的人。这种人性格内向，虚荣心强，争强好胜，他们因自己的缺陷无法补偿，需要损伤别人来求得补偿。

10. 虚荣心很强的人。这种人的权利心很重，老想着往上爬，得个官位好在人前炫耀。他们不能看到别人在事业当中强于自己，他们不能容忍同事或他们非常熟悉的人被提升。

姿势是沟通的辅助因素

在日常生活中，姿势也常常是沟通过程的一个辅助因素。对别人表示尊敬，比如与导师或是领导谈话，我们往往要注意坐姿规范、上身挺直并微微前倾。如果对别人的谈话表示不耐烦，则通常会坐得比较向后，尽量和谈话人拉开距离，以表示想尽早结束谈话。人们的每一个动作都可以向他人告知你当时的状态。

心理学家莎宾（T. R. Sabin，1954，参见金盛华等，1995）等人通过对生活的细致观察，曾经将一些经常使用的姿势作出总结。成人对他们微笑，对其表示接纳时，他们也会显示出微笑的接纳反应。当成人对其表示气愤，显示拒绝的表情时，他们也显示出不愉快、拒绝或恐惧的表情身体语言便人可以保持不间断的沟通。科学研究揭示，人们每天运用语言进行沟通的时间是很少的。日常生活中，语言的沟通是间断的，而身体语言的沟通则是一个不停息、无间断的过程。只要人们彼此在对方的感觉范围内，就总存在身体语言途径的沟通。

日常的口语沟通有着许多物理的、社会的限制。比如，距离超过一定限度，口语沟通就很难实现。如果沟通的内容不希望被别人知道，而偏偏又不能躲开别人，也不能运用口语来交流信息。因为当你把自己的意思告诉你想告诉的人时，其他人也得到了同样的信息，这样有时就可能成为对沟通者的一个十分不利的因素。然而，身体语言沟通却可以不受这些情境的限制，达到言语沟通无法达到的目的。

语言的保密特征，更是显而易见的。身体语言信号通常要放到整个身体语言沟通过程中，其意义才能够被确定。而且，沟通者可以随时变化每一个身体语言信号的意义，使其在特定情境中具有别人难以理解的特殊含义。比如，人们往往用目光、手势在特定环境中表达思想，进行沟通。

在没有共同的语言背景的沟通中，身体语言就可以发挥其跨文化沟通的特性。许多身体语言信号都具有跨文化的功能，它们在不同文化背景中的基本意义是同等或高度接近的。借助这些身体语言符号，人们仍然可以实现相当有效，有时甚至是惊人准确的沟通。外国人能够在不十分精通汉语的情况下在中国自助旅游，我国边境的商人在语言不十分相通的情况下能够和外国人完成一次次的交易活动。身体语言在这些跨文化的沟通中起着至关重要的作用。身体语言还具有简约沟通的特殊功能。无论是哲学家、艺术家，还是心理学家，都丝毫不怀疑。事实上，语言对情感的表达是极其有限的。也正因为如此，语言永远不能代替身体语言。高明的摄影家抓拍一个真情流露的身体语言动作，这个动作就成了充满生命力的艺术品，并反映了做出动作的整个人的表现。无论如何，语言永远不能有这样的表现力。身体语言往往比普通语言能更为有效地反映人们的内心情感，由此可见一斑。

双手表明态度

做事情离不开双手，可以通过对方双手的动作来识别对方的心理活动。

1. 习惯于用右手做事的人，左半脑多比较发达，做事有条理，逻辑性强。

2. 习惯于用左手做事的人，右半脑多比较发达，具有很丰富的想象力、很强的创造力，感觉比较灵敏和准确。

3. 总是爱紧握着拳头的人，被认为缺乏安全感，防御意识比较强。他们一般不去主动攻击别人，但对别人的攻击会时刻提防。他们能够关心体贴别人，富有同情心而又善解人意。

4. 老是把手指合在一起的人，会经常处在一种非常矛盾的状态。他们的理智和情感总是在不停地交战。这种人多能掩饰自己，虽然内心非常不平静，但表现出来的却是泰然自若。

5. 喜欢用手对所说的话进行补充、解释和说明的人倾向夸张。他们的性格中感性成分往往要丰富一些，有一些多愁善感，很能引起其他人的注意。

6. 喜欢把手放在背后的人沉着老练。他们为人十分谨慎和小心，自我防卫意识比较强。

7. 经常把指关节弄得嘎嘎响的人，其脾气多是暴躁、易怒型的，遭遇一点事情就明显地坐卧不安。这一类型的人表现欲望也很强烈，但是通常好打交道，心直口快，古道热肠，有恩必报。

8. 手指若不停地动弹，表明目前正处在一种非常紧张的状态中而感到无所适从，凭借这种方式来转移自己的注意力，以缓解紧张的心理。

9. 用手指不停轻轻地敲打桌面，暗示这个人可能陷入到某种困境当中，或是在思考解决问题的办法，或是处在犹豫之中，想减轻一下烦躁的情绪。

10. 经常做出让人感觉到非常有力量的手势，说明这是一个有勇气、有魄力，敢作敢当，能够承担一定责任的人。这一类型的人做事非常果断坚决，一旦想做，就会付诸行动，而且有一定的韧性和毅力，不会轻易放弃。

11. 在与人交往中，突然用两手紧紧地抱住胳膊，身体稍微有些向后仰或是双手叉腰，身子前探，这都表示对对方的话持不赞成的态度。

12. 在听人讲话时，把双手插进口袋里，这是一种很不礼貌的行为表现，会让对方产生一种不被信任的感觉。

13. 在说错某一句话时，赶紧用手捂住嘴，做遮掩之势，这样的人性格比较内向，而且腼腆，说错话以后会非常后悔，并感觉不好意思，而耿耿于怀。

14. 把手放在腹部，并且无意识抚摸腹部的人，多有些神经质、多疑。紧张的状态中，而感到无所适从，凭借这种方式来转移自己的注意力，以缓解紧张的心理。

脚步对心情的外泄

走路文气十足者，遇事沉着冷静，文质彬彬的人双足平放，双手自然摆动，不会忸怩作态，步态很斯文。这些人通常性格温顺，胆小、保守而近乎顽固，他们缺乏远大理想，对未来不抱什么美好希望，但遇事沉着冷静，不易发怒。他们认为面对任何困难事情时，最重要的是保持头脑的清醒，不希望被任何带有感情色彩的东西左右自己的判断力和分析力。在别人面前因有理性和自控能力而受到别人的尊重，他们对此欣然接受，但不露声色。他们平时做事非常小心，言谈举止都尽量保持温文尔雅，绝对不愿让别人觉得他粗俗不堪。

文质彬彬的人走起路来不疾不缓，喜欢平静和一成不变，所以总是原地踏步和维持现状。以这种姿态走路的女人多属于贤妻良母型。走路文质彬彬的男人非常稳重，有时也觉得累。为了保持自己的尊严，他们很难在人前笑口常开，这是他们的准则。他们对自己的身体形态进行严格的控制，虽然别人敬畏他们，一人独处时却感到压抑。因为这种人涉世极深，了解人情冷暖。这样的人还非常注重别人对自己的评价，他们为了保持尊严，赢得尊重才去做事情，因此这样的人适合主持行政工作。有地位，有身份，这往往是他们全心追求的目标。

这类人走路总是一副慢腾腾的样子，他们若有所思，又好像前面有陷阱似的。就如人们常说的“生怕踩坏蚂蚁”的东郭先生一样，你无论说得如何急他都不在乎似的，属于典型的现实主义者。他们为人软弱，逢事顾虑重重，简直有点杞人忧天。

走路时仿佛身处沼泽地的他们，大多性格较软弱，遇事容易知难而退，不喜欢张扬和出风头；思考再三，否则决不冒险迈出第一步，结果往往错失良机。但是，也正是因为他们的性格特点，所以走路举步缓慢的人交友谨慎，但憨直无诡，胸无城府，重感情，只要他认定你是他朋友，对你一定会推心置腹。

另外，他们凡事讲求稳重，“三思而后行”，绝少好高骛远，“癞蛤蟆想吃天鹅肉”的情况绝对不会发生在这种人身上。

如果他们在事业上得到提拔和重视的话，也许并不是他们有什么“后台”，而是他们那种务实的精神给自己创造了条件。

这类人的观点是“眼见为实”，因此他们一般不轻易相信别人。不知道这对他们来说算是优点还是缺点，但把他们作为朋友定会相当不错，因为他们特别重信义、守承诺。不过要是你属于经常撒谎的人的话，最好别和他们来往，否则有朝一日，他发誓一辈子都会记恨你。

走路慢悠悠的人，一般时间观念不强，缺乏进取心。他们不仅在走路时表现得慢慢悠悠，在做其他事情时也是这样，总是一副不慌不忙的样子，让旁人看在眼里时总想催促他快点，再快点。

他们不懂得去争取时间，因为他们没有足够的上进心。他们总是想：反正不管怎样，完成任务就行了，并不去想什么时候能升职，什么时候能加薪之类的问题。他们十分知足。他们的信条就是：知足者常乐。他们不喜欢忙忙碌碌的生活。看别人奔忙于生活，他们甚至还会不理解，会反问：干吗把自己搞得那么辛苦那么累呢？实际上这是因为他根本就不明白别人心中的目标与追求，正所谓“燕雀安知鸿鹄之志”。

走路慢悠悠的人，做事虽然看上去比较稳，但并不一定做得好。他们只是动作慢，相对于动作快的人可能会少犯点错误，但他们并不喜欢动脑子，所以尽管他们做得慢，但一些细节上的问题他们也常常考虑不到。他们通常没有什么崇高的理想，没有什么远大的目标，每天得过且过，总之吃饱不饿就行了。

所以，当我们碰到这种经常走路慢悠悠的人时，基本上可以断定此人为缺乏进取心的人。

走路连蹦带跳的人，一般都是非常纯真、小孩子脾气的人。他们无论年纪多大，总会保留着一些小孩子的特征。他们时而任性，时而率真，时而疯狂，时而忧伤，通常有什么心事都会流露于外表，不会隐藏自己的心思。

走路连蹦带跳的人，通常都是开朗热情的人，他们对待他人热情诚恳，做事磊落坦荡，即使是女性也有一股侠义之气。跟他们做朋友，可以感受到他们的真性情，在交流与沟通上不会感到有障碍。所以，很多人都喜欢与他们这种性格的人在一起谈心、聊天，因此他们的人缘也通常不错。

他们也很喜欢表现自己，常常希望别人对自己有更多的关注，希望自己成为朋友圈子里明星式的人物。他们对能在电视台“露脸”之类的活动会情有独钟，比如一些歌唱比赛啊舞蹈比赛啊，他们都会积极地去参与，而且在参与过程中，他们也能很好地放开自己，不会扭扭捏捏的。知道如何取悦观众和评委，往往能成为最后站在领奖台上的人。

不过当他们耍小孩子脾气时，也不好伺候，他们可能会任性地大哭大闹，不分场合，也不会想太多的应该或不应该、可以或不可以之类的问题，而是什么都随着性子来，情绪来了谁也挡不住。

所以，当我们看到有谁走路连蹦带跳时，便可知道这有可能是个有着小孩子脾气、比较任性、不会隐藏心思的人。

一个人的心情不同，走路的姿势也就不同；每个人的秉性各异，走起路来也有不同的风采。

1. 走路沉稳，这种人办事求稳，三思而后行。这样的人比较务实，一般来说，工作比较严谨，说到做到。

2. 走路前倾，这种人性格比较内向和温和，一般不太张扬，很注意自己在别人眼中的形象，较有修养。

3. 走路低头，有的人走路的时候总是拖着步子，把两只手插进衣袋里，头常常低着，这样的人往往是碰上了难以解决的问题，到了进退维谷的境地。

4. 有的人步履矫健，轻松自如，灵活敏捷，富于弹性，这种人使人联想到年轻、健康、充满活力。

5. 走路匆忙，如果一个人走路的时候来也匆匆去也匆匆，脚步轻快而不飘浮，一般认为是性格开朗、心直口快。

6. 有的人走路两手叉腰，上体前倾，就像一个短跑运动员。他们可能是一个急性子。这种人有很强的爆发力，在要决定实施步计划的时候常常表现出这样的动作。

7. 喜欢踱步，就喜欢踱步的姿态而言，这是非常积极的。人在踱步时便于集中精神思考问题。这种人考虑问题和处理问题都比较成熟，不容易受到他人干扰。

从社交行为看真性情

1. 举止行为是识别性格的工具

一个人的举止行为，常常有意或无意地流露出其性格特征来。这些表现于外的行动，在不知不觉中变成人们识别其性格的工具。

（1）外表一副谦谦君子的样子。这种人性格很柔顺，其主要表现是性情温和，和蔼可亲，没有架子，办事稳重，能够照顾好各个方面的关系。他们常常以仁厚待人，但是因为过于柔顺，常常是逆来顺受，不会反对他人的意见，所以随波逐流，没有主见，不敢下决心做比较大的事情，因而常常坐失良机。缺点是优柔寡断，对人百依百顺，常常是曲意顺从。

（2）办事沉着的人。这种人性格刚毅，胆子比较大，意志很坚定，处世很果断，不怕困难，敢于抗争。困难越大他们的决心就越大，因此他们的能力和智能会在奋斗过程当中发挥得淋漓尽致。缺点是这种人容易骄傲，过高地估计自己的力量，不按客观规律办事。这样的人野心大，权力欲望很重，喜欢争功，不会忍气吞声，可以独当一面，并会用自己的聪明才智去完成自己的任务，是不可多得的人才。

（3）行为沉静的人。这种人性格倔犟，坚韧执著，比较文静。行动虽然不甚敏捷，但是好学深思，成就斐然。做事总是一声不响，细致入微，有一股锲而不舍的钻研精神。

（4）凡事小心翼翼的人。这种人过于沉静，动作不够敏捷，凡事往往考虑得过多，因此常常放过了不少到手的机会，幸运往往擦肩而过。这种人兴趣比较狭窄，一般只局限在自己的小圈子里，对周围的事情不大关注。不爱发表自己的意见，见解却很深刻。

（5）办事具有胸怀坦荡，缺乏应有心计的人。这样的人性情质朴敦厚，具有坦荡的心胸。但是由于他们过于坦荡，心里藏不住一点儿事情，嘴巴缺乏应有的关口，所以被一般人当成傻瓜。与这样的人合作，尽管放心。但是这样的人由于性格太直，该说的说，不该说的也说，有时会给自己或他人带来不好的后果。

（6）胆子小得很的人。这种人办事很精细，时时刻刻都是小心谨慎，疑心重重，常常是想得多，做得少，即使是最可靠的事情在他们眼里都是困难重重。这种人的思路往往比较狭窄，很多简单的事情在他们的心目中也会变得复杂起来。在力所能及的范围之内，他们办起事来一般都是轻车熟路，自然会保质保量地完成。但是如果碰上比较复杂的场面，他们往往会手脚无措，很难作出果断而正确的决策。这样的人生活比较有规律，习惯于做那些按部就班的事务，如办公室工作，后勤工作等。

（7）有直率行为的人。直率的人一般都比较正直，常常给人一股正气凛然的样子。他们一旦掌握了比较大的权利，就会做出不少对别人有利的事情。直率的人有很强的正义感，常常是两袖清风，幸福他人却苦了自己。他们常常会因为坚持原则而得罪一些人。

（8）有傲慢行为的人。这样的人非常自信，固执己见，自视清高。自己把自己作为英雄来加以崇拜。他们一旦成功，就一副趾高气扬的样子，但是，他们同时也明白，自己的那一点本领是不可能纵横天下的，于是难免产生一种惶恐。并且，还有不少人在他们上面。这种自信与不自信同时存在，于是他们慢慢地形成了一种傲慢的心理特征。

（9）有浪漫行为的人。这种人性格多愁善感，优柔寡断，极其感情用事。很容易兴奋，很看重知心朋友和前辈的建议，不轻易背叛别人，不能容忍别人的背叛，其本质却是因为内向而不愿表露自己的内心世界。这样的人常常比较孤独，但是他们一般都有特定的知己。他们与自己的知心朋友来往频繁，感情热烈。这种人不大喜欢新鲜事物，对往事却难以忘怀。

2. 从对方按电话的行为看人

接电话是交际中必需的动作行为，从接电话的方式中，我们可以分析出一个人的个性特征。

（1）电话铃声刚响一两声，无论自己身在何方，都会快步冲来，拿起听筒，如果对方暂时没有回应，会对着话筒高声呵斥几声，然后啪地一声摔上电话，再接着忙自己的事情。如果电话要找的人恰好不在现场，没有耐心询问对方单位名称、姓名。这种人一般脾气火暴急躁，容易与人计较从而发生口角。

（2）电话响起，如果手头工作较忙，他会让电话在长久的等待中响着铃声，然后不紧不慢地踱步过去。如果此时的电话是多日不见的老熟人，他便会暂时放下手头的工作，与人天南地北地聊起来，并不在意身边是否有同事恰巧要用电话。这种人有太强的自我意识，容易在领导面前做假态，在弱者面前逞强。

（3）接电话总是嗯嗯啊啊，没有更多的话，对于再熟悉的人，也不会家长里短，甚至连一句礼貌的问候都没有。这种人对待任何事情往往不会有太多的热情，自视清高，经常摆出一副“事不关己，高高挂起”的明哲保身的态度。

（4）接电话时舒舒服服地坐着或躺着，一副泰然自若状。他们生活沉稳镇定，悠闲自得，泰山压顶面不改色。

（5）习惯于用拿着笔的手去接电话。这类人个性比较急躁，经常处于紧张状态，而且不让自己有片刻的空闲。

（6）通电话时从不喜欢坐立在同一位置，喜欢在室内走动，边走边谈。这类人好奇心极重，喜欢新鲜事物，讨厌任何刻板性的工作。

（7）接电话时把听筒夹在手和肩之间。此类人性格胆小，生性谨慎，对任何事情必须先考虑周详才作出决定，他们处处小心从事，极少犯错误。

（8）通电话的同时，常常要做一些琐碎的工作，比如整理文具等。此类人富有进取心，珍惜时间，分秒必争。

（9）接电话时不停地玩弄电话线。此类人生性豁达，玩世不恭，不把一切放在眼里，活得很洒脱，不在乎周围人对自己如何看。

（10）一边接电话，一边在纸上信手涂鸦。这类人大多具有艺术才能和气质，富于幻想。他们独具的乐观个性使他们经常能渡过困境。

通话时紧握听筒的下端。这类人外圆内方，表面看似怯懦温驯，其实个性坚毅，无论对事对人，一旦下定决心，永不改变。

3. 从生活中的照相行动看人

随着现代科技的发展，一个人想照相不必非要到照相馆去照，有的手机就有照相功能，只要心情高兴，随时随地都可以照一张相。因为每一张照片不但会给自己留下美好的回忆，还可以在闲暇时拿来与朋友们一起对着照片评头论足。所以，不管任何人，都想照一张最好的照片来。心理学家发现，从一个人照相时的表现可以判断出其性格特征来。

（1）呈现左边的脸且视线朝上看的人。这种人性格开朗大方，为人和善，待人真诚，温柔体贴，也比较谦虚，容易与别人融洽相处。

（2）呈现右边的脸且视线向下看的人。这种类型的人喜欢我行我素，坚持自己的主张，如果自己的意见没被接受，就会焦躁地对周围的人动怒，且精神上会陷于低潮、不安定的状态。

（3）呈现左边的脸且向上看的人。这种人对自己很有信心，是个自我表现欲强烈的人，具有将自己的优点表现给他人看的强烈意识。虽易与人融洽相处，但碰到事情时，有时会突然关上沟通的大门。

（4）呈现右边的脸且向下看的人。这种人具有积极的行动力和领导的素质，可是有时稍微过分。所以，多属于独断独行的人。

4. 从打招呼的行为看人

在“人际关系”中，一般人比较重视的是外表上的打扮。其实，“打招呼”在人际关系里，可说是心理上的“打扮”，打招呼时给予他人的印象是好是坏，都会影响到他人对此人的人品判断。

（1）举起手打招呼的人。这种人性格直率，有修养，对人真诚、善良，乐于交际，属于爱关照他人的社交型。与人见面，他们边举起手边说“早安”或“××先生，您早”，这是因为他们不满足于只用言语交流，很重视动作，这种人即使是与初次见面的人，也会很快和对方打成一片；平时若有不高兴的事，也会马上抛到脑后。

（2）鞠躬式打招呼的人。这种人性格保守，孤僻，神经极度敏感，是个很重视与人交往的老好人。这种人绝不会对人恶言恶语，也不会做出让人讨厌的事，是想法很保守的人。

（3）稍微点点下颌，表情却不变的人。这种人性格急躁，自私，向往新式生活，有时爱封闭自己，很有心计，可以说是个现代型的人物。怕麻烦，对人的好恶很分明，不会勉强地配合对方。脾气别扭，总是抱有很多的不满。

（4）边碰对方的肩或手边说“您好”的人。这种人性格开朗大方，活泼热情，对别人十分真诚，喜欢热闹和交际，有着强烈的与人接触的愿望。其所以碰对方的肩或手，是想与人更亲密点。这种人以政客或中小企业老板为多。若是年轻人，则是个开放、喜欢与人交谈的人。

5. 从与人约会看人

日常生活中，朋友之间的约会，最能反映一个人深层心理的最佳指标。不论男女，从他选择与好友约会的场所可以看出其性格。

（1）选择车站的人。这种人性格急躁，办事风风火火，他们很有时间观念，做事讲究效率。在车站与朋友会面，就是为了方便，把话说完就上车走人。这种人虽然工作出色，但人际关系处理得不是太好。

（2）选择在公园见面的人。这种人性格外向，热情大方，活泼开朗，个性奔放，热情、直率、独立，是天生的领导者。

（3）选择在咖啡店见面的人。这种人性情温和热情浪漫，很会享受生活。感情丰富，处处追求舒适，是个对自己很好的人。

（4）选择在家门前的人。这种人性格外向，毛毛躁躁，不太成熟，独立性强，不会做事。但人比较老实。

6. 从生活中的坐车行为上看人

日常生活中，我们不管是和自己的亲朋好友，还是和陌生人，都有在车上相遇的可能性。心理学家分析得出，从一个人选择坐车的位置，能看出一个人的性格来。

（1）坐在司机旁边位置的人。这种人性格外向，凡事争强好胜，处处要出风头，表现欲望强烈，但为人处世比较认真，是会做好自己分内工作的人。即使有所不愿，也会很负责任地做好它。很少找人帮忙，总是把事情的程序安排好，然后努力地做好它。

（2）坐在司机后面位置上的人。这种人性格内向，孤僻，对自己没有信心，没有安全感，但很有主见，对外界设防很严。自尊心很强，不喜欢按照他人的话去做。

（3）坐在后座正中间的人。这种人性格外向，喜欢交际，开朗大方，对人热情，害怕孤独寂寞，有依赖心。

（4）坐在后座右边的人。这种人性格直爽，很有原则性，对人热情大方，凡事都小心翼翼。人缘好，是个人见人爱的人。喜欢照顾人、行动干脆的人。不管做什么事都很积极，且能处理得很好，是值得朋友信赖的人。

走路的姿态是性格的再现

双腿走路这个姿态看似平常，没有半点特别，却最能反映出一个人的性格特征。由于这种分析具有一定的准确性和科学性，所以我们要学会通过观察他人的走路姿态，从中找出他们的真实性格。

1. 走路昂首挺胸的人。这种人性格外向，多比较自信，自尊心也比较强，爱争强好胜，有时过于自负，好妄自尊大，清高、孤傲；凡事只相信自己，处处主观臆断，对于人际交往较为淡漠，经常是孤军奋战；但思维敏捷，做事有条不紊，富有组织能力，能够成就财富事业和完成既定目标，自始至终都能保持完美形象。

2. 步履矫健的人。这种人比较注重现实和实际，精明强干，凡事三思而后行，不莽撞和唐突，不好高骛远，无论是事业还是生活，都能够脚踏实地，一步一个脚印地前进；这种人重信义和守诺言，有“君子一言，驷马难追”的魄力，不轻信人言，有自己的主见和辨别能力，是值得交往的人。

3. 走路健步如飞，不顾左右的人。这种人性格急躁，爱与人一争高低，有时爱感情用事是典型的急性子。他们办事比较毛躁，虽然明快而又有效率，但有时会草率行事，缺少耐性；他们遇事从不推诿搪塞，勇敢正直，精力充沛，喜欢面对各种挑战。

4. 躬身俯首的人。这种人性格保守，没有信心，缺乏一定的胆识与气魄，没有冒险精神。谦虚谨慎，不喜欢华而不实的言词，给人一种彬彬有礼的感觉；与人交往过程当中，不过多地表达自己的感情，虽然沉默冷淡，似乎对什么都没有兴趣或热情，但实际上他们特别重视友谊，一旦找到了知己，就会全力以赴，甚至不惜为对方两肋插刀。

5. 翩翩若舞的人。这种人多半是女人，她们走路时扭动腰肢、摇曳生姿。这种人性格外向，比较坦诚、热情、善良、随和，能说会道，喜欢与人交往。因为比较随和，同周围的人相处很好，此种人充分展现了女人的风采和气质。

6. 走路手足协调的人。这种人性格稳重比较成熟，善于思考，对待自己非常严厉，不允许有半点的差错和放松，希望自己的一举一动都可以作为他人的榜样；具有相当坚强的意志力和高度的组织能力，但容易偏向武断独裁，让周围人畏惧；对生命及信念固执专注，不易为别人和外部环境所动，为实现目的会不惜一切代价。

7. 走路双足内敛或外撇的人。这种人性格内向，头脑聪明，不善言词，也不喜欢交际，认为那是无聊之人才做的事情，不愿意为此浪费时间和精力；此类人做事比较有原则性，平时总是不动声色，一旦做起事来，就非常认真，并且能给人带来意外的惊喜，也有保守和虚伪的倾向，所以知心朋友并不是很多。

8. 走路心不在焉的人。这样的人性格开朗，乐观热情，豁达大方、不拘小节，待人热情，本性善良真诚，可以作为好朋友。

9. 走路落地有声的人。这种人性格外向，好学上进，志向远大，积极进取心很强，精心设计和打造自己的未来和生活，期望一天比一天过得更好；比较有理智，做事有条不紊，规规矩矩，同时注重感情，热烈似火。

10. 走路不急不缓的人。这种人性格内向，比较保守，胆小怕事，没有远大理想，而且不思进取，喜欢平静和一成不变，所以总是原地踏步和维持现状；遇事冷静沉着，不轻易动怒。

坐姿传递着对方性格的信息

正确的坐姿一方面可以给人以端庄、稳重的印象，使人产生信任感。另一方面，它也可以给交谈带来方便。其实，坐姿本身也在传递着对方性格的信息。因此，我们在考察他人性格时要注意以下几个方面：

1. 坐时身体前倾。与别人交谈时，有的人喜欢身体姿势前倾，与别人的距离近乎为零。这种人性格属外向型，他们容易合群，善于与他人沟通，对自己的想法不保留；但这种人警惕性不高，容易相信别人，会轻易暴露缺点。采取与谈话者远距离姿势的人，这种人大都冷漠刻板，狂妄自大，这种人不会轻易暴露自己的想法，警惕性高，不愿意主动与他人交换意见。

2. 坐时正面相对的人。这种人性格一般比较刚烈勇猛、敢于冒险，竞争意识强烈，社会适应能力很强。这种人最大的缺点就是容易武断行事，容易走向极端，独断专行。

3. 把位置选择在谈话者身旁的人。这种人性格比较柔弱，容易理解人，做事比较谨慎，没有把握成功的事他们是不会轻易行动的。

4. 深坐的人。这种人的性格这种人性格内向，对自己没有信心，喜欢受人指使，有一种强烈的控制欲。

5. 浅坐的人。坐在位置上常感不安，无意识中会表现出一种服从对方的心理来。

6. 坐着跷二郎腿的人。这种人深沉、不服输、傲慢。显示自己的强烈欲望，自尊心很强，热衷于做老板。

7. 故意坐在椅子边上。这种人性格激进，欺软怕硬，是一种阿谀之相，过于随便，不把任何人放在眼里，狂傲自大，趋炎附势。

不同的坐姿反映出不同的心理

1. 自信心理。通常将左腿交叠在右腿上。双手交叉放在腿根两侧。他们有较强的自信心，非常坚信自己对某件事情的看法。

2. 温顺心理。习惯将两腿和两脚跟紧紧并拢，两手放于两膝盖上。端端正正。此人应是性格内向，为人谦逊，对于自已的情感世界很封闭，哪怕与特别倾慕的爱人住一起，也不说火辣的语言，也无亲热的举动。他们能替别人着想，朋友很多。

3. 刻板心理。坐着时两腿及两脚跟并拢靠在一起，双手交叉放于大腿两侧，性格古板，不愿接受别人的意见. 有时候明知别人说的是对的，仍然不肯低下自己的脑袋。

他们明显地缺乏耐心，哪怕只有十分钟的短会，也显得极度厌烦，甚至反感。

4. 羞怯心理。把两膝盖并在一起，小腿随着脚跟分开成一个“八”字样，两手掌相对，放于两膝盖中间。这种人特别害羞，多说一两句就会脸红. 最害怕社交场合。感情非常细腻，但并不温柔，这种类型的人经常让人觉得莫名其妙。

5. 坚毅心理。这类人喜欢将两腿分开，两脚跟并拢，两手习惯于放在肚脐部位。这种人有勇气，也有决断力。他们一旦考虑了某件事情，就会立即去付诸行动，自然在爱情方面，他们一旦对某人产生好感，就会去积极主动地表明自己的意向，不过他们的独占欲望相当强，动不动就会干涉恋人的生活，时常遭到恋人的讨伐。

6. 放任心理。这种人坐着时常将两腿分开，距离较宽．两手没有固定搁放处，这是一种开放的姿势。这种人喜欢追求新奇，偶尔成为引导都市消费潮流的“先驱”。他们对于普通人做的事不会满足，总是想做一些其他人不能做的事，或许不如说他们喜欢标新立异更为确切。

他们不在乎别人对他们的批评，这是其他人很难做到的。

7. 冷漠心理。这种人通常将右腿交叠在左腿上，两小腿靠拢，双手交叉放在腿上。

这种人看起来觉得非常和蔼可亲，看似菩萨，很容易让人接近，但事实却恰恰相反，别人找他谈话或办事，一副爱答不理的举动让人难受。对亲人、对朋友，他们总要向人炫耀他那自以为是的各种心计。

8. 平常心理。这种人半躺而坐，双手抱于脑后，一看就是一种怡然自得的心理。

脚的动作是性格的投射

俗话说：“坐有坐相，站有站相。”一个人的站姿是其性格的投射。日常生活中，我们可以通过一个人脚的动作，来分析其性格。

1. 两脚自然站立，两手插在衣服口袋里，并不时地伸出手来然后又插进去，这种人的性格多是比较小心和谨慎的，凡事想的要比做的多，但由于想得太多，瞻前顾后，行动起来往往畏首畏尾，反而不能大刀阔斧，所以最后的结果反倒多半不会让人太满意。在工作、学习和生活当中，这样的人大多缺少灵活性，为了避免风险，多用一些老套的方法去解决问题。这样的人害怕失败，是因为他们没有承受失败的良好心理素质，在挫折、打击和困难面前，他们常常是灰心丧气、怨天尤人，而不从自己身上寻找原因。

2. 两脚并拢或是自然直立，把双手背在背后，这是一种充分表现出自信心理的姿态。习惯于做这种动作的人，一般来说都具有某一特定的自我优越感，更准确地说是具有一定的社会地位和知识水平，能够担当起领导别人的责任而不是被人领导。他们多会和别人把关系处得很融洽，这可能是出于维护自己现有的一切的一种需要。

3. 喜欢用腿或脚尖使整个腿部颤动，有时还用脚尖或者以脚掌拍打地面，这样的人很会懂得自我欣赏，有一些自恋情结。但他们比较封闭和保守，在与人交往中会有所保留，并且不太容易与他人建立良好的关系。

4. 站立时脚呈现八字形的人。这种人的占有和支配欲比较强，凡事喜欢我行我素，不被管制。他们大多性格比较外向，爱与人交往，并且够仗义和慷慨，凡事不会太计较，只要能说得过去就可以了。所以这样的人多易得人心，在他周围总是团结着一些人。

5. 站立时爱动左脚或右脚的人。这种人性格外向，活泼好动，对生活的态度是积极的，对自己充满自信，喜欢交际，朋友很多。

由购物的方式观察对方

现在的生活是一个互动的时代，生活中有很多必需品需要从外界获得，而最直接、简单而且普遍的方式就是去商场购买。付出一定量的钱就可以得到自己想要的商品，这是一种交易。另外购物已经成为现代生活中的一种消遣。通过购物也可以对人的性格进行一下分析。

1. 请别人代自己购物的人。这种人性格外向，处处争强好胜，很有时间观念，因为想出人头地，他们的时间安排得非常紧，工作和学习非常繁忙的人。在他们看来，购物这算不上一件什么大事，不值得自己抽出宝贵的时间亲历亲为。他们在为人处世等各个方面多是比较传统，会尽量使大家对自己满意。

2. 在商品打折时选购物品的人。这种人很会要小聪明，偏执己见，处处比较实际和现实，懂得精打细算，甚至有点唯利是图。他们固执，遇事虽然会与他人协商，最后却会顽强地坚持自己的观点不放。他们会很满足于自己占优势，而他人在无可奈何的情况下不得不放弃的感受。

3. 看目录购物的人。这种人性格外向，比较自信，有城府，有心计。能说会道，但不善于创新。组织性、原则性强，凡事都喜欢按照一定的规律和计划完成，否则的话他们可能会感到手足无措。这一类人比较健忘，所以需要不断地有人提醒他们，在什么时间去做什么事情。他们的随机应变能力并不强，偶发的事件严重的会让他们感到手足无措。

4. 全家人一同出外购物的人。这一类型的人性格比较传统和保守，家庭在他们的心目中的地位是无可替代的，他们对家庭有着强烈的责任感和深深的依恋，家庭成为他们一切行为的最基本出发点，家庭直接影响着他们行为处世的习惯，而他们的家庭也是非常和睦的。在他人看来他们整天围着家庭转，生活似乎有些枯燥乏味，他们自己却很满足于目前的这一种生活。他们感觉较有安全感，他们的生活态度是非常实在的，很会过日子。选购的物品多既经济又实惠。

5. 花一整天时间用来购物的人。这一类型的人比较开朗和乐观，活泼热情，很会自我调节，他们常常没有理由地会感觉心情不错。他们较有耐性，总是能够找到很多理由和借口，安慰自己，使自己坚持到最后。他们有勃勃的野心，常常会为自己设定许多远大的理想和目标，并且实现起来态度也相当积极，可是他们的那些理想和目标，从某种程度上来说并不现实，所以到最后多半无法梦想成真。但在这个过程中，他们做一些事情还是有收获的。

6. 需要的时候没有，不需要了以后购买。这一类型的人性格保守孤僻，对生活缺乏积极的态度，凡事都是得过且过，爱慕虚荣。似乎在任何一方面行动都要比别人慢一拍，但他们并不为此而恼火。他们的表现欲望很强，希望自己能够引起他人的注意，所以时常会故意耍一些小伎俩。

第六章　声音下的灵魂

话语是一个人表达内心想法的主要而常用的方式，人们说话时的声音的快慢缓急，声高声弱，无不反映着说话人的情绪变化，心情的好坏。

幽默透露人格特质

幽默是聪明和智慧的体现，一个具有强烈幽默感的人，是一个博学的人。其实每一个人都是具有幽默感的，只是有不同的表现方式，并且受到时间、空间等各种条件的限制。当一个人将他的幽默感表现出来时，他们的性格也就显示出来了。以下有几种幽默的不同表现形式，对照一下，有助于更好地观察和了解一个人的性格。

1. 用一幽默来打破某一僵局的人。这样的人思维敏捷，随机应变能力比较强，反应快。因自己出色的表现，他们可能会成为受人关注的对象，这很迎合了他们的心理。他们有比较强烈的表现欲望，希望能够得到他人的注意与认可。

2. 用幽默的方式来挖苦别人的人。这种人心胸比较狭窄，有强烈的嫉妒心理，有时甚至做一些落井下石的事情。他们有较强的自卑心理，生活态度较消极，常常进行自我否定。他们最擅长于挑剔和嘲讽他人，整天地盘算他人，自己却从未真正地开心过。

3. 善于说自嘲式幽默的人。这种人具有一定的勇气，敢于进行自我嘲讽，这不是一般人能够做到的。他们的心胸多比较宽阔，能够接受他人的意见和建议，而且能够经常地反省自己，进行自我批评，寻找自身的错误，进行改正。他们这种气质，让他人看在眼里，很容易产生一股敬佩之情，从而为自己带来比较好的人际关系。

4. 用幽默的方式嘲笑、讽刺他人的人。这一类型的人给人的第一印象往往是相当机智、风趣的，对任何事物都有细致入微的观察，能够关心和体谅他人，但实际上这种人是相当自私的，他们在乎的可能只是自己。他们在为人处世各个方面总是非常小心和谨慎，凡事总是赶着要比别人快一步。他们嫉恶如仇，有谁伤害过自己，一定会想方设法让对方付出代价。有较强的嫉妒心理，当他人取得了成就的时候，会进行故意的贬低。

5. 制造一些恶作剧似的幽默的人。这种人活泼开朗、热情大方，活得很轻松，即使有压力，自己也会想办法缓解这种压力。他们在言谈举止等各方面表现得都相当自然和随便，不喜欢受到拘束。他们比较顽皮，爱和人开玩笑，他们在这个过程中进行自我愉悦，同时也希望能够将这份快乐带给他人。

6. 有些人为了向他人表现自己的幽默感，常常会事先准备一些幽默，然后在许多不同的场合不厌其烦地说。这一类型的人比较热衷于追求一些形式化的东西，而且很在乎他人对自己持什么样的态度。生活态度比较严肃、拘谨，能够控制自己的感情。

7. 事先预备幽默的人。这种人有许多幽默都是在自然而然中流露出来的，这一类型的人思维活跃，有很强的想象力和创造力。他们虽然头脑灵活，思维敏捷，但并不擅长在制度完善的环境下一展所长，而是偏爱自由。他们的生活始终处在发掘新鲜事物的过程中，他们需要利用别人来发掘和增强自己的构想。

从谈话动作看透人心

交谈时的动作对于表现人的内心秘密具有重要意义，从中可以看出一个人的性格：有些人在比较正式的场合，或在陌生人面前，由于没有足够的思想准备，往往会显得手脚无措，下意识地用手挠头皮，这是窘迫的心理表现。因此，观察一个人谈话时的动作对于透视人心，是必不可少的一个环节。

1. 说话时爱紧握五指的人。这种人的占有欲望很强，并且随时做好了争取的准备，只要时机一到，就会立即付诸行动。这是一种很能招惹是非的危险性人物，他们总是能够随心所欲地施加给他人痛苦或是欢乐。

2. 说话时老是把手指合在一起的人。这种人性格急切，是一个感性比较强的人，他们通常会依照自己的直觉和抽象的推论来完成某件事情。是一个理性比较强的人，会依循客观的实际来做事。

3. 说话时用手对所说的话进行补充、解释和说明的人。这种人的性格中感性成分往往要丰富一些，有一些多愁善感，很能引起其他人的注意。

4. 说话时爱把双手放在背后的人。多比较沉着和老练，他们为人十分谨慎和小心，自我防卫意识比较强，时刻做好了准备，以防别人的偷袭。

5. 说话时经常把指关节弄得嘎嘎响的人。这种人脾气比较暴躁、易怒，遭遇一点事情就明显地坐卧不安。所以，从某一方面可以说，他们并不是一个十分成熟的人。这一类型的人的表现欲望也是很强烈的，他们希望别人能够给予自己一些或是很多关注的目光。

6. 后悔时拍脑袋，有疑惑捏鼻梁的人。这种人性格消极，对人苛刻，而且喜欢吹毛求疵。

7. 说话时翘大拇指的人。这种人性格外向、爱争强好胜，比较自负，凡事都以自己为中心。

8. 说话时双手插在兜内，而两个大拇指却从衣兜里露出来。这种人性格外向，比较自信，心高气傲。往往比较追求时髦，性格比较蛮横甚至霸道。

9. 说话时将双手在胸前交叉，两个大拇指高高翘起，指尖向上，显得悠然自得的样子。这种人性格稳重，办事小心翼翼，但是缺乏独立自主的习惯，并且往往比较吝啬。他们会被别人指挥得团团转，自己独立却做不出什么事来。

10. 说话时大拇指与其他四个指头合并在一起。这种人性格比较软弱，很难应付官场的尔虞我诈、明争暗斗。这种男士绝对是一个老实人，守着老婆孩子过清闲日子。具有这种手形的人因为过于拘谨，容易患精神方面的疾病。

11. 说话时五指分开的人比较豁达。心胸比较开朗，为人比较豪爽，好管闲事，爱打抱不平。不过常常会因为给别人帮了倒忙而给自己惹来不必要的麻烦。这种人办事比较马虎。所以他们应该注意克服粗心的毛病，脚踏实地地做好每一件事。

12. 说话时十指交叉的人。这种人性格外向，很有自信，善于伪装自己十指交叉起来，故作镇静，实际上正处于沮丧之中。

13. 说话时总是紧握着拳头的人。这种人性格脆弱，感情丰富，比较固执和顽强，天性敏感多疑，可能是比较缺乏安全感，所以防御意识比较强，他们并不在意要去攻击别人，可能只是提防别人的攻击。他们做人的信条很可能就是人不犯我我不犯人，人若犯我我必犯人。除了缺乏安全感以外，经常握着拳头的人，是能够关心体贴别人，富有同情心而又善解人意的。

14. 冲动起来便伴随着咬指甲的行为。这种人性格内向，比较保守，没有主见，感情丰富，敏感多疑。遇事爱紧张，缺乏必要的安全感。

说话时的声音对人性格的体现

说话时具有沙哑声的女性通常很有个性，即使外表看起来很柔弱，但性格也是很强烈的。她们不管对什么人都亲切有礼，却难以暴露自己的真心，让人难以捉摸。她们可能与同性的意见不合，甚至受同性的排挤，却很受异性的欢迎。她们对服装的品位极佳。遇到这种类型的女人，注意千万不要强迫灌输自己的观念。

高亢尖锐的声音。女性中发出高亢尖锐声音的人，往往情绪起伏不定，好恶分明，会轻易说出和过去完全矛盾的话，且没有感觉。这种人通常也会因一点小事而上感情或勃然大怒。男性中发出这种声音的人，通常个性狂热，既易兴奋也易疲倦。这种人年轻的时候就擅长发挥个性而掌握成功之运，这也是其特征之一。

温和沉稳的声音。说话时音质柔和、声调低的女性往往很内向，具有同情心，见到受困者不会坐视不顾，她们渴望表达自己的观念，因而遇到这样的女孩子应尽量让其抒发感情。

带有沙哑声的男性，往往有十足的耐力并富有行动力，即使是别人裹足不前的事，他也会使劲儿往前冲。这种人容易自以为是，对一些自己认为不重要的事会掉以轻心。

粗而沉的声音。说话时发出粗而沉声音的人，不论男女都喜欢乐善好施，希望当领导者。是好动型的人，不喜欢静候家中。不论男女均交友广泛，能和各种各样的人往来。有这种声音的女性人缘较好，众人比较信赖她，这种女性是最好相处的。具有这种声音的男性通常感情脆弱又富强烈正义感。

娇滴滴而黏腻的声音。说话时发出带点鼻音而黏腻声的女性，往往心浮气躁，极端希望受到大家喜爱。有时因为希望博得他人好感而嗲得过了头，反而招人厌恶。对于单亲家庭的孩子来说，说话时带有这种声音则表明其内心希望年长者的温柔对待。

发出这种声音的男性，大多数是独生子或是娇生惯养的孩子。这种人在一个人时往往感到非常寂寞，碰到要自己裁断的事物时，往往会感到迷惘、不知所措。对待女性时他们非常含蓄。若是和女性单独谈话，这种人会显得特别紧张。因此这种人给人的感觉就是优柔寡断。正所谓兵贵神速，社交场合就像打仗一样，识人讲究的是“快”和“准”，没有时间让你细细品味、慢慢思考。比别人快一步，就会多一筹胜算。怎么样才能以最快的速度破译对方的心理密码，最主要的一点就是要见微知著。

留意语速变化，就抓住了他的内心变化

阿强是个口才很好又幽默风趣的人，同事们都特别喜欢跟他在一起，因为有他的地方就有笑声。但是阿强也有自己的烦恼，那就是一旦自己暗恋的美女同事小娟在场，他就会思维迟钝、说不出话。如果恰好小娟正在看他，他就更会面红耳赤、不知所措，甚至连最基本的逻辑和语速都不能保证。每次他想在小娟面前一展自己的幽默天分，以期获得她的好感时，结果总是适得其反。对于自己屡屡的“临阵怯场”，阿强真是郁闷透了。

许多人在面对自己喜欢又未曾表白的人时，都会出现上述事例中这种“大脑一片空白，说话颠三倒四”的情况。这证明了一点：当心里有事，

尤其是这事与对方有比较密切的联系时，我们往往会在说话尤其是语速上表现出来。推而广之，人们内心的状态会通过说话反映出来。而内心状态的变化，又可以直接反映在语速的变化上。

1. 语速很快的人，一般性情直率、精力充沛，同时可能有点自我和固执。相反，语速很慢的人则往往老实厚道、行事谨慎，有时甚至有谨小慎微和过于敏感之嫌。若语速突然由快变慢或由慢变快，则表示说话者的内心正在起着变化。

既然人们的语速会随着自己想要表达的情感和心情状态而发生变化，那我们就可以由语速的变化洞悉说话者的心理变化，揣摩探知他的心理状态。具体说来，有以下两种情况：

1. 语速突然变快。如果一个人平常说话慢慢悠悠、从不着急，而在某一时刻忽然大声又较快速地说话，甚至很急迫地进行反驳，那么很可能是对方说了一些对他十分不利并且是无端诽谤的话，语速的加快表达了他内心的不满、着急和委屈。

但如果是正在读一篇富有激情的战斗檄文，或者发表慷慨激昂的演说时，人们加快语速则只是为了表达自己内心强烈的情绪。

2. 语速突然变慢。如果一个人平常语速很快、口若悬河，可某一刻突然支支吾吾、前言不搭后语，则很可能是对方触及了他的一些短处、弱点甚至是错误，要不就是他有事瞒着对方。语速的减慢反映了他底气不足、心虚、卑怯的内心状态。

如果是正在读一篇文辞十分优美的抒情散文，或者是在回忆某件美好的事情时，则人们语速的舒缓、悠扬只是在体现自己对美的感受。

此外，如果不属于上述两种情况，平常语速慢者突然提高声音、加快语速，或者平常语速快者突然放慢语速时，则表明他们是想强调正在说的内容，希望通过语速的变化引起别人的注意。如果是在辩论会上，这种情况则属于一种“挫对方锐气，增自身信心”的策略。

健谈下话题的逃避

张峰从小就十分内向沉默，结婚后还是这个样子，有什么事都不跟老婆交流，气得老婆动不动就骂他是“锯了嘴儿的葫芦”。

可就是这样一个“闷葫芦”，最近两个月突然跟换了个人似的，变得健谈了。原来老婆唠唠叨叨时他从来都不理，可现在老婆一开口，他就笑嘻嘻地跟她扯，而且还净扯些不着边际的话。

吃过晚饭后，老婆的习惯是拉着他一起看爱情电视剧，并且还特别喜欢边看边评论：“你瞧，小雪多漂亮、多善良，遇到这种美女，大亮这种老男人还不珍惜呢……”不过，这是以前的情况，现在张峰从来都不让老婆有评论的机会，他会想尽办法让老婆陪着他说话，而不是看电视剧。他甚至专门准备了一个小本子，上面写满了新听来的笑话或好玩的事，从吃完饭到睡觉前，他会不停地给老婆讲故事，逗老婆发笑。

对此，张峰老婆感到十分诧异，她一方面为张峰的转变感到高兴，一方面又担心丈夫遇到了什么事情。直到有一天，她偶然在张峰的手机上读到一条暧昧的短信，一切才真相大白。原来，张峰之所以如此，是为了封住老婆的嘴，免使她提起与爱情有关的事，以免让他不小心露出马脚。

现实生活中，上述故事中的“突然转变”其实也是时有发生的。一个木讷的小男孩，在某次考试考砸后，一到父母跟前就会不停地讲学校里的新鲜事；一个原本比较沉默的女孩子，在喜欢自己的男孩子约自己出去时，会不停地说话，甚至让对方除了附和自己，没有任何提起新话题的机会……

仔细琢磨上述种种，你一定会发现一个问题：突然由沉默变得健谈的人，往往是刚遇到了一些事情，并且这些事情均是他们不愿意再次提起的。说得再明白一点，就是他们心里有“鬼”，为了不再面对这个“鬼”，他们会想尽办法引开话题，把对方的思维引向别处。至于那个在喜欢自己的男孩子面前突然变得滔滔不绝的女孩子，则很可能是因为她不喜欢对方，不希望听到对方表白，以免使自己陷入一个难以推托的境地，引发双方尴尬。

看来，一个原本沉默寡言的人，忽然变得健谈，在某一场合中或某一个人面前变得口若悬河，反映了他的一些小心思——要么是想转移对方的注意力和思维方向，避免其提起某些令自己不快的话题；要么是怕对方提出自己有可能无法应付的新问题，所以以这种方式来阻止对方讲话。

但是，如果没有什么顾忌，原本沉默的人突然在某个场合中变得健谈，则多是由于该场合出现了某个特定的人或特定的事件，他想引起这个特定人物的注意，或者他对这个事件超乎寻常地感兴趣。

有理不在声高

某咖啡厅里，顾客们正在享受着美好的下午时光。忽然，靠窗位置的一个男人大声叫起来：“小姐，小姐，你给我过来！来看看你们的牛奶，这根本就是过期的嘛，都结块儿了还卖，白糟蹋了我的一杯红茶！”服务小姐迅速走过来，一边微笑着赔不是，一边说道：“对不起先生，我马上给您换一杯新的。”

很快，新红茶端上来了，跟前一杯一样，配着新鲜的柠檬和牛奶。服务小姐再次微笑着对那个男人说：“先生，我是不是可以建议您，如果放了柠檬，就不要再加牛奶呢？因为柠檬酸会造成牛奶结块儿，使它看起来像坏掉了似的。”说完，服务小姐便轻轻退下去了。座位上，那个男人满脸通红，只见他迅速端起茶杯，强作镇静地喝了几口，然后起身就走了。

角落里，刚才那位服务小姐的同事替她抱怨道：“明明就是他错了，居然还那么粗鲁地嚷嚷，你为啥不直接说他，给他一点颜色看呢?”服务小姐回答：“正因为他粗鲁，所以我才用委婉的方式对待他，否则不就吵起来了吗？再说，道理一说就明白了，根本用不着大声说啊。”

看完这则小故事，你是不是和我一样，顿悟了“有理不在声高”这句话的内涵呢？确实如此，声调的高低并不代表一个人有理与否。实际上，理不直的人，常用气壮来压人，而理直的人，常用和气来交朋友。

理不直，为何声高?

人们常说“理直气壮”，意思是只要你占了理儿，说话的气势就可以很盛。但是在现实生活中，我们却常常看到相反的情况——明明是他无理，却不见“理屈词穷”之象，反而比理直的一方更加有底气，甚至气壮到了嚣张跋扈的程度。这样的人凭借着自己的“三寸不烂之舌”，把无理强扭成有理，活生生地将黑白颠倒过来，最终使得有理的一方委屈至极、无处申冤，真是“声高不一定有理”的活证据。

那么，既然理不直，这类人为何能够如此气壮呢？原因一般有三：

1. 为了掩饰内心的虚弱。其实，自己有理没理，他们内心是最清楚的，没理时还强辩三分，多半是强撑，以便挽回眼看就要丢失的面子，给自己找个台阶下。

2. 不管他们自己有没有意识到，他们实际上是在利用人们“趋弱避强”的心理，企图以凌人之势来压倒有理的对方，获得自己不该获得的利益。

3. 他们并没有意识到自己的错误，而把罪责全部推到对方的头上。

遇到这类人时，我们该怎么办呢?

如果是第一种，我们完全可以报以微笑，沉默着去看他的“表演”。当他挣足了面子，或者自觉无趣时，自然会偃旗息鼓。若是遇到过分飞扬跋扈之辈，那我们不妨用低头来显示自己的修养和大度，公道自在人心，旁观者看到你占了理还低头，自会为你喝彩，对你心生敬意。换个角度来想，与人方便等于与己方便，给别人留足面子或搭个台阶，从长远来看，也是一桩绝对不亏本的“生意”。

如果是第二种，我们便要保持住自己的立场，维护自己正当的利益，不要被对方虚张声势的表面情况吓住。就像困难常用它骇人的表象来使人知难而退一样，这类人也不过是在张牙舞爪地显示“威力”。事实上，如同困难一击便败一样，他们也不过是个绣花枕头，你只要坚持立场，他们很快就会败下阵去。

如果是第三种，我们完全可以像开篇故事中的服务小姐一样微笑以对，以平和之态点明事件关键，让无理者自己“惩罚”自己去。

在处理这类事情时，无论遇到上述哪一种人，最关键的一点是我们自己一定要保持冷静平和的态度，切不可被对方的无聊之态激怒，未战而先乱了分寸，须知对方也许正想趁你大乱之时来达到他的目的。保持冷静和清醒之态，我们才可能强化自己的优势，赢得对自己最有利的结局。

理直，何必声高？

我们常常在超市里看到这么一幕：某人因为自己所买的商品出现问题，找到服务台气愤至极地据理力争，甚至大声斥责。当然，因为他占理，最后事情可能会得到合理的解决。但问题是：第一，解决的过程可能不会让这个消费者那么舒服。因为任何人都是有尊严和脾气的，你大喊大嚷甚至出言不逊，服务人员难免会“投桃报李”，对你有不满或冷漠之态。第二，即便遇到修养良好的服务人员，始终和风细雨地对你进行微笑服务，旁观者眼中的不屑或鄙夷之态恐怕也会让你不怎么畅快。你的处世方式已经透露出你不佳的修养和低下的素质，别人又怎么会对你尊敬有加呢？

这就告诉我们：如果有理，就心平气和地跟别人讲道理，不必高声大气。

当自身的正当权益遭遇损害时，勇敢维护是值得鼓励的。但即便是维权，也要讲究一个方式方法。俗话说：“大事讲原则，小事讲风格。”对于一些小纠纷、小摩擦，完全可以采用平和的方式达到预想目的，毕竟大部分人还是讲道理的。如果情绪激动，认为自己占了理便可以无所顾忌、咄咄逼人，讲话跟吵架一样，甚至采取极端方式，则往往会使有理变成无理，使结果适得其反。

另外，行为是人们自身素质的最直接体现。一个人综合素质如何，看他在日常生活中如何处理小事就足以评定了。当自身利益受到影响，需要跟他人交涉时，你的个人修养往往会在这一过程中一览无遗。俗话说“一瓶子不响，半瓶子晃荡”，如果你肆无忌惮，甚至粗俗不堪，即便你赢得了“战争”，也会失去人心，大大损害你在对方和旁观者心里的形象，得此失彼，这恐怕也不是你想要的结果吧？

记着，我们的目的是解决问题，而不是使问题变得更糟，更不是制造新的问题。因此即便理直，也不必过分气壮，不需要跟别人大喊大嚷地理论，毕竟委婉地说出问题更容易让人接受，更利于问题的解决。更何况“骂人先输五分理”，我们何必于胜券在握时自造不利局势呢？所以，还是避免“叫嚣式”的讲理套路，做一个广受尊敬的高素质人士吧。

开场白太长的人缺乏自信

1．太长开场白是有原因的

在商业会谈中，开场白就是为了使双方容易沟通，不要对方对自己的意图产生误解，所以，开场白是不可或缺的。但如果一个人的开场白太长，就会使对方抓不到他说话的重点，那样不过是在浪费宝贵的时间，徒增焦急，但依然有人喜欢把开场白延长。

其原因有很多方面。

第一种原因：对方是个敏感仔细、易受伤害的人，为了避免造成冲击，说话的人有意把开场白延长，来顾及对方的反应。

第二种原因：为了避免对方误会和不悦，而留下不好的印象，有意把开场白延长。

以上两种情况还情有可原，但是有人应邀演讲时，也把开场白拖得老长，这就是为缺乏自信所作的一种辩解。

2. 主动介绍人的人喜欢表现

在生活中我们经常听到这样的话："你明天到某某地方去出差，那里有我的一个好朋友，你只要告诉他我的名字，你要办的事就会容易许多。"这种人，为什么如此热衷帮朋友介绍朋友？

为了满足自己那种爱管闲事的冲动，当然，一方面这也是一番好意，体念朋友人生地疏；但另一方面，那也是向朋友暗示自己的能耐，进行自我表现。

3. 强求别人应邀的人自私而虚荣

在社交场合，别人不愿意的时候，通常有很多人喜欢用强迫的方式邀请别人，仔细想想，这不顾对方的感受，用强迫的方式邀请别人的人，可能有四种想法。

第一，把对方的拒绝看成客套。

第二，主观地以为如果对方拒绝，就等于断绝了彼此间的关系。

第三，和第二种类似，一个人玩乐时会感到寂寞而缺乏勇气，所以，他们邀请的对象通常都是固定的。

第四，希望对方满足自己的虚荣心，在别人面前炫耀自己。

第七章 话题识人

从一个人所说的内容可以探视一个人的内心，可以听出他的内在心理、个性品质。

话题可以识人心

你真的会提问？直截了当地询问对方是很好的识人招数，但是就算是这种看起来很简单的方式，也是有很多技巧的。预先想好你想提出的问题，会达到很多意想不到的效果。事先准备好所需的问题，既可以在实际交谈中节约时间，又可以提出较精确、具有启发性的问题，还能在交谈中专注观察他人的肢体语言，而不必考虑下一个问题。

你所需提出的问题也应该有的放矢，提出些关键的问题，能帮你更加清楚地了解对方的为人。你可以准备与社会背景、生活满意度及兴趣爱好这三方面有关的问题，这些问题涉及面广，对全面了解一个人很有帮助，能更快速地获得更多的资讯。

你可以问问对方“你出生在哪个地方”“你现在住在哪里”“你父母

工作忙吗”“你们家庭关系如何”等，这些问题能够从侧面显示出一个人的社会经济背景。那些能够帮助你判断对方生活满意程度的问题也是值得问的。比如“你的梦想是什么”“你达成了你的目标吗”，这些问题可以暗示一个人内心的稳定状态。还可以问一下对方的兴趣爱好或业余生活，比如，“你喜欢读什么样的书籍”“你喜欢什么样的电影”“你是否加入了什么社团或俱乐部”，这些都是非常重要的线索。

什么样的询问方式最好？识人高手都知道，同样的问题，不同的提问方法，得到的答案效果大不相同。只有通过精心设计的问题，才能套出真实答案，有时要这样问奏效，有时则要那样问。通常说来，有开放式提问和诱导式提问两种方式。每种类型的问题都有相应适宜的情景，选择恰当的方法，对想从一个人身上得到可靠的答案尤其重要。

要学会问开放式的问题，这是可以引发闲谈的好方法，但这种问题不会有答案，还需要很长的时间来准备。最大的优点在于对方不会分辨哪一种答案可能会取悦你，他才可以说出心里话，还可以给予对方极大的空间，答案可能包含许多额外的信息。在大部分情况下，开放式的问题是最佳的提问方式。比如，你想问你的恋人对结婚的态度。如果你问他：“我希望明年结婚，你呢?”这种问法，你是得不到真正的答案的，因为你已经传达了你的想法，对方只会为了取悦你而说“我也这么想”。然而，如果你问他：“这两年你有什么打算?”这种问题就是开放式的问法，这样你才能听到他的真实想法，他的答案里可能有你，也可能没有你。你可能得到的答案是“我们尽快结婚”“我打算好好工作，明年晋升经理”“等我事业稳定了，我们再结婚好吗”，由此，你便可以判断你在他心目中的地位。

诱导式的问题则会有所限制，这样的益处是避免浪费时间和精力，特别是对付那些喜欢闪烁其词的人。如果你想知道是什么为什么，就一定要用诱导式的问题。比如你想知道你的下属何时到的公司，就不要问他：

“今天你干了些什么？”而要问“你几点来上班的？”在许多情况下，诱导式的问题会影响到答案，具有实质性的效果。比如，保险推销员就会对顾客说：“如果你发生了意外，你的妻子孩子怎么办呢？”也许顾客不会正面地回答这个问题，但可以因问题的诱发他去思考这个问题，提问人的目的也就达到了。

当我们通过提问得到了所要的答案，还要做的一步就是斟酌字句，比如，一个人用“凉快”、“冷”和“很冷”几个不同的词描绘天气，你具体分析时间、地点、原因和谈话对象，还有对方的情绪，这些对了解对方的心理很有帮助。

话题的方向标

1. 在谈话中不愿涉及金钱话题的人

这类人对金钱很敏感，谈话中故意绕开金钱的话题不谈。他们往往信心不足，缺少理想。之所以不谈金钱，是因为他们把金钱看得太重，有一种金钱至上的观念。他们太注重现实，很有物质崇拜倾向，常将赚钱定为自己人生的奋斗目标。真正有了钱却没什么理想，思想上很平庸。他们即使很有钱，也不会乐善好施。当拥有巨大的财富时，他们又为自己的财产安全感到不安。这类人活得很不快乐，心灵很空虚。

2. 爱发牢骚的人

谈话中爱从一话题中引发出牢骚来，或对人，或对事，牢骚不止。这类人多属于追求完美的人。他们拥有很强的自信。做什么事情要求都比较高，因为他们心中时刻树立着最理想的金牌。一旦自己做错了就埋怨自己，别人做得不好他更不能放过。但世间永远没有最好，只有更好。这类人比较理想化，在现实实践中做得不够，但只知抱怨做得不好，并不知从现实中总结经验、吸取教训。

3．爱赞美对方的人

有一类人在交谈中很爱在话题中赞羡别人。赞美对方的个性，赞美时方的爱好，赞美对方的职业，赞美对方的家庭，等等。使人感觉到一种过度的恭维，没有实在感。这类人一般会用心计。他恭维你是想让你对他产生好感，很可能在谈话中有目的，有事要求你帮忙，只是不好开口。没有原因的恭维是不存在的。

4．突然转移话题

在谈话进行中也有这种情况，一方突然把话题转移。提出令对方难以接受的苛刻条件。这种方式一般有两个原因：一是提出方对对方感到不满，想存心为难对方，并想通过棘手的问题挫败对方；还有就是想试探出对方的诚意。提出一个让对方不易接受的条件，看看对方有什么反应，以此来探知对方的态度。这类人说话比较冒进，往往令人产生反感；但是他也是从实际出发，并没有什么歹意。

5．试探性的语言

谈话一方如果提出一个令对方很敏感的问题，使对方处于为难的孤立状态，这是他想迫使对方作出果断的选择。一般情况下，对方要经过慎重思考才能回答。男女恋爱时经常套用这种方式来考验时方。这样做的目的多半是想探测对方说的是不是真心话，或者想知道对方对自己是否真的在意。

6．贪婪性的语言

有些人在谈话中不停地询问对方的有关情况。他是想了解对方的真相，不停地打听对方的情况。这是有意了解对方的缺点与弱项，很可能心存不良想进一步控制对方。这时你最好岔开话题，以免他追问不休。

当你正津津有味地谈论着一个话题时，对方突然插过来一个毫不相干的话题，这是因为他对你的话题根本不感兴趣。这类人忽视别人的谈话，对对方显出不尊重。这类人还怀有极强的支配欲与自我显示欲，所以个性比较蛮横霸道。这类人谈起话来会喋喋不休，一般不喜欢别人插话。

话题属于谈话内容的范畴，言为心声，所以你可以从对方对话题的关注程度中判断出他是个怎样的人，对什么感兴趣。在谈话中把握好话题的运用，会增加你的谈话信息，提高你的谈话质量。

喜传者浮，好议者浅

喜传语者，不可与语；好议事者，不可图事。意思是说喜欢把听到的话胡乱传播的人，不要与他讲重要的事情；喜欢评价议论事情的人，不要和他一起策划大事。

世上有些人无所事事，便好逞口舌之快。他们无中生有、捕风捉影，爱夸夸奇谈，好节外生枝，整天东家长西家短地传话，议论与己无关的事。这样的人是虚伪不实的，最好不要将一些重要的事告诉他，否则顷刻之间便会传遍天下，而且他还不忘添油加醋，歪曲本意。

还有一种人特别爱打听消息，被戏称为“长舌妇”或“包打听”。对付这样的人有一个好方法，那就是保持沉默、一言不发。在丘吉尔身上就曾发生过这么一个故事：二战时，英国计划调动军队与纳粹作战，当时国会通过一项购买武器的预算方案。当表决通过后，丘吉尔走出会议室时被记者团团围住，有一名记者向丘吉尔询问有关此事的问题，丘吉尔将那位记者叫道耳边低声说：“你能保守这个秘密吗?”记者回答说：“能。”

丘吉尔说：“我也能，先生。”丘吉尔轻松幽默地打发了这些“包打听”的职业记者。生活中这些长舌之人处处皆是，一不小心你就可能会中了他们的圈套，说出他们想要的消息，防不胜防。遇到此类人，最好的方法还是少开尊口、一言不发。

社会心理学家海德认为，人在社会中同他人打交道，相互来往的活动中，有两种基本需要：一是与他人认知协调，即取得同他人一致的认知，比如，当自己表现不错时，希望得到他人的承认，实际上这就是认知协调；另一是，在行为上取得同他人行为一致的需要，不至于发生行为冲突，影响相互关系，这种关系就是行为协调。在海德看来，人与人之间能够在认知上取得协调的理解关系和在行为上取得协调的控制关系，是人际关系中最重要的两种关系和两种需要。为了满足这两种基本的人际需要，就必须有预见能力，能够比较正确地认知他人，从而正确地预见到他人在一定的环境中将会怎样行动，这样才能确定自己应该怎样做。比如，在一个新环境中的行为处世、社会适应等，首先就在于对新环境中的每个人及与人的关系有个大致的了解。又如，若新出任某单位领导，工作如何入手？除看档案、报表验财物外，应了解群众、领导、领导与群众的关系以及人际环境中复杂的关系网，不可贸然行事。从这种意义上讲，社会认知是人们行为的基础。

其实，在日常生活中，当我们处于一个陌生环境或与人打交道时，我们总是本能地要观察对方的举止言行，并利用能认知到的一切外部线索来推测他的身份、性格和意图，在头脑中产生一个完整印象，从而预测他的可能行为，并决定自己如何反应。问题在于，我们对人的认知常常是不可靠的，常常被自己的主观成见所歪曲。于是，我们也常常不无惊讶地发现，对有些我们自己认为十分了解的人实际上根本不真正了解，我们深深爱着的人竟那么不值得我们诚心去爱，而我们颇为轻视或嫌弃的人竟有着那么纯真的金子般的心。记得苏东坡就曾感慨地叹惜道：“人之难知也，江海不足以喻其深，山谷不足以配其险，浮云不足以比其变！”当然，我们大可不必如此悲观，人的心理虽然看不到，却并非不可捉摸。对人认知也是有一定心理规律可循的。当我们了解了对人认知的心理过程，知道了对人评价时会受到哪些心理因素的影响，并学会以正确的方法去观察人、判断人，那么我们至少可以在日常生活中少发几声“知人知面不知心”之类的长叹了。

口头禅是最准的判断

无论是谁，只要开口说话，就有使用口头语的可能。这种口头语是人们在日常生活中由于习惯而逐渐形成的，如有人在谈话中每说一句话后，就用“然后”一词作为下一句的开头；也有的人经常使用“其实”、“如果”等等。由于口头语具有鲜明的个人特色，因此通过它可以了解一个人的内心。它们对你了解对方也会有很大帮助：

1. 说实在的、老实讲、说白了、的确是、不骗你

爱讲这类话的人做事比较认真，生怕对方信不过自己，总爱强调自己的观点。这类人比较老实可靠，比较讲信用，是值得信赖的人。

2. 应该、必须、一定要、必然会

常这样说的人判断力比较强。自信心十足，遇事比较冷静，思考问题很理智，见解一般深刻无误。做领导的这种口语比较多一些。

3. 据说、听说、听人说、一般来讲

爱讲此类口头语的人，是很精于世故人情的人。这类人说话给自己留有余地，故意遮掩，不显山露水。这类人有圆滑的一面，处处为自己留后路。

4. 可能是、也许会、大概是、差不多

说这种口头语的人自我防范意识比较强，不会将自己的真实面目暴露出来。懂得含蓄自卫。处世老练圆通，待人接物方面很冷静，所以工作和人际关系处理得都不错。此类口头语有以退为进的含义，精明的政客多用

这类口头语。

5．不过、只是、但是

这类人的分析能力较强。他们讲话时还要对自己与对方的话进行分析思考，力争出言不误。但这类人多少有固执的一面，爱用“但是”否定对方的观点来为自己辩解。“但是”一语又显示了其温和谦让的特点，往往显得委婉得体、容易接受。这是他们为自己留好的入口，是为显示自己使用的。从事外交、公关的人员常有这类口头语，这类语言委婉中听，便于使双方交流时具有亲和力。

6．这个、那个、呀、嗯、哦

爱用这类语气词的人思维比较慢，反应较迟钝。他们讲话总是理不清自己的思路。言语不能顺畅地进行，说话时才会用停顿、缓和的语气词。有一部分人爱用此类词并不是没主见，反而是胸有成竹、城府很深。只不过故意装出一副太智若愚的样子。政府官员或机关单位的公务员爱用这种口头语。因怕说错话，需有间歇来思考。这种人的内心往往很孤独。

7．再者、另一方面、还有、另外

爱说这类话的人好奇心较强，爱追问究竟，又喜欢插手各种各样的事情。一般他们是从好意出发，为人解决困难，比较具有责任心。他们的判断力很好，思维灵活，爱用其他方式思考问题，不落俗套；但缺点是缺乏耐心与持久力，往往会半途而止。不过他们时代观念很强，不会被传统观念束缚，富有创新精神。

8．总的来说、总之、总而言之、归根结底

这类语言多出自骄傲、自负这类人的口中，带有很浓的自负性与强烈的说教色彩。谈话中不断重复自己的结论，爱归纳总结，一方面比较固执、执著；另一方面就是对对方不信任。总是担心自己的观点、意见被否认或不被采纳。于是就用长者、尊者的口气来反复强调。如果是领导，他一定爱责备人，爱发牢骚，对手下人不放心、不信任，力争做到事必躬亲，但往往会招来对方的反感。

9. 我给你说、因此说、所以说、我要说

这类人说此类话时已经是极度地不耐烦了。这时，他不再想听你说一句，想让你闭口，他已经反对你的观点到极点了，这是他时你的坚决反驳。这种人支配欲很强，老爱反驳别人的观点，自认为聪明无比，不考虑别人的看法如何，还喜欢将自己的观点强加于人。

10. 我知道、我明白、我理解

这类人很聪明，往往能举一反三，反应灵敏，逻辑推理能力较强。他会从说话人的语言中领悟到对方的意图，并作出提前反应，但也有固执的一面。

11. 好啊、是啊、对啊、有道理

这类人很会顺从别人的意思，让别人对他毫无防范，故意打破与对方的距离。一旦对方信以为真，掏心掏肺地讲出真话时，他会抓住对方的个性与弱点，日后好对付对方。这类人表面一团和气，其实最为阴险。他们的人际关系会很好，其实很自私，处处为自己的利益着想，一旦你损害了他的利益，他立马改换嘴脸，与你反目成仇。

12. 不

女性经常说不。她们口头说不，心里却是愿意的意思。喜欢说“不”的女性往往女人味十足。她们常以此方式在心爱的人面前撒娇。这是女性温柔的表现。她们嘴上说着“真讨厌”、“你好坏”、“真不想理你”，其实内心是无比的温柔。婚后的妻子对丈夫更是这样，嘴巴上经常说“随便他，我才懒得管呢”，其实心里是很在意伴侣的。

13. 我就这样说、我就这样做、管别人怎么说

常说这类话的人从表面上看不在乎别人的看法，对自己的言行坚决果断，甚至有些一意孤行。

14. 自我吹嘘

喜欢自吹自擂的人，并不是信心十足的，之所以会自我吹嘘，是缺乏自信的表现。这类人很虚伪，不愿意别人看到自己的短处，对自己的长处则宣扬不已，唯恐旁人不知。爱提自己“辉煌历史”的人，一定是目前情况不佳。这样只是一种心理的发泄，毫无用处，又给人华而不实的印象。无论在何种情况下，自吹自擂都不会有好处，应该尽量谦虚一些。

15. 爱用专业术语

爱使用专业术语的人，表面看来很有知识，很有素养，其实，这是他们自我掩饰的一种方式。故意拿别人不熟悉的专业术语来填补一下自己的自信。真正在专业领域有大成就的人并不爱用专业术语。

16.“你必须……”“你应该……”“你不能……”

在谈话中经常使这些等命令式词语的人，多专制、固执、骄横，对自己却充满了自信，有强烈的领导欲望。但这种人的人际关系大多比较紧张，因为几乎没有人喜欢别人用命令的语气和自己说话，即使对方是他的领导。经常使用“我要……”“我想……”“我不知道……”的人，多思想比较单纯，爱意气用事，情绪不是特别稳定，有点让人捉摸不定。因此和这种人共事时，不要依赖他，更不要在关键事情上等他来作决定。

17. 我个人的想法是……”“是不是……”“能不能……”

与人交谈时经常使用这类词汇的人，大多比较和蔼亲切，待人接物时，也能做到客观理智，遇突发事件时，大多能冷静地思考，认真地分析，然后作出正确的判断和决定，不独断专行，能够给予他人足够的尊重，反过来也会得到他人的尊重

18.“我早就知道了”

经常使用这一口语的人，有表现自己的强烈欲望，喜欢表现自己，对他人而言却缺少耐性，很难做一个合格的听众，因此人缘不是很好。

19. 网络流行词汇

社会上或是网络中流行什么词汇，就在谈话中多次使用的人，大多缺乏个性和主见，喜欢浮夸。

20．“我不行……”

老说的人，给人的感觉就是：他是个“牢骚满腹”又不思进取的人。有些人很谦虚，偶尔这么说说也没有关系，但时间长了就会成为习惯性的说法，结果让人觉得和这种人见面没什么意思。甚至还会让人觉得这个人不是在谦虚，而是真没有本领。这就和心理学上的“累积暗示效果”是一样的。比如，如果家长经常对孩子说“你真没用”或“你真笨”等，时间长了，正常的孩子也会觉得自己真是个没用的人。

21．随便

这种语言习惯多发生在女性身上。经常喜欢说“随便”的人，大多数性情随和，生活习惯甚至有点马虎。“随便”说多了，会令正在谈的话无法继续下去，只会让人觉得你是没有主见或没有诚意的人。

22．绝对

心理学研究表明，经常把“绝对”这个词挂在嘴上的人，往往比较主观，常常以自我为中心，这些人的很多想法是不合乎实际的，所以这种人是难以成就大事的。

另外，喜欢说“绝对”的人，大多有一种自爱的倾向，而且“绝对”还可以被这些人用来作为自我防卫的借口和被证明有错误时的挡箭牌，比如“绝对不会再犯”“绝对不会再这样干了”等。初次听到这样的保证，会给人一种信任感，时间长了就会让人觉得他是一个言行不一的人。

23．我

喜欢说“我”的人具有儿童或女性的性格，自我显示欲也很强。有人不常说“我”，却爱用“我们”或“我辈”等，他们的性格和喜欢说“我”的人是相同的。与这样的人交往，一般来说是比较安全的。

24. 我知道

喜欢说“我知道”的人，给人一种爱拒绝人的感觉。在和别人说话时。听到对方多次说“我知道”，就意味着对方不愿意再听下去了，这时你最好结束谈话，或者转换话题。

如果想通过口头语更好地洞悉一个人的性格，在与人谈话时，就需要仔细、认真地揣摩、分析对方使用频率最高的那些词，这样才会收到预期的效果。

从谈话细节看人

一个人是兼才还是偏才。

一个人经常谈论各家各派的长处，并准确地加以品评推荐的人就是兼才；如果一个只喜欢讲述自己的长处，并希望得到众人的关注，却并不喜欢别人的优点的人只能是偏才。偏才不喜欢了解别人，也不能了解别人，对别人所说你的话，不论是好是坏，一概持怀疑的态度。因此，和这种偏才的人谈论深奥的道理，谈得越深，分歧越大：分歧越大，只会越令谈论的结果互相对立。

所以，偏才的人在遇到别人多方面述说自己的处世智慧时，就会认为对方是在自夸；在别人静静地倾听他谈话不发表任何意见时，就会认为倾听的人知识缺乏、内心空虚；在遇到别人高谈论阔时，就会认为那个人不够谦逊；在遇到别人谦恭礼让时，就会认为那个人学识浅薄、地位低下；在遇到别人说话只显示一方面的专长时，就会认为那个人的知识不够渊；当遇到别人旁征引、语惊四座时，就会认为那个人不过是在哗众取宠；当别人说出自己的想法时，就会认为那个人抢走了自己的成果；当自己的错误被别人发现并提出疑问是时，他就会认为那个人不能理解自己。偏才的人只有在于自己有着相同性格的人谈话时，才会感到高兴。也只有合他性格的人，他才会去亲近、偏爱对方，去称赞、举荐对方。所述这都是偏才经常犯的错误。

日本名古屋商工会议所急需聘请一位主任。于是，名铁百货公司社长长尾芳郎把自己的一位朋友推荐给名古屋商工会议所得主席土川元夫。

面谈后，长尾问土川他的朋友怎么样，土川立即回答说："你的那位朋友不是人才，难以留住。"

长尾非常吃惊，并有点生气地说："你就和他谈了20分钟，怎么就知道他不是人才呢？你的判断也太草率、太武断了吧。"

于是，土川说："他刚和我一见面的时候，就滔滔不绝地说个没完，我根本就没有说话的机会。当我说话的时候，他却左顾右盼、似听非听、满不在乎，这是我说他不是人才的第一点。第二，他非常喜欢宣传他的人事背景，一会儿说某某达官贵人是他的朋友，一会又说某位名人是他的酒友，并向我炫耀，好让我知道他也不是等闲之辈。第三，我想知道他有关管理的方法，他却又说不出来。这种人是人才吗？"

听完土川的话后，长尾频频点头，认为土川的话非常有道理。正因为土川的观察能力强，他才拒绝了朋友介绍来的人，终于找到了一位真正有能力的人才。

《礼记·乐记》中云："凡音之起，由人心生也。人心之动，物使之然也。感于物而动，故形于声。声相应，故生变。"人的声音，就像一个人的心性气质一样，各不相同。通过人们发出的不同声音，说出的不同话语，来透视一个人的心术，是很有道理的。当我们在从脸部表情、动作、言辞等方面都无法掌握某个人的心态时，可从声调去揣摩其喜怒哀乐的情绪变化。

石勒是古时羯族的豪杰，在他14岁时，随着同乡经商到洛阳，曾经倚着上东门长啸，王衍恰恰经过，觉得他很不一般，就对手下的人说："刚才那个胡雏，我听到他的啸声，观其相貌，将来恐怕会成为天下的祸患。”当时立即快马追捕，可石勒已离去了。俗话说：“一母生九子，九子各不同。”每个人与他人之间都有着很大的差异，因而产生了九种性情。如果不去了解这些性情，结果可能会妨碍我们对人的理解。

1. 夸夸其谈的人

这样的人往往侃侃而谈，高谈阔论却又粗枝大叶，对细节问题不怎么关心，从不把琐屑的小事放在心上。

这种人的优点是：考虑问题的时候宏博广远，善于从宏观、整体上把握事物，有良好的大局观，在侃侃而谈中往往会产生奇思妙想。缺点是：做事情缺乏系统性和条理性，不能细致深入地论述问题，因为不拘小节，从而可能会导致错过重要的细节。另外，这种人也不怎么谦虚，有广博的知识、阅历、经验，但都不深厚，属于博而不精的人。

2. 义正词严的人

这种人的优点是：有不屈不挠的精神，处理事情很公正，不徇私舞弊，说话时又正词严，办事时原则性强，是非恩怨分明，立场坚定。

这种人的缺点是：处理问题时一根筋，不善于变通，为了坚持原则，常常会让人觉得这个人非常固执。

3. 抓住弱点攻击对方的人

这种人在分析问题时很透彻，看问题往往能抓住重点，甚至有些尖刻。因为喜欢寻找攻击对方的弱点，所以可能忽略了从总体、宏观上把握问题的实质与关键，甚至买椟还珠。

4. 语速快、辞令丰富的人

这种人有丰富的知识，说话时激烈且尖锐，能深刻而精到地理解人情世故，同时，复杂的人情世故可能让这种人形成条理层次模糊混沌的思想。让这种人做事情，只要不超出他的能力范围，完全可以放心；一旦超出能力范围，他就会显得慌乱，无所适从。这种人接受新生事物的能力强，反应敏捷。

5．似乎什么都懂的人

这种人有很广的知识面，只要谈话就能旁征博引，对各种事情都能指点一二，看上去知识渊博、学问高深。但是由于脑子里装的东西太多，系统性差，思想性不够，所以可能经常抓不住问题的要领。这种人往往一下子能给出几十条主意，但大都说不到点子上。如果能做到广博而精深，把握住事情的实质，那么这种人就会成为优秀的全才。

6．满口新名词、新理论的人

这种人能很快接受新生事物，并运用于日常生活中，但是这种人没有主见，不能独当一面，遇到困难不能单独解决，另外，这种人易反复不定，左右徘徊，很软弱。如果能让这种人沉下心来认真研究问题，磨炼意志，这种人无疑会成为业务高手。

7．说话平缓的人

这种人为人宽厚仁慈，但反应慢，不够敏捷果断，属于细心思考、长时间考虑型的人才，喜欢恪守传统、思想保守。如果这种人能增加果敢之气，将会变得从容平和，又有长者风范。

8．讲话温柔的人

这种人性格柔弱，不喜欢争强好胜，对权力的欲望很平淡，与世无争，不是万不得已，是不会轻易得罪人的。但是这种人意志软弱、胆小怕事、怕麻烦、逃避人事。如果这种人能磨炼胆气，知难而进，无疑将会成为一个外在宽厚、内存刚强的人物。

9．喜欢标新立异的人

这种人好奇心强，敢向权威说不，喜欢向传统挑战，有很强的开拓性。但是不能冷静思考，易失于偏激，世人很难理解他。这种人适合做一些有开创性的事情。

弗洛伊德说："人无秘密可言。即使他们嘴不做声，指头也定会喋喋不休，内心的秘密总会通过每一个毛孔泄露出来。”要想在人情往来中操纵自如，察言观色这一基本技能不可少。不会察言观色，等于不会见风使舵，世事无从谈起，弄不好还会在小风浪中翻了船。这与老猎人靠看云彩的变化推断阴晴雨雪，是一个道理。

直觉虽然敏感，但容易受人蒙蔽，懂得推理和判断才是察言观色所追求的顶级技艺。言辞能透露一个人的品格，表情、眼神能流露出一个人的内心，衣着、坐姿、手势也会在不知不觉中出卖主人。这时，抓住人们情感变化的蛛丝马迹的能力就非常重要了。

“孬子不开口，神仙难下手。”只要对方开口说话了，就极易掌握他的性格特征，洞察他的内心活动，了解他的学识修养，判断他的生存状况。观色犹如察看天气，看一个人的脸色就应如“看云识天气”般，有很深的学问，因为不是每个人在任何时间和场合都能够喜怒形于色，相反往往是“笑在脸上，哭在心里”。

言谈能告诉你一个人的地位、性格、品质及其内心情绪。用心倾听分辨，会捕捉到许多真实的信息，因此善听弦外之音是“察言”的关键所在。

少说多听，给他暴露的机会

古人云，“言为心声”。言语之中，往往流露出心理、感情和态度。所以，如果你想迅速了解一个人，就不要自己喋喋不休，而要多给对方说话的机会，让他露出自己的底牌。记住，言多必失，适用于你，也适用于对方。

曾经有个小国的使者来到中国，进贡了三个一模一样的金人，瞧着金人金碧辉煌的模样，皇帝高兴坏了。可是这个小国的使者同时还出了一道题目：这三个金人哪个最有价值？

皇帝想了许多的办法，请来金匠进行检查，称重量，看做工，可都没能区别出来。怎么办？使者还等着回去汇报呢。泱泱大国，不会连这么个小问题都答不出吧？最后，有一位退位的老臣说他有办法。

皇帝将使者请到大殿，老臣胸有成竹地拿出三根稻草，分别插入三个金人的耳朵里。插入第一个金人的稻草从另一边耳朵出来了；第二个金人的稻草从嘴巴里直接掉出来了；第三个金人，稻草进去后掉进了肚子里。什么响动也没有。老臣说：第三个金人最有价值。使者默默无语。答案正确。

这个故事告诉我们：最有价值的人，不一定是最能说的人。正如一句谚语所说的："沉默是金，语言是银。"老天给我们两只耳朵一个嘴巴，本来就是让我们多听少说的。善于倾听才是成熟的人最基本的素质。

但许多人并不懂得这个道理。当别人说的话自己不同意时，往往不待别人说完，就想插嘴。实际上，这样做是不理智的，不但不能使别人放弃自己的主张来迁就你的意见，而且还让别人觉得你非常没有礼貌。你想，别人正有一大堆的话急于说出来，你却插嘴，这时他根本就不会注意你想表达的意思。所以，我们必须耐心听，并且鼓励对方把意见完全说出来。

有一个故事可以使我们明白，应用这一方法究竟合算不合算。

美国某汽车公司需要采购车座上的绒垫。当时有三家商店分别派职员前去推销。其中两家商店所派的职员都十分能言善辩，只有另外一家商店的职员因为患病，讲不出话来。他到了汽车公司，沙哑着喉咙，很勉强地说："我实在发不出声来，我们店中的商品，我只能写给你们看。"那家汽车公司的主任一见他这种情形，便对他说："你不必讲话了，你把商品拿出来。我们可以做出比较的！"于是他站在旁边默不做声，这却使汽车公司的主任能够不受干扰地进行理性的判断和选择。

结果，其他两家商店所派的善于辞令的职员都空着手回去了，他却做成了这笔买卖，全部订货的总价竟高达160万美元之多。这笔庞大的生意，简直是他做梦都想不到的。

这是个特殊的例子，固然不能与一般的事例相提并论，但是这事例形象地说明：不开口的效果反而会胜过多说话。

报纸上刊登了一家公司招聘员工的信息。有一个人前去应聘。他事先打听到这家公司的总经理一些过去的情形。一见面就对那位总经理说："我十分荣幸能在这里工作，我更愿意追随您左右努力工作！因为我知道在十几年前，这个办公室里只有一台打字机和一个职员，经过您的艰苦奋斗和努力经营，才能成就今天这样伟大的事业，这是多么令人敬佩的事啊！"

那位经理本来对去应聘的人大都瞧不上眼，所以应聘的人虽然络绎不绝，结果却一个也没选中。可是他这么一说，正中那位经理的下怀，引起了他的很大兴趣，于是就向他大讲自己的奋斗历史。

经理一谈起自己的成功史，就兴高采烈，眉飞色舞，那个人只是在旁边侧耳恭听，表示敬佩。谈了半晌，那经理也没有问他的学历、技能。就对坐在旁边的副经理说："我看这位小伙子很不错，我们就定下要他吧。"这个位置，就在他倾听了经理的成功史后，稳稳地拿到手了！正如俗语所说的："兵在精而不在多！"说话也是如此，不在说得多少，而在能说得恰如其分。

很多人总觉得只要自己光明磊落，便凡事无不可对人言，但假如对方是个根本不可以言尽的小人时，你说三分话已经显得太多了。在生意场上，如果彼此间的关系一般，你却跟人家谈得很深，这就显示你自己没有知人之明。若是你的话题涉及对方本人，但他与你根本就不熟悉，你却硬跟别人说一些纯属私人的事情，就显得唐突冒昧。再说，如果谈话本身涉及商业机密，因为你一时的"畅所欲言"，便将自己的底牌一股脑儿地兜售给对方，岂不是太过愚蠢了吗？实际上，在生意场上，与一般的客户交谈，一分的话已经是太多了。

对此，公关专家指出，人们都喜欢诉说自己的长处和优点，所以与人交往时，如果对别人有所求，只要使对方多诉说他最得意的事就行。法国大哲学家洛士佛科说："与人谈话，如果自己说得比对方好，便会化友为敌；反之，如果让对方说得比自己好，那就可以化敌为友了！"这句话真是说得一针见血！如果对方总是夸自己的长处，并陶醉其中，觉得自己像个伟人，那么你就不妨多谦逊一下，表示卑小无能，这样自然容易获得对方的同情与好感。因为对一般人来说，大都有一种"嫉强怜弱"的心理。

要想获得别人的赞同，就必须让自己少开口，让人家说话。切记：管好自己的嘴巴，多给对方暴露他底牌的机会。

如何从一个人的语言密码中破译对方的心态呢？

闲谈这种方式就比较好。因为一般情况下闲谈都是在一种轻松愉快的氛围下进行的，容易让对方撤除心理上的防线。

第二次世界大战期间，日本秘密决定由东条英机出任日本首相。各名报记者都很想探得秘密，竭力采访那些参加会议的大臣，却一无所获。

有位记者就非常聪明，他研究大臣们的心理定式：哪个人都不会说出由谁出任首相，但如果问题提得巧妙，对方就会不自觉地流露出某种迹象，这样就有可能探得其中的秘密。于是，这位记者向一位参加会议的大臣提出了这样一个问题：出任首相的人是不是秃子？

当时，参选日本首相的有三个人：一个秃子，一个满头白发，一个半秃子。这个半秃子就是东条英机。这个问题看似是在无意地闲谈，大臣没有想到其中暗藏机关。他在听到这样一个问题之后，神色有些犹豫，没有直接回答问题。聪明的记者就是在这一瞬间，推断出最后的答案，获得了独家的新闻。因为对方停下来，肯定是在想：半秃子是不是秃子？

交谈过程中，要想说服对方，不但要注意自己的谈话方式，还要观察与揣摩对方的听话方式，看对方的听话态度如何。留心对方的表情与举动，看对方是否在认真听你说话。如果你说得天花乱坠，对方听得昏昏欲睡，这样的谈话效果就太差了。

一个人的听话方式一般从下面的动作与表情中可以反映出来：

1. 遮口

听话时用手遮口的人，一般比较胆小、羞怯。美国一位心理学者评论前总统卡特在笑的时候，总是有意展露他那副排列整齐的牙齿，称为“具有强烈权势意向的证据”。通过逆向思维，刻意遮口的人，则具有相反的性格。女性以口小为美，用手挡口是为了雅观，掩饰其口大的缺陷。但也有某些女性，在交谈听话的过程中，刻意地用手或手绢遮口，目的是要强调自己的女性美，企图让人认为她教养好，以期能够引起时方的关注。

2. 打手势

这类人听话时常会有一些手部动作伴随，如摊双手、摆双手、相互拍手、做暂停的手势，等等，这些动作好像是对对方说话内容的强调。这类人做事果断、自信十足，喜欢充当领导的角色，对别人爱加以指点批判。他们比较有实力，很有男子汉气派，性格大都属于外向型。这类人具有良好的素质，并且有很好的演讲口才，说服力比较强，待人热情，对朋友也很真诚。但他们爱掩饰自己的真实性格，不轻易把别人当做自己的知心朋友。这类人事业心很强，一般会凭自己的努力干出一番成就。

3. 不时地拉拉耳垂

有些人听人谈话时爱拉自己的耳垂。当我们谈话时，看到对方不断用手拉耳垂。这个动作表示他不想听你一个人说个没完，想打断你的谈话自己发表意见。在小学生时期，我们常有先举手后发言的习惯。一遇到想发言的情况，便会有举手的欲望，可是又怕回答不好老师的问题，手没举起来只好用拉耳垂的动作来替代。久而久之，便产生了拉耳垂的习惯。因此，这类人一想到要打断对方讲话，便会一面在心里祈望，一面用手付诸行动。心理学家从研究中发现了希特勒就是一位习惯拉耳垂的人，这可能与他幼年时期不顺利的生活遭遇有很大关系，这同时还体现了神经质的特征。

4．拍打自己的头部

这个动作的意思是表示听话人对自己懊恼和自我谴责。有些人爱拍打自己的后脑勺，说明他们比较冷酷，不太注重感情，理性思维较强，爱利用别人，对人爱挑剔。有些人爱拍打自己的前额。这类人一般都比较朴素单纯，是心直口快的人。他们为人坦率、真诚，富有同情心，绝不会在朋友之间耍心计，有事多替朋友着想。若是女性，一定是个温柔善良的好姑娘，会成为一位贤妻良母。这种人心里往往藏不住秘密，爱把话说出来，但常常被人误会，不过他并没有歹意。

5．玩弄饰物

听话时爱玩弄小东西。这类人一般都比较内向，不爱多说话，不轻易使感情外露。但他们感情细腻，做事认真踏实，对工作认真负责，对朋友托付的事一定尽力办好。生活中这类人比较勤快，会将自己的小环境收拾得井井有条。

6．摊手耸肩

摊开双手，耸耸肩膀，一般是表示自己无所谓，满不在乎。习惯于这种动作的人大都为人热情，办事认真，又富有想象力；会打点自己的生活，也会享受生活。他们没有太大的理想，家庭和睦、生活美满就是他们最大的愿望。

7．用鼻子吹气

听人谈话常用鼻子吹气的人，一定是有烦心事，或遇到了什么麻烦，但有碍于面子不好向对方开口。你如果能主动提出为他帮忙的话，他会很感激你，成为你最忠实的朋友。

8．低头

听话总爱低头听人讲话的人，为人慎重，含蓄不爱张扬，最看不惯别人宣扬师长式的言行。这类人做事谨慎、认真，但比较固执，不听人劝告。

9. 腿脚抖动

这类人听别人说话时总是喜欢用脚或脚尖使整个腿部抖动，有时还用一只脚的脚尖拍打地板啪啪作响。这种人性格保守，自私自利，很少考虑别人；但他们很有思想见解，爱探讨哲学问题。

10. 边听话边咬手指或指甲

这类人性格焦躁，没耐性，易紧张，办事头脑简单，理性思维较差。

从与会时的语言风格看，在参加会议时，语言简洁明快、豁达干练的人办事雷厉风行，对工作、生活满信心，在做事前必须要精心准备一番。在会议上，他们把讲话的内容安排得妥当条理清晰、言之有物，令与会者为之钦佩。

把会场当课堂的人，在开会时，这种人以老师在课堂上讲课的姿态站在与会者面前，不厌其烦地向“学生们”讲那些让人不明白或懂得不彻底的理论和观念，而且常常把时间、地点和自我都忘记了。台下的人要么是哈欠连天，要么就是瞌睡连连。

欺下媚上的人，这种人在开会的时候会毫不客气地把大部分时间用来胡说八道，而且不允许别人置喙，还会毫无理由地打断他人的发言，进行补充说明。不过，他们的反应确实是很敏捷，善于阿谀奉承、欺下媚上。

第八章　兴趣反映的性格

兴趣爱好是一种根据个人意志所选择的习惯行为。生活中，几乎每个人都有自己喜好的习惯行为，如有人爱看书，有人喜弈棋，有人嗜酒成癖，有人跳舞上瘾。总之，大千世界，每人各有所好。可以说，兴趣爱好是人的潜意识的最好流露，因而也最能暴露出一个人的深层心理结构。因此，阅读对方，兴趣爱好不可不察。

从爱好的颜色洞察其性格

生活是多姿多彩的，我们看到的一切也是五颜六色的。在这个色彩斑斓的世界中，不同的人会热衷于不同的颜色。有人发现，从一个人对颜色的喜爱上可以看出其性格。

1. 喜欢棕色的人。这种人忠诚老实，值得信任，而且不忘恩负义。他们的生活很有规律，对自己的生活会安排和计划，会节省，善于经营钱财，分配家庭收入的时候，偶尔会与配偶产生矛盾，但他们的初衷是不让家人受一点苦。

2. 喜欢白色的人。这种人性格温和，为人真诚，表里如一，比较单纯；追求卓尔不群，积极进取，凡事泾渭分明，讲究实际，从不和不太熟识的人说话，很难与外人和平共处。

3. 喜欢黄色的人。这种人善于隐瞒自我，总是摆出一成不变的面孔，让人们琢磨不透；喜欢不受拘束的生活，我行我素。按照自己的想法安排日程，有条不紊；凡事都要求尽善尽美，经常弄得自己精疲力竭仍不满足；脾气倔犟，得理不饶人，不易得到别人的喜欢。

4. 喜欢黑色的人。这种人性格内向，压抑自己、思想消极，但也流露出典雅与威仪；对任何事情都没有激情和活力，遇事没等进行便想退却；总认为好运气与自己无缘，对周围的人和工作不感兴趣；不喜欢张扬和引人注目，对待他人十分谨慎小心，极力避免意外的麻烦。

5. 喜欢红褐色的人。这种人性格保守，安于现状，喜欢与世无争，也没有排斥他人的倾向，所以容易与人亲近；对身边的人经常是言听计从，从不反抗，是个人见人爱的老好人。

6. 喜爱紫色的人。自信、清高，做任何事情都有会寸。很少出现情绪化和冲动。他们情感淳朴浓烈，从不外露，特别难过的事情会一直积压在心头，一个人承受，决不会向人透露只言片语，总是深埋自己的感情。

7. 喜爱橙色的人。这种人性格外向，乐观，积极进取，勇于开拓，坚信多个朋友多条路，所以会用各种方法结交朋友。但是喜新厌旧，往往由于把众多的精力用于结交新朋友上面而忽略了老朋友，所以没有几个真心实意的朋友。

8. 喜欢粉红色的人。这种人性情优雅，讲究礼节，在交际场合能很好地掌握尺度；正视人生，追求理想，注意和讲究装束，具有很高的审美能力。

9. 喜欢紫色搭配黑色的人。这种人对什么都索然无味，漠然置之，淡于社交，对朋友亲人也不爱交往，不知道从集体当中获得帮助和充实，独来独往；整天无精打采，郁郁寡欢，对什么都提不起兴趣来。

10. 喜欢绿色的人。这种人高雅脱俗，彬彬有礼，温柔多情，善解人意，处事圆满，能够了解朋友的心事和秘密。充满生机，活力四射，爱心无限。能够迅速从挫折当中振作起来，艰难险阻往往奈何不了他们。喜欢寂静和沉默，喜欢看热闹而不愿意参与进去，很容易和孩子打成一片。

爱好红色的人。这种人精力旺盛，喜欢展现自我。容易冲动，办事有时不顾后果，宁可事后后悔，甚至一蹶不振；感情丰富，热情奔放，好奇心强，这也是他们经常遇到困难的重要原因，但是，因为这种初生牛犊不怕虎的冲劲有时有点过头，导致别人生厌。

喜欢红褐色搭配灰色的人。这种人性格温和，善解人意，为人处世喜欢站在对方的立场上考虑问题，有牺牲精神。有很好的人缘，走到哪里都可以遇到好友；他们知道迁就别人，给对方台阶下；善于察言观色，尽量不与人顶撞，不与对方针锋相对，攻心为上，待对方心平气和、恢复理智之后再找适当的时机达到自己的目的。

业余活动与性格大有关系

业余生活不同于一般的工作和学习，工作和学习在很多时候都是具有一定的目的性的，喜欢的业余爱好是自己喜欢、感兴趣的，是发自内心的，是有感而发的。因此，做它是为了愉悦自己。有什么样的嗜好，这往往要根据一个人的性格而定，所以通过它来观察一个人实在是最好不过的了。

1. 自己动手找乐趣

工作之余的时间是放松的时间，而一个人用什么样的娱乐方式度过愉快的业余时间，是其性格的再现。

（1）喜欢木工制品的人。这种人性格要强，凡事都希望能够自己解决，而不依赖别人。他们的自尊心比较强，要是依靠别人，会使他们的自尊心受到伤害。他们怀有强烈的自信，坚信自己的成功。他们对于新事物的接收能力比较快，敢于冒险，进行探索和尝试。

（2）喜欢手工艺品和刺绣的人。这种人是热情而富有爱心的，他们有很强烈的责任感，能够对每一个人每一件事情负责。他们的生活态度是积极乐观的，但并不会放纵自己。他们什么时候都知道什么是自己应该做的，什么是自己不应该做的。他们的自信心很强，经常会为自己所取得的成就而暗自陶醉，从中获得一种满足感和成就感。

（3）喜欢园艺的人。这种人生活有规律，属于自信、要强的外向型性格。有一定的责任感，能对某个人、某件事情负责。他们自己心里会时常有一些欲望，为了使这种欲望变成现实，他们会很努力地工作，然后在付出得到回报以后，好好地享受自己劳动的成果。

2. 从喜欢看的电视节目看人

电视网罗了各种信息的窗口，用丰富多彩的节目将越来越多的人吸引到了它的跟前，造就了无数的电视迷，一位心理学家指出，人们喜爱的电视节目，可以透露出他们的真实性格。

（1）喜欢看大型综艺节目的人。这种人自信充实，热忱大度，胸襟广阔，所以没有永久的敌人；他们在交往过程中不善于设防，有吃亏上当的可能；能够原谅别人的过失，并给予对方及时的帮助。

（2）喜欢看体育节目的人。这种人争强好胜，追求卓越，不畏压力，面对困难如同游戏，喜欢在拼搏当中获得乐趣，而且知难而进，百折不挠；习惯制订计划，未雨绸缪，办事有条不紊，顺理成章。

（3）喜欢看喜剧的人。这种人不苛求过上非常优裕的生活，容易满足，注重亲情、友情。给人一种深藏不露的感觉。他们幽默诙谐，能够使他人在快乐当中放弃对自己穷追猛打，实现掩藏真实自我的目的；表面吊儿郎当，心不在焉，但情感强烈，一旦动了真情，会一发而不可收拾，让人无法忍受。

（4）喜欢看论谈节目的人。这种人思维活跃，富有想象力；热忱善良，爱帮助他人，胸襟宽阔，有路见不平、拔刀相助的壮举；谨慎小心，喜欢察言观色，量力而为，从不招是惹非。

（5）喜欢看戏剧节目的人。这样的人自信心特别强，相信自己能够冲破任何艰难险阻，敢于向极限冲锋和挑战，具有说一不二的倔犟性格；富有浪漫主义色彩，爱好正义，有统治他人的欲望；喜欢装腔作势，狐假虎威，对人不真诚，趋炎附势，不大讨人喜欢。

（6）喜欢竞猜节目的人。这种人聪明，成熟，跟随节目进行思考和推理，不管答案正确与否，都表现出积极进取、竞争心理强的性格倾向，他们是富有智慧和镇静自若的一族。

（7）喜欢惊险刺激节目的人。这种人对隐秘的事情和消息情有独钟，为了满足这个爱好常常百折不挠；争强好胜，自尊心很强，不愿屈居人下，办事认真负责，尽心尽力；不喜欢平淡无奇，总是想方设法把日子过得丰富多彩。

（8）喜欢对话节目的人。这种人细心周到，得理不让人，有时显得过于冲动；为人处世有自己的观点，但不主观臆断，办事必先深思熟虑，考虑周全，很少意气用事。

从爱阅读的书籍看性格的延伸

报刊书籍是人类最伟大的朋友，传递着人类的文明，从一个人的读书看报可以看出其为人。

（1）只阅读喜欢内容的人。这种人性格活泼外向，幽默自信，喜欢热闹，广交朋友，对很多东西都感好奇；有领导才能，但做事求快不求精，甚至敷衍了事。

（2）为了消磨时间而读报的人。这种人性格内向，孤独，情绪不稳，优柔寡断，办事拖泥带水，没有魄力，人际关系差，自视清高，但有很强的想象能力和分析能力，善于察言观色，忠厚老实，不钻牛角尖。

（3）迅速浏览报纸内容的人。这种人性格外向，富有活力，信心百倍，不善隐瞒，喜欢热闹，不迟钝呆板，办事周到积极，不排斥新事物，随遇而安，有时喜欢张扬，听不进他人的劝诫，凡事以自我为中心。

（4）抽时间细心读报的人。这种人较为内向，不善言词，自找乐趣，讲究实际，自控能力强，认真负责，能够独当一面，对交际应酬不感兴趣，也不爱交朋友，对他人也显得热情不足。

（5）喜欢阅读财经杂志的人。这种人不安于现状，不甘寂寞，而且有知难而进的勇气，争强好胜，不愿屈从，最喜欢超越别人；崇尚权威，渴望荣誉，努力寻找发达的时机，为自己的人生谱写出光辉灿烂的一笔。

（6）喜欢读时装杂志的人。这种人追求时尚，出手大方，以掌握最新服装信息和流行趋势为乐事，以显示自己在此领域内的水平和能力；时间和精力都花费在了外表上，华丽的外表无法掩饰其内在的修养，难以成就什么大事业。

（7）喜欢读言情小说的人。这种人非常注重感情，对人友好，能够随着故事情节的发展而同小说人物一起悲欢。他们对事物有很强的洞察能力，非常自信和豁达；吃一堑、长一智，很快会恢复元气，有成就事业的可能。

(8) 喜欢看武侠小说的人。这种人富于幻想，想象力丰富，追求浪漫，心底深处有某种压抑很深的英雄情结，希望自己能出人头地；感情丰富细腻，个别人性格偏执，倔犟，但不影响其引人注意的特性。

(9) 喜欢看传记的人。具有强烈的好奇心，谨慎小心，喜欢刺激，冒险，野心勃勃。他们善于衡量利弊得失，统筹全局，对没有把握的事情不染指。

(10) 喜欢看通俗读物的人。这种人性格豪爽，热情善良，直爽可爱，善于使用巧妙而又幽默的话语活跃气氛。他们有着超人的收集和创造能力，趣味性的话题总是信口拈来。诙谐的语言，得体的笑话，让他们成为人见人爱的人。

有研究价值的益智游戏心理学

“益智游戏”就是运用新方法旧知识来解决问题。经常接触与之相关的游戏，会使一个人逐渐地变得更聪明和智慧。心理学家经过多年研究证实，一个人喜欢的益智游戏能真实地表露出其某些个性和心理。

1. 喜欢拼图游戏的人。这一类型的人具有一定的忍耐力和信心。他们的生活也像拼图一样，稍不留心，就会被一些意外的事情所干扰和左右。但他们能在不如意面前，保持自己再奋斗的精神，一切重新开始。

2. 喜欢纵横字谜的人。这种人性格外向，自信，有坚强的意志和较强的责任心，做事非常看重效率，他们希望在最短的时间内花费最少的精力最大限度地完成某件事情，可这在某些时候是不现实的。他们很有礼貌和修养，在与人相处时彬彬有礼，显示出十足的绅士风度，能从容自若地面对生活中许多始料不及的困难和灾难。

3. 喜欢魔术方块的人，这种人的自主意识比较强，具有恒久的耐性，他们不希望别人把一切都准备好，而自己不需要花费什么力气或心思，他们也不喜欢把别人的思想和意见据为已有，而是热衷于自己去钻研和探索，哪怕这需要漫长的过程和付出昂贵的代价，也不改初衷。对某一件事情，他人在感觉不耐烦的时候，他们也还能坚持如一。他们心思灵巧，触觉相当灵敏，喜欢自己动手制作一些小玩意。

4. 喜欢玩几何图形游戏的人。这种人性格外向，比较聪明和智慧，为人深沉而内敛，十分自信。他们对某一事物，常常会有自己独到的见解，而不是人云亦云。他们有很强的自信，生活态度积极和乐观，在思想上比较成熟，在做某一件事情之前，他们多是要经过深思熟虑，前前后后把该想的都想到，在心里有了大致的把握以后，才会行动。这样即使出现什么变故，也能很快地找到应对的策略。

5. 喜欢将某一单词的字母随意颠倒顺序，组成新的单词的人，这一类型思维反应相当灵敏，随机应变能力很强，对不同环境下的事情能在最短时间内与人协调一致。而且他们在对人的观察这一方面也有一些独到之处，能够很快又非常准确地洞察一个人的内心世界。

6. 喜欢数字类益智游戏的人。这种人的逻辑思维能力比较强，他们的生活多是极有规律的，有时候甚至都达到了死板的程度。他们在为人处世等各个方面并不圆滑也不世故，而是过分地有棱有角。结果，既易伤到别人，也会给自己带来伤害。

7. 喜欢智力测验的人。这种人性格外向，活泼开朗，对生活的态度非常积极和乐观的，但有时候并不了解生活的实质是什么。他们的生活没有什么规律化，而且对于各种事物的轻重缓急并没有一个清楚的认识，常常会将时间、精力甚至财力浪费在没有任何意义的事情上面，结果反倒将正经事情耽误了，可是他们并不为此而懊恼或后悔，相反却还找各种理由劝导和安慰自己。

8. 喜欢神秘类益智游戏的人。这种人性格内向，疑心比较重。在他们看来，这个世界上好像没有一样东西是可信的，他们不相信任何事物，但怀疑常常又是没有任何依据。他们对某些细节及一些细微的差别表现得很敏感，而这往往又会成为他们为自己的怀疑所找到的依据。他们会不断地对他人进行指控，但紧接着又会为没有充分的证据进行说明而感到苦恼。

9. 喜欢在一张照片中寻找错误的游戏的人。这种人性格外向，但爱钻牛角尖，因此，他们活得很累，常常会被一些没有任何理由的烦恼困扰着，目前的现状是一片大好，可他们却往往要朝着不好的方面想。他们想事太多，又放不开，对他人的优点不在意，却总是盯着缺点不放。

10. 喜欢下棋、玩纸牌的人。这种人性格内向，聪明，有较强的想象力。逻辑思维和分析思考能力都是相当强的。智力上往往要胜人一筹。他们常把自己的聪明才智发挥得淋漓尽致，从而把对手逼得走投无路。他们常常能够以比其他人相对更集中的精力投入到某件事情当中，所以他们做事成功的几率会比较大。

11. 喜欢飞机模型的人。这种人性格急躁，自我意识并不强烈，安分守己，乐于听命于他人的领导和安排，这样他们就不会感到无所适从了。他们缺少必要的冒险精神，凡事把安全保险放在第一位。在遇到困难的时候，他们的情绪往往会显得相当暴躁，这时候，只有出现一个领导者，指导着他们去做什么，怎样做，他们才会逐渐地稳定下来。

12. 喜欢乐器的人。这种人多是感性成分比较多的人，他们的敏感度是非常高的，总是能够在不经意间捕捉到一些好的坏的感觉，这为他们带来快乐的同时也带来了苦恼。他们的性格并不是特别的坚强，反而相对比较脆弱，有时简直是不堪一击。他们希望得到别人的关心和爱护，却并不一定能够去关心和爱护他人。

性格也隐含在收藏品中

有人喜欢收集收藏品，为的是等待若干时日后升值；有的人收集收藏品是为了提高个人修养，陶冶情操；有的人收集收藏品为的是向别人炫耀，以显示其高雅脱俗，不同凡响；也有的人收集收藏品是为了怀念过去……收藏品五花八门，收藏者的性格也就各具特色。从一个人所收集的收藏品可以了解到这个人的性格。

1. 喜欢收藏象征荣誉物品的人。这种人对自己的现况不满，总认为自己曾经的辉煌不应该那么快湮灭，自己应该继续享受荣誉和鲜花；这种人老停留在旧时的成就中，很难有进步。

2. 收集书籍、杂志和报纸的人。这种人很有品位，有学识和上进心，喜欢在家里享受看书的乐趣，一人独处，自得其乐。藏书多，但大多数都已经过时，使用价值很少，但他们依然想凭借这些来显示自己的博学，所以在实际生活中总是比别人落后半拍。

3. 收集照片、明信片的人。这种人性格外向，重感情，追求完美。喜欢回忆过去欢乐的情景，相片为他们和记忆中的人或景拉近了距离，使旧感情更加浓郁。

4. 喜爱收集（旧）衣服饰物的人。这些人爱美，喜欢打扮，喜欢挥霍，想通过外表使自己成为众人瞩目的焦点。喜欢收集旧款式衣物的人坚信自己的收藏品会再度流行起来，这是他们不可动摇的理由。保留了旧衣物，与之如影随形的观念和思想也就无法根除干净了，而倔犟的他们时刻相信它们会再度流行，到时不但省钱省力，更走到了大众的前头，会被称为高瞻远瞩。

5. 收集艺术品、古董的人。这种人高雅、博学，比较注重自己的社会地位和身份；由于收藏品的档次和价值是收藏者之间品位和目光的较量，所以他们的好胜心都很强，虚荣心也强。

6. 收集旅游纪念品的人。这种人反对守旧，总是不断地追求新鲜、奇特和怪异，并具有探幽索隐的勇气；为了追求令自己满意的藏品，他们乐于冒险，敢于出入高山野岭、荒漠戈壁，结果天南地北都留下了他们的旅行足迹。

7. 收藏玩具的人。这种人善于满足，不爱与人争，知道分寸。家里是他们最快乐的场所，宁静安逸的生活是他们莫大的享受；他们留恋过去，对曾经拥有过的一切感到自豪，并把这些东西保存于记忆当中，总是用一颗幼稚的心激起兴奋和幸福；他们追求的就是年轻，总是想方设法保持快乐，甚至乐于和孩子一起玩。

8. 收集旧票据的人。这种人有很强的组织和领导能力，细心，办事条理清楚，按部就班，但是他们的精力大部分浪费在一些小事上，有时候觉得是未雨绸缪，实际上是杞人忧天，想得太多，有时反而过了头，使得担心的危险出现有些画蛇添足之嫌。他们偶尔也有寻找刺激的念头，但考虑到众多的细节总是无法行动起来，所以他们的生活没有任何新意。

9. 喜欢搜集钱币的人。这种人的性格相对来说是比较保守和传统，不太敢于冒风险，对于接收新鲜的事物的能力比较差。他们具有很强烈的责任心，对于自己的子女更是疼爱有加。这一类型的人做事善始善终，比较追求完美，从来不会半途放弃，他们对结果的重视程度往往要大于过程。

10. 喜欢搜集一些乱七八糟的东西。这种人性格外向，进取心比较强烈的，他们在大多数时候都显得相当忙碌，好像总有许多做不完的事情。他们的怀旧情结比较浓厚，从这一点可以看出他们是很重感情的人。他们不会过分地放纵自己，而且很懂得节俭，欲望心不是特别强烈，在很多时候比较容易满足现状，有很强的自信心，会为自己所取得的成就而感到骄傲和自豪。

会说话的玩偶与宠物

养宠物是一种休闲方式，喜好不同，宠物自然相差悬殊，从心理学角度来看，通过人们喜爱的玩偶与宠物，绝对可以看出一个人的心理，看出他们的真实性格。

1. 喜欢养猫的人。这种人性格直爽，真诚，崇尚独立自主，讨厌随便附和，对人对物直来直去，从来不委曲求全，言不由衷。他们内向，喜欢宁静和恬淡，抑制感情流露，很少有人能进入他们的内心世界；严于律己，不喜欢随随便便，让人感觉不到热情和活力，有时会矫揉造作，所以人缘不好。

2. 喜欢养狮子狗的人。这种人性情活泼好动，无论年龄多大，都脱离不掉身上的孩子气。

3. 喜欢牧羊犬的人。这种人性格比较刚烈，虚荣心较重，有喜欢炫耀自己与众不同的倾向。

4. 喜欢贵族狗的人。这种人自信，有较强的好强心，事业一帆风顺。

5. 喜欢养鸟的人。这种人性格细腻，心胸狭隘，同时会精心地打点属于自己的空间。不喜欢繁琐的人际关系，交际能力差，性格孤僻。养鸟让他们自娱自乐，帮助他们打发多余的时间和寂寞，鸟成为生活中不可或缺的伙伴。

6. 喜欢养鱼的人，这种人性情淡泊，会享受生活情趣，是个充满自信的乐天派，对事业和生活没有过高的奢求，只想平平安安度过每一天。他们胸无大志，追求人生中那份恬淡的快乐。

音乐偏好是性格的指标

我们习惯称喜好相同乐曲的人为“知音”，所谓知音难寻，指的就是每个人喜爱的音乐都不尽相同，而知音之所以可以相知相惜，就在于其个性想法相当，由此可知，喜爱音乐的类型的确是某些性格分类的指标。

1. 喜欢听凄美歌曲的人。这种人性格内向，优柔寡断，多愁善感，心地善良，体恤他人，高尚的人可以“先天下之忧而忧，后天下之乐而乐”；歌曲如他们生命历程中的灯塔，是指引他们前进的方向，他们人生中的大起大落，音乐常常起了推波助澜的作用。

2. 喜欢交响乐的人。这种人性格乐观，信心十足，踌躇满志，凡事只想积极的一面，所以能够迅速和他人打成一片，但对别人盲目相信往往导致吃亏和受损失；喜欢显露自我，处处显示自己的不平凡，希望上流社会能有自己的一席之地，有不务实的缺点。

3. 喜欢摇滚乐的人。这种人比较懦弱，内心脆弱。害怕孤独，不能忍受寂寞，喜动不喜静，爱好体育运动；愤世嫉俗，对社会有不满情绪，经常把持不住自己，有时候会出现不愉快的事情，但他们并不在意，非常喜欢到处张扬，能引人注目，但不会给人留下深刻的印象；能够将爱好作为强有力的指导，借用摇滚巨星的光环使自己在世俗当中趋于平静，找到心灵上的慰藉；喜欢团体，将音乐作为满足各种欲望的工具。

4. 喜欢进行曲的人。这种人性格守旧，墨守成规，不求变迁，满足现状，力求臻至完美，对自己要求甚高，不允许所做的事出现半点差错，而现实中的不完美常常使他们动摇、失望甚至遍体鳞伤。

5. 喜欢流行音乐的人。这种人属于平凡的随波逐流类型，追求一种相对简单和自由自在的生活方式。在恋爱和人际交往过程当中，远离复杂的思虑，家人或爱人会为他们解决人生中诸多的问题，他们随时准备被感情俘虏；深层次的自省和强烈的感情是最不能忍受的，力图通过听音乐保持轻松和自在。

6. 喜欢古典音乐的人。这种人理性较强，比较自省，能够用理智约束情感；从音乐中汲取相当多的人生感悟，结果常常形单影只，因为很少有人能与他们的思想和感情产生共鸣。

7. 爱好爵士乐的人。这种人性格当中感性成分占的比例较大，很多事情都是凭一时头脑发热而去涉及，往往脱离客观实际。不喜欢受到任何约束，我行我素，任意妄为，爱做荒唐的幻想；追求新奇，与众不同。讨厌传统，五光十色的夜生活常常令他们流连忘返；生活与理想相差太远，常常会感到一种莫名的恐惧与难以化解的矛盾。

8. 喜欢歌剧的人。这种人思想传统保守，爱墨守成规。容易情绪化，易出现偏激行为。他们清楚自己的这个弱点，所以总是极力控制自己，避免不愉快产生。有很强的责任感，对自己的一举一动都认真负责，力求以一个完美的形象出现在大众面前，处处要求尽善尽美。

9. 喜欢乡村音乐的人。这种人比较圆滑，成熟老练，很有城府，轻易不会做出令自己后悔或有损利益的事情。他们善于观察，细心而又敏感，喜欢关注社会问题，能够与遭受欺凌的弱小为伍。他们追求安静和怡然，不喜欢大城市的纷繁与喧闹，喜欢过一种完全由大自然控制的田园生活，并为此放弃一切。

10. 喜欢打击乐的人。这种人性格耿直爽快，对生活充满希望，对未来充满信心，为人处世以和为贵，平等地对待周围的人，不挑剔，喜欢谈笑风生，具有很强的社交能力，能够得到大多数人的欢迎。

舞动个性

跳舞是人类最古老的一种沟通方式，它超越了所有的文化，是社会化过程中相当重要的一环。舞蹈像语言一样，不断演进，同时反映出社会的价值和历史变迁。一个人跳舞的方式和喜爱的舞蹈，比说话更能透露出一个人的个性。

1. 喜爱芭蕾舞的人。这种人大多有很强的耐心，能够以最大限度的忍耐性把一件事情完成。同时他们也很遵守纪律，具有一定的组织性，他们有一定的追求和理想，常为自己设定一些目标，然后努力地去完成它们。除此以外，他们的创造性也是很突出的，常会有一些与传统背道而驰的惊人之作。

2. 喜欢跳踢踏舞的人。这种人精力充沛，表现欲望强烈，希望能够引起他人的注意。在遭遇挫折和磨难的时候，他们能够坚持下来，从而渡过难关。他们的时间观念比较强，时间对他们来说是宝贵的，不会轻易地浪费。而且他们的应变能力比较突出，在面对任何一件比较棘手的事情时，都能够保持沉着冷静，认真地思考应对的策略，懂得如何进退，以保全自己。

3. 喜欢探戈的人。这种人性格外向，不甘于平庸的，他们总是追求生活的丰富多彩，最好还要带有一些神秘性。他们很重视一个人的才华和素养，在他们认为，这可能是比其他任何东西都重要的。

4. 喜欢华尔兹这种舞蹈的人。这种人性格十分沉着稳重，为人比较亲切、随和，有一定的社会经验和阅历的人。他们精通各种礼仪，深谙人与人之间十分微妙的关系。所以在为人处世，待人接物等方面，经过时间的磨炼和自我的要求，他们总会表现得十分得体，恰到好处，在无形之中流露出一种成熟而又高贵的气质和魅力。

5. 喜欢跳拉丁舞（森巴、恰恰、马林巴、亲波萨舞等等）的人，这种人性格外向，精力充沛而又魅力十足，他们有很强的自我表现欲望，希望能够吸引更多人的目光，而实际上，他们也会引起他人的关注。

6. 喜欢跳摇滚舞的人。这种人性格外向，活泼，开朗，充满了反叛思想行为。思想先进、前卫到令一般人难以接受。更不要说赞成他们，因此，人们很孤独，常用摇滚来发泄自己心中的不满情绪。

7. 喜欢跳交际舞的人。这种人性格外向，大方活泼，很乐意与人交往，对人与人之间那种相对频繁和友好的互动关系更是情有独钟。他们在为人处世方面多是比较谨慎和小心的，而且具有较强的组织和创造能力。

8. 喜欢跳爵士舞蹈的人。这种人具有较强的随机应变的能力。他们在为人处世方面多不拘小节，十分随意，而且具有一定的幽默感，这种幽默感并不是故意表现出来的，而是一种机灵和智慧的自然流露，他们很喜欢和很多人在一起，但如果只是一个人也能够寻找和创造乐趣。

旅游偏好窥探人性

旅游是一种消遣活动，可以锻炼体质，增长见识，拓展交际，心理学家研究发现，旅游偏好中可以观察出一个人的性格，人们喜爱的旅游方式，与他们潜在的性格有着千丝万缕的联系。

1. 喜欢访亲探友的人。这种人性格内向，讲究诚实守信，注重情感友谊，这为他们赢得了非常广泛的友谊和帮助；在探访朋友或亲戚的时候，他们会获得极大的快乐与心理上的满足，因为他人的热情款待证实了他们的努力没有付诸东流，他们是成功的。

2. 喜欢大海和海滩的人。这种人性格内向、保守、传统，心事较重，不愿意向人暴露内心的真实情感，喜欢独处一室享受自己的空间。不爱人际交往，无论是对朋友还是事业伙伴；由于有责任心而成为好父母，子女会得到他们莫大的关爱和无微不至的照顾。

3. 喜欢露营的人。这种人性格保守，推崇传统伦理观念，严格按照崇高的道德标准行事，一举一动都会吸引大众的目光，具有很高的道德素质；他们拥护独立，不愿意受长辈的庇护和约束；想象力极其丰富，能够化平凡为神奇，有着讲究实际的人生观；对待他人不卑不亢，有明确的交往之道。

4. 喜欢自然景致的人，这种人追求无拘无束，向往轻松自在，受约束的生活和一成不变的工作常常令他们苦不堪言，他们渴望新奇，不喜欢老干一种工作；有活力，有激情，干什么都从容自若，有着丰富的想象力，追求生活中的新思想或新事物是他们毕生的愿望，并且能够对自己的人生负起责任。

5. 喜欢出境游的人。这种人比较时尚，喜欢站在时代潮流的最前沿；喜欢创新，对新鲜事物怀有深情，对人生充满信心；乐观向上，生活中的压力经常在谈笑风生之中化为乌有，总是过得潇潇洒洒，快快乐乐，只要他们愿意，什么都想尝试。

6. 喜欢户外活动的人。这种人思维敏捷，追求新鲜刺激的户外生活，他们的追求和努力都是他人预先设计好的，只得到大汗淋漓的痛快；他们精力充沛，敢于迎接各种挑战。

7. 喜欢登山的人。这种人性格外向，性情豪放，是外向型的人。一向以真挚的态度对待那些他们想要征服的高山大川。

8. 喜欢垂钓的人。这种人是内向型人，因为不喜欢与人聚在一起，才安静地到河边垂钓。这种人做事的时候对于过程的重视程度往往要多于结果。他们在做的过程中能够体会到很多的快乐和自我价值的一种肯定，但是对于结果的成败，则显得有些无所谓了。他们信奉的人生信条就是努力做了就无愧于心。他们在平日里显得比较散漫，看样子有些不在状态上，可一旦有事情发生，他们往往能够以最快的速度调整自己，积极地投入其中，他们多有很强的耐性。

9. 喜欢打猎的人。这种人性格比较粗犷和豪爽的，很讲义气，凡事不会和人太计较。他们深知社会之现实，优胜劣汰，适者生存，所以会努力使自己成为一个强者，因为只有这样才能更好地生存下去。

10. 喜欢欣赏风景的人。这种人大多是渴望无拘无束，自由自在的生活的。他们讨厌被人管制，他们对刻板的、乏味的、一成不变的生活充满了厌倦，而向往能有一些新鲜、刺激的东西注入到生活中来。他们想过的生活是丰富多彩的，最好一天一个样。他们具有相当充沛的精力，希望自己能够单独做一些事情。他们有丰富的想象力和创造力，总是不断地向新的未知领域挑战，制造出一些意外的惊喜，当然有时候也是灾难。他们是具有一定的责任心的，会对自己该负责的事或人负起责任。

11. 旅行时喜欢参加旅游团随团旅游的人这样的人，在他们的性格中，理性成分往往要多于感性成分。他们具有一定的逻辑思辨能力，会把每一件事情都计划得井井有条，然后再去做。比较现实，不富于幻想，也从不期待着会有什么意外的惊喜出现。他们为人较坦率和豪爽，也比较大方，有好的东西，经常会拿出来与其他人一起分享。他们能够尊重和理解他人，比较赏识有才华的人。

运动方式是人性格的外露

俗话说：生命在于运动。不同的人会热衷于不同的运动方式，这就是人性格方面的外露。

1. 喜爱篮球的人。这种人有自信，有远大的理想和较高的目标，他们对自己抱有很高的期望，希望能够比别人出色，喜欢征服困难，乐意站到别人前边去。为了达到这样的目标，他们可以做出很大的努力和牺牲。在遭遇失败，受挫折不会灰心丧气，重新站起来再接再厉，心理素质比较好。

2. 喜爱排球的人。这种人脾气比较大度，不斤斤计较，不拘小节，对什么事情都看得很开。他们在做一件事情的时候，对过程的重视程度往往要超出结果许多倍。

3. 喜爱打网球的人。这种人性格开朗、自信，比较好学，是文化素养比较高的人，文质彬彬，有礼貌，他们会在各个方面严格要求自己，使自己达到一个相对比较高的层次上，力求完美和完善。

4. 喜欢足球的人。这种人属于外向型性格，有激情，对生活持有非常积极的态度，有战斗的欲望，拼劲十足。

5. 喜欢高尔夫球的人。这种人很有自信，事业有成，社会地位高，有坚强的毅力、宽阔的胸怀、远大的理想、不达目的不罢休的精神等等。

6. 喜欢在体育馆或是健身俱乐部里做自己喜爱的运动的人。这种人性格多是属于外向型的，喜欢热闹，爱过群居生活。他们会经常参加一些有组织性的活动，而在过程中，又能够遵守纪律。这一类型的人有一个最大的特点就是好奇心相对要严重一些，喜欢打探别人的秘密和隐私。

7. 购买运动器材，在家里做运动的人。这种人性格急躁，爱冲动，常在感情冲动时，做许多事后后悔的事情，没有坚强的毅力。

8. 喜爱慢跑的人。这种人性情都是比较温和、亲切的，对人也较热情，他们在很多时候能够和很多的人建立良好的交往关系。他们的心态比较平和，在绝大多数时候能保持冷静，他们没有太大的野心和抱负，比较容易满足现状。

9. 喜欢竞走的人，这种人性格是叛逆的，反传统的，他们喜欢标新立异，尽情地向人展露属于自己的独特的东西。他们的自主意识比较强，不希望被人管制和约束，而渴望自由自在地想干什么就干什么。

10 喜欢边看电视边做运动的人。这种人圆滑世故，察颜观色和自我意识能力比较强，他们往往是不需要别人说什么话，就是明白自己到底应该做些什么。他们懂得合理安排时间的重要性，所以在这一方面做得很好。

从居家生活中体现人的性格

生活中总是存在着这样那样种类繁多的杂事，正是因为这些杂事相互混合在一起，才使生活变得多姿多彩。从一个人喜欢做什么家务能看出一个人的性格。

1. 喜欢打扫房间的人。这种人性格外向，做事有条理，很自信，生活极其有规律。他们很在意自己所做的事情是否有价值，没有价值的事情他们在绝大多数情况下是不会去做的。他们希望自己的生活每一天都过得充实、有意义。他们严格地要求自己，绝对不容许自己放纵或偷懒，他们的生活节奏相当快，但能从容自若地应付。

2. 喜欢打电话的人。这种人性格比较外向，健谈、乐于与人交往。他们害怕孤独和寂寞，喜欢热热闹闹。做事比较干脆和利落，不会占用做其他事情的时间和精力来做这一件事情。这一类型的人，不是很聪明，他们时常需要他人帮自己出出主意。在面对一些比较重大的事情时，非常希望得到他人的鼓励和支持，才有勇气作出决定。

3. 喜欢睡觉的人。这种人性格内向，没有自己的主见，刮东风往东倒，刮西风往西倒，比较软弱，意志相当不坚定，时常进行自我妥协，并且不断地找理由和借口安慰自己。对现实生活中的种种残酷事情他们时常会感觉无法接受，用睡觉的方式进行逃避。缺乏积极主动性，而是把希望寄托在外界，只有在外界环境改变以后，自己才能寻求改变。他们很善于寻找理由和借口为自己开脱，以推卸责任。

4. 喜欢看电视的人。这种人性格外向，多愁善感，想象力很丰富，他们的绝大多数时间都是在白日梦中度过的，总是有着各种各样的美好的想象，却不肯付诸行动去实现。

5. 喜欢什么事都想做，整天忙得团团转的人。这种人性格外向阳光，乐观自信，心思较缜密，常会观察到他人忽略的细节。他们不会轻易相信任何人，什么事情，只有亲自做了，才会觉得放心，所以他们会成为许多人依赖的对象。他们责任心很强，有牺牲精神，有时为他人操心而忽略自己。

汽车嗜好是个人品位的浓缩

随着国民经济水平的提高，对一些人来说，拥有属于自己的汽车不再是梦想。喜欢什么样的车子，往往是个人品位的浓缩，由此也可对一个人的性格有个大致的了解和把握。

1. 喜欢吉普车的人。这种人有过强的虚荣心，取胜欲望强烈，希望把他人远远地落在后边，自己永远保持第一名的优势。自主意识也比一般人强烈，喜欢吉普车的人的性格往往就像吉普车一样，能够不辞辛苦地进驻许多交通工具无法到达的地区。

2. 喜欢旅游车的人。这种人性情温和，诚实可靠。比较勤俭、节省，过日子时喜欢精打细算。他们总是能利用有限的时间、精力和金钱做出与之不等量的事情来。他们在很多时候会赢得他人的尊敬和赞扬。

3. 喜欢豪华车的人。这种人性格外向，比较自信。希望自己的表现与众不同，并且具有一定的影响力，能够吸引他人的目光。他们时常有成功的感觉，这种感觉多来自他人的赞美，可这又不是完全真正发自内心的肯定。

4. 轿车型汽车的人。这种人自我感觉良好，他们总是乐于向他人炫耀自己，从而想证明一些什么。他们希望自己能够得到他人更多的尊重和爱戴。

5. 喜欢敞篷车的人。这种人属于外向型的性格，他们乐于与外界进行各种接触，而讨厌死气沉沉的生活。他们喜欢热闹，对色彩鲜艳华丽的事物情有独钟。他们对人多比较热情，富有同情心，能够给予他人关心和帮助。这一类型的人，对新鲜事物的接收能力也是很快的。

6. 喜欢双门车的人。这种人的控制欲和占有欲望是很强烈的，他们希望自己能够领导他人而不是被他人领导。某一事物，一旦进入他们的视线，他们就会尽一切努力去争取，有股不达目的誓不罢休的劲头。在为人处世方面，他们更多在乎的是自己的感受，而很少顾及到他人的心理。

7. 喜欢四门车的人。这种人有较强独立的个性，他们讨厌被人所左右。因为自己有过深刻的被人限制的感受，所以他们从来不会去约束别人。他们在绝大多数时候会尊重他人的意见和看法，给他人更多的自由选择的余地，哪怕这种选择对他们来说可能是一种伤害，也还会抱着理解和支持的态度。这一类型的人对人随和，待人亲切，所以会赢得更多人的依赖和尊重，为自己营造出比较好的人际关系。

送礼物透露人的个性

礼物是与人沟通的重要手段。生日、情人节、纪念性节日等，都是送礼物的机会。

礼物带给人的乐趣更多。但由于商品种类过于繁多，因此，选择什么样的东西当礼物，可以看出一个人的兴趣和人品，透露出一个人的观点。选礼物时，个人的感觉是非常重要的。不论是送什么礼物给别人，都可以作为了解一个人的线索。

1. 选择花篮的人。花篮，可省去受赠者整理花的时间，且马上可摆起来当成装饰品，所以，很受人欢迎。这种人性情温和，善解人意，待人真诚，心地善良，为人处世很有分寸，乐于帮助弱小的人。凡事都爱站在对方立场上想事，很有人缘。

2. 选择盆栽花的人。这种人性格外向，温良正直，注重实际，对人特别好，是典型的好人。他们稳重并且有着长期展望意识的人，能让人感受到其人格的魅力。

3. 选择酒、威士忌的人。以酒类为礼物的人，多半是送给与生意有关的人。这种人性格外向，热情大方，感情丰富，知恩图报，有着强烈的向对方表达感谢，而且希望以后得到更多关照的心情。

4. 选择食品的人。赠人食品的人，针对的不是一对一的关系，而是顾及对方家人的人。这种人性格稍稍偏向内向，善良，心肠好，同时也不乏浪漫。他希望借着浪漫的关怀情意，获得对方家人的喜爱。

5. 选择衬衫的人。送衬衫给予感情亲密的人，乃表示有永远以对方为念的意志。这种人性格内向，感情细腻，待人接物很有分寸，是个值得信赖的人。

6. 选择特殊的礼物的人。以各地的名产，或只有在特定商店才买得到的商品，或与兴趣有关的商品等作为赠礼的人，希望对方理解自己的心情很强，且对对方的期待也很高。这种人性格特征是有很强的欲望，感受力特别敏锐，能清楚地分辨敌人或伙伴，是典型的热爱生活的人，绝对不会产生与现实生活脱节的想法，尽管感情丰富却不会流于空洞的妄想主义。适应能力强，渴望拥有权力。

涉及兴趣爱好的时候，常常是一个人个性最张扬、防御最松懈的时候。所以。从他的兴趣爱好入手是识别一个人的一个重要手段，这样就可以了解其性格、情趣以及修养品位。每个人都有感兴趣的事物，而且每个人的兴趣各不相同，即便是同一个人在不同时期的兴趣也不相同。之所以会如此，是因为兴趣发自人的内心，是人的心理需要。因而在与人交流的过程中，不妨通过发现他的兴趣来找出双方沟通中的破冰点。比如，在恋爱中，最有乐趣的事情之一，就是发掘相同的兴趣爱好，一旦察觉，就如获至宝，感觉缘分又进一步，相处时也能找到更多的话题。

第九章 好马配好鞍——穿着打扮也能揭示人的性格

人的穿着打扮，不仅反映了一个人的容貌、气质和风度，更反映了一个人的素质和审美观。服装服饰是人内在美的一种外在表现形式，通过衣着打扮可以洞察一个人的性格。

看发型知个性

当今社会，不但女性，连男性也很重视发型。很多人都发现，“只稍微改变一下发型，人的精神面貌就会焕然一新，像变成另外一个人似的”。舍弃从前的自己，脱胎换骨成为一个全新的自己……发型对人的心理具有极大的影响力。心理学家从心理分析得知，一个人选择什么样的发型，与其性格有着很大的关系。因此，一个人的发型往往表示一个人不同的个性。

1. 留着飘逸披肩发的女性。这种人性格内向，多愁善感，想象力丰富，心地善良，为人随和，比较容易与人相处。

2. 留着齐眉短发的女性。这种人性格内向，比较安分守己，甚至是封闭保守的，不追求某种流行的款式，比较含蓄，但有较强烈的自主意识，她们在自己的发型上投入很多的精力，力争达到精益求精的程度，自尊心比较强，追求完美，爱挑剔。

3. 让自然来决定自己的发型，并且长时间地保持的人。这一类型的人性格内向，没有主见，独立性意识差。爱抱怨，却从来不从自己身上寻找原因，更不会付诸行动去寻求改变。他们很多时候容易向别人妥协，所以很多行动并不是真正的发自内心自己真实想做的。

4. 头发长长的，直直的，看起来显得非常飘逸和流畅的人。这种人的性格大多界于传统与现代之间，他们既含蓄世故，又大胆前卫，只是要视情况而定。他们通常有很强的自信心，对成功的渴望很迫切。

5. 头发很短，这样看起来很简洁。这一类型的人，性格外向，比较自信野心很大，缺少必要的责任心，在遭遇困难，面对挫折的时候，往往是选择逃避。他们做事准备工作往往做得很细致。

6. 热衷于波浪型烫发的人。这种人性格外向，感情丰富对流行是比较敏感的，他们大多很在乎自己外在的形象，并且知道怎样才能使自己的外在形象达到最佳的效果。他们比较现实，在绝大多数时候，能够根据客观实际来协调和改变自己。他们能够把握自己的命运，无论是对任何一件事情，都会积极主导着自己的生活，使之达到符合自己的要求。

7. 蓬松及前端梳得很高发型的人。这一类型的人比较保守，而且还有点固执或者也可以说是执著。他们喜欢上了一件东西，认准了某一件事物，在绝大多数的情况下，不会轻易地改变自己的想法及观念。

8. 故意把发型弄得很怪的人。这一类型的人，性格外向，争强好胜，爱表现自己，有胆有识，他们希望自己能够吸引更多的目光，经常不考虑他人的心情和感受，有什么话就说什么话。他们对任何一件事情都有自己独特的见解和认识，并且会始终坚持着自己的立场，他们很有魄力，敢于同权势对抗，不屈不挠。虽然这些人的行为有时显得让人有些难以接受，却有不少人尊敬他们。

9. 留平头的人。这种人性格外向，活泼开朗，心宽体壮，稳重踏实，热衷于交际，富有冒险精神，对前途充满信心。他们讨厌娘娘腔十足的人，而对很有硬气的人十分有好感。他们自己本身看似缺乏温柔，但实际上也有温柔的一面，他们的思想从一定程度上来说还是相对比较保守和传统的，他们也很在乎自己在他人面前的表现。

10. 剃光头的人。这种人性格比较温和，既高傲又胆怯，既温情又冷酷，既向往新生活，又害怕失去现在的平静生活。常常抑制自己的感情，力图标新立异来改变自己，结果适得其反。

11. 留着长而卷的发型的人。这种人性格外露，聪明好学，知识丰富，追求完美并且事事小心。自信，对自己永远都不满足，每天都处于不平静、不平稳的状态中，但对刺激的生活还是很期待的。做事很有原则性，欲望强烈，但是有自己的一套方式控制着欲求的不满。缺点是，对任何事情都不满足，欲望过高。

12. 短发发型的人。这种人性格外向，个性坚强，具有敏锐的感觉，做事全力以赴，外表充满阳光，是个乐观自信的人。绝对相信自己心所想做的事情一定会成功。

13. 短而有刘海发型的人。这种人性格内向，极其敏感，温柔多情，仪态优雅，冷静多谋，依赖心强，有逃避现实的倾向，心底深处有着不安和迷惘。事实上，他们外表漠然、寂寞，内心向往热情。

14. 中长卷发发型的人。这种人属于外向型性格，个性坚强，但缺乏自信，凡事讲求神秘。有强烈地想变个样子的愿望。对以往的自己没有自信，希望自己更坚强及更享受人生。

15. 头发中央分的人。这种人比较固执，冥顽不化，不愿自己的想法遭到曲解。保守自负，很喜欢干涉他人，常给周围的人带来麻烦。这种人多不愿依赖他人，喜欢以自己的力量来开拓自己的一片天空。对于自己所信赖的人，他们也甘愿为其献身服务。如果与之为敌，此种人将是个可怕的敌人。如果与之为友，他是个得力的助手。

16. 左边分的人。这种人性情温和，天生具有贵族气质，为人慷慨大方，友善待人，打扮得体，言行高雅，个性乐观活泼，但过度崇尚自由，喜欢刺激，用情不专，缺乏耐性，但很有理性。很有顺应力，是能在受局限的空间中发挥自我的人。这种人在组织之中很能扩张自己的实力，并以此确定自己的资格。

17. 右边分的人。这种人属于幻想家型，很有创意。随时随地都在搜集新事物，有远见也有极佳的灵感。不喜欢被局限在固定的框框内，感受性很敏锐。

从戴帽子看人个性

帽子对人不仅仅只有御寒的功能，它还是一种戴着美观并给人树立形象的东西。世界各地都在生产形式各种的帽子。出入任何一家娱乐场所的大型酒楼餐馆，都会看到衣帽间的牌子。因此，选择什么样的帽子，对于一个人来说，有着很重要的用途，它可以帮人建立某种形象，使人的个性在众人面前得以展现。

1. 爱戴礼帽的人。这种人性格外向，比较保守、呆板，不容易说真心话。自认为自己稳重而有绅士风度。他的愿望是让人觉得他有沉稳和成熟的风格，在别人面前，他经常表现得热爱传统。有些自命不凡，认为自己是干大事的人，进入任何一个行业都应该是主管级的人物。可惜他过分保守并且缺乏冒险精神，成就并不大，所干的事业也不像想象的那么顺心。

2. 爱戴旅游帽的人。这种人性格沉稳，比较虚伪，心底不诚实，不肯以真面目示人，是个善于投机钻营的人，因此真正了解他的人少之又少，而一般所看到的只是他的表面。由于他过度聪明，过度自以为是，在别人面前既唱红脸又唱白脸，以为自己做得天衣无缝，其实别人早已看出他是个不可深交的人。因此他真正的朋友不多，多半是与他面和心不和的人，有时他也能看出自己的缺点，但由于他的本性所决定，他无法改变这些事实。

3. 爱戴鸭舌帽的人。这种人比较稳重、办事认真负责，比较客观，从不追求虚华的表面，面对问题时，总能从大局着想，不会因为一些旁枝末节而影响整个大局。有时候他自以为是老练的人，在与别人打交道时，就算对方胸无城府，他还是喜欢与别人兜着圈子玩，即使把对方搞得晕头转向，也不直接说出他的心思，很会自我保护。

4. 爱戴彩色帽的人。这种人很脆弱，害怕寂寞，懂得享受生活。那颗不甘寂寞的心，总是使他躁动不安，他经常邀请伙伴们一起玩耍，到歌舞升平之地尽情玩耍。当最后一支舞跳完后，曲终人散的那种滋味会马上浸满他的心头。对于工作，他的热情和消极是成反比例的。当他热情起来时，就像有使不完的劲，一旦无聊时，空虚感马上袭满他的心头。

5. 爱戴圆顶毡帽的人。这类人没有主心骨，并不是没有主张的人，他只不过是个老好人罢了，不愿随便得罪一个人，哪怕他是个最不起眼的人，表面随和，其实很挑剔。从本质上讲这种男人是个忠实肯干的人，他相信只有付出才有收获的道理。在他平和的外表下，有自己执著的观点，他相当痛恨不劳而获的人，相信君子爱财取之有道，对不义之财他从来不让它玷污他的手指。

化妆最能暴露人的性格

化妆，是人类对自己进行的雕琢，用此来掩饰自己的不足之处，增加美感，让他人获得视觉上的享受，而自己则得到内心的喜悦。但是万变不离其宗，不管人们如何刻意打扮自己，她（他）的真实性格是无法掩饰或深藏不露的，相反的是化妆欲盖弥彰，将她（他）的性格更加清晰地显露出来。

1. 从化妆方式看人

一个爱化妆的人，会根据自己的性格特征来对自己进行修饰，因此，从一个人化淡妆或浓妆，能看出一个人内在的性格。

（1）化淡妆的人。这种人性格比较内向，与世无争，没有太强的表现欲望，而且有的时候还希望自己能够淹没在芸芸众生之中，最好谁也别发现他们。她只要求能过得去，简单地涂抹一下使自己不至于过度地难看就行。她大都属于聪明和智慧的类型，不会将时间和精力都耗费在梳妆台前；往往有着自己的设想，而且也有为理想拼搏的行动和勇气，所以较多能获得成功；最希望的是别人尊重她。

（2）化浓妆的人。这种人是典型的外向型性格，争强好胜，比较前卫，思想开放。表现欲望十分强烈。为了在人前显示自己，她不辞辛苦地将各种化学药剂喷洒在自己的脸上，并不惜忍受痛苦用各式工具雕琢五官，为的是用一种极端的方式吸引他人的目光，而异性的欣赏往往使她心甜如蜜。她对一些大胆和偏激的行为保持漠然的态度。她真诚、热忱，一些恶意的指责并不能使她受多大的伤害，她对他人依然会很尊重。

（3）不化妆的人。这种人性格内向，好学上进，聪明善良，看待问题能静心地探究事物的实质，看人也是用自己的眼光去剖析。没有偏见，对人对事都保持公平的态度，善于息事宁人，深受他人的欢迎。

（4）从小就开始化妆的人。这种人热情善良，善解人意，与世无争，有恋旧情绪。她会将自小养成的那套化妆理论和方法延续到成年，甚至中年和老年。其实这是一种怀旧心理使然，美好的过去让她回味无穷，忘记现实中的烦恼和不如意，但她依然保持头脑清醒，不会沉迷其中而忘记现实。她讲究实际，会极力把握住现在的所有。因为人很善良拥有很多可以推心置腹的朋友。由于善于满足，她难以享受时代发展带来的刺激和美好。

（5）将大部分时间花费在化妆上的人。这种人性格外向，追求完美，为了完成自己的目标不惜花费巨大代价，任何事情都追求尽善尽美，属于典型的完美主义者。之所以倾尽所有也要使自己的容貌达到自己满意程度，最主要的是她对自己的才智和财力都有十足的把握，而惟一放心不下的是自己的外貌，为了成为一块无瑕美玉，只好不停地审视自己，用化妆来掩饰不足，结果却让别人感到不自在。

（6）化妆时着意某一处的人。这种人性格外向，老成持重，讲究交际，注重时事。做事有自己的一套原则，很有自知之明，通常对自己有相当清楚的认识，对自己的优点和缺点知道得一清二楚，善于扬长避短。她对自己充满了信心，坚信付出就会有回报，所以会脚踏实地地向着自己设定的目标前进。她遇事镇静沉着，对事情的判断坚决果断，但不能纵观全局的弱点往往使她收获甚微。

（7）喜欢化怪妆的人。她具有强烈的反抗心理，总是要求说一不二，但现实生活只会使他们失望，所以用一些非常规的思想和行为与社会分庭抗争，但往往是失败多于成功。

2. 从化妆时选择的口红看人

口红在化妆中起着非常重要的作用，这主要是针对女性而言的。有人说，有气质的女性选择的口红也与众不同。因此，从某种程度上来讲，从女性选择何种颜色的口红能看出其性格特征。

（1）选择粉红色口红的人。这种人性格内向，感情细腻，温柔多情，富于幻想，信赖心强，任性，爱撒娇，十分孩子气，但很容易改变自己。平时老实规矩、不大惹人注意的此种人，一旦尝到冒险的乐趣，就会一下子变成大胆的人。

（2）选择红色口红的人。这种人性格外向，活泼大方，开朗，对人极为热情，自信，有远见卓识，独立性强，成熟稳重，没有自信的女性是不会涂此种颜色的口红的。

（3）选择橘色口红的人。这种人性格外向，学识渊博，凡事都力求做得最好，在她们看来，世上没有做不到的事情。很有理智，能够自我控制，具有优异的判断力。多半是尽忠职守的上班族女郎。在恋爱方面，此种女性乃属于为男性奉献牺牲的类型，因此，在家庭里是个好母亲、好妻子。而正因为如此，一旦遭男性背叛，就会妒火难熄。

（4）选择褐色口红的人。这种人成熟，有城府，待人亲切但不深交，充满智慧及前瞻性的眼光，但缺乏热心，是一个博爱主义者，崇尚自由兼具理性与冷淡。喜欢此种颜色口红的女性，多是对自己有自信感觉的人，不论在化妆上或打扮上都自有一套。对流行很敏感，是肯花时间自我磨炼的人。对于金钱、恋爱，都能以冷静的态度待之。对男性也有着敏锐的观察，理想很高。

（5）选择紫色口红的人。这种人自我显示欲很强，喜欢以自我为中心，清高孤傲，让人不容易接近，但内心充满热情，追求物质享受。喜欢装扮后的自己。一般说来，此种人喜欢浓妆艳抹，不论是发型或打扮都力求引人注意。按着自己的方式生活，不喜欢平凡的生活方式。给男性以不易靠近、不易拉拢的印象，这么一来，反而具有受男性喜欢的不可思议的魅力和个性。

（6）选择珍珠色的人。这种人有着明确的自我主张，是富于个性且热情的人。对于自己的欲望能直接地表现于外，希望过着自由自在、想做什么就做什么的生活。在恋爱方面，讨厌受男性的束缚，有着期待性冒险的强烈心情。不会以一个男性对象为满足，被年轻男性吸引的情形较多。

从穿衣哲学出发的心理学

每一个人在选择服装上，总与个性脱不了关系。因为，每一个人的服装，总是和个人当时的心理活动状态有着一定的联系。所以，从每个人所喜爱的服装上可以多少看出他具有什么样的性格特征。

1. 从衣着上看人

随着社会的进步与发展，现在从衣着打扮上判断一个人的难度在无形之中增大了，日常生活中，我们常常看到一些人穿着时髦，一些穿着朴素，事实证明，一个人的性格可以从他的衣着上的朴素或华丽知道其性格或心理。

（1）穿华丽服装的人。表示这个人的自我表现欲特别强烈；穿着这种服装的人，除了自我表现欲强烈之外，也是有很强的虚荣心和金钱欲的。获取金钱的欲望也很强烈。自我意识极强，一切顺利的话，可成大器，是一种突出型的人物。

（2）穿朴素服装的人。这些人性格比较沉着、稳重、为人真诚、热情这种人在工作、学习和生活当中，对任何一件事情都比较踏实、肯干，勤奋好学，而且还能做到客观和理智。缺点是缺乏自信心，软弱而容易屈服别人。

（3）穿单一色调服装的人。这种人性格比较正直、刚强，理性思维要优于感性思维。

（4）穿橄榄色衣服的人。这种人性格内向，比较保守，不爱说话，常压抑自己的感情，但心地善良，一旦与人交上了朋友就会付出真心。这种人的缺点是：常常没有自信，因不爱说话，总是把痛苦埋在心底，因此，时时处于一种被抑制的状态中。

（5）穿绿色衣服的人。这种人性格外向，性情比较平静，充满了希望和乐观，具有积极向上的心理和青春的活力，有宽大的胸怀的特征。

（6）穿蓝色衣服的人。这种人性格内向，比较严肃和深沉，平时态度比较安宁，遇事能保持镇定自若。

（7）穿橙色衣服的人。这种人属于外向型性格，能说会道，开朗热情，欲望强烈。这种人雄辩、开朗、口才好，并喜欢幽默，乐于广交朋友，生活中，他们的朋友很多。

（8）穿黄色衣服的人。这种人性格乐观，开朗热情，为人随和，热爱生活，做事潇洒自如，精力充沛，身心健康，乐于帮助弱者，有一颗纯粹高洁的心。缺点是，非常容易满足现状。

（9）穿红色衣服的人。这种人性格外向，开朗热情，精力充沛，感情丰富，为人热情而奔放，是冲动的、精神的、很坚强的生活者。

（10）穿紫红色衣服的人。这种人属于内向型性格，感情丰富，多愁善感，敏感多疑，有时表现为一种焦虑不安的情绪。平时不与人交谈，没有多少朋友。

2. 从所选择的上衣看人

人的上衣给人一种很直观的印象。心理学家鲁歇尔将人对上衣的选择归结为是人性格的体现。因此，从一个人选择上衣的款式、上衣的颜色，能看出其性格特征。

（1）穿短袖衬衫的人，他们的性格是放荡不羁的，为人却十分随和亲切，他们很热衷于享受，凡事率性而为，不墨守成规，喜欢有所创新的突破。自主意识比较强，常常是以个人的好恶来评定一切。他们虽然看起来有点吊儿郎当，但实际上他们的心思还是比较缜密的，而且什么时候都知道自己是做什么的，所以他们能够三思而后行，小心谨慎，不至于因为任性妄为，而做出错事来。

（2）穿长袖衣服的人。这种人比较传统和保守，为人处世都爱循规蹈矩，而不敢有所创新和突破。他们的冒险意识在某一方面来讲是比较缺乏的，但他们又喜爱争名逐利，自己的人生理想定得也很高。这样的人最大的优点就是适应能力比较强，这得益于循规蹈矩的为人处世原则。把他们任意放在哪一个地方，他们很快就会融入其中，所以通常会营造出比较好的人际关系。他们很重视自己在他人心目中的形象，希望得到注意、尊重和赞赏，从而在衣着打扮、言谈举止等各个方面都总是严格地要求自己。

（3）穿粗直条整套西装的人。这种人的性格有点自卑，没有信心。头脑单纯，一旦发起火来，很难自我控制。这类人通常富有行动力，对工作抱有热忱之心。虽然富有行动力，得意之时，他会高踞之上，失势之时，他又畏缩不前，是一类非常麻烦的人。

（4）喜欢穿背后或两旁开叉上衣的人。这类人的性格是神经质，疑心重、嫉妒心强、独占欲旺盛，喜欢装饰外表并且好玩的典型。然而，观其面貌又是一副诚实的模样。通常极具伪装性，他们大多以侠义中人自居，这类人士会对人做过多的许诺。

（5）穿舶来品上衣的人。依赖心强。对别人的态度不温柔，很难接近。大多都有点罗曼蒂克的气质，通常多是温柔善良，为人忠厚，且具宽容的气度。在商场上遇到这类人时，你必须对他持诚实的态度。他让你办的事儿，能够办到的话，你一定要立刻付诸行动，让他从实际中了解你，然后成为他的朋友和合作者。这种人对生意上的事情非常敏感。当自己处于不利地位时，会立刻寻找外援，而一旦失手，则会把过失归于别人，对于这类人，要有警惕性。

（6）穿没有花样的彩色T恤的人。这种人性格比较内向，表现欲望不是特别的强烈，他们甚至是可以甘于平凡，不太爱张扬，而且富有同情心，在自己能力许可的条件下，会去关心和帮助他人。

（7）在T恤上印上自己名字的人。这种人的思想比较开放和前卫，能够很轻松地接受些新鲜事物，他们对一些陈旧迂腐的老观念多是持一种相当排斥的态度。他们的性格比较外向，喜爱结交朋友，为人比较真诚和热情，所以通常会有比较不错的人际关系。他们的自信心还是很强的，有一定的随机应变能力，在不同的情况下，能够及时地做出应对策略。

（8）穿印有各种明星的画像及与之有关的东西的人。这种人多是追星族，他们对那些人有无限的崇拜，并且希望自己有朝一日能像他们一样，且乐于向别人表达自己的这种心理。

（9）在T恤衫上印有一段幽默标语的人，这种人性格外向，具有一定的幽默感，而且很聪明和智慧。另外，他们也是具有很强的表现欲望，希望自己能够吸引别人的注意。

（10）穿印有学校名称或大企业的标志装饰的T恤，这一类型的人性格外喜欢张扬，比较希望他人知道自己的身份，并且对自己所在的单位和企业具有一定的感情。他们希望能够以此为载体，吸引一些志同道合的人。

3. 从领带看人

西服，自诞生那日起就成为男人服饰中的佼佼者，而且这个地位一直到今天也没有动摇。领带的作用类似于女士们的丝巾作用，但男人的行事原则和人品秉性能完完全全地展现在领带打法与颜色的搭配上。若仔细观察周围的男人，便不难发现他们“本色”的蛛丝马迹。

（1）领带灰色，衬衫黑色的人。这种人性格比较多疑，气量狭小的表现，由于生活和工作中谨言慎行，疑心甚重，他们养成了孤僻的性格。凡事大多先想自己，热衷于物质享受，对金钱很吝啬，一毛不拔，结果几乎没有什么人愿意和他们交朋友，他们也乐于一个人守着自己的阵地，孤军奋战。

(2) 领带灰色，衬衫白色的人。这种人性格比较随和，待人彬彬有礼，不轻举妄动。由于认识到领带的作用，他们在打领带结的时候常常一丝不苟，把领带打得恰到好处，给人以美感。他们安分守己，把大部分的精力放到工作当中，勤奋上进。

(3) 领带红色，衬衫浅灰色的人。这种人性格外向，不喜欢矫揉造作，讨厌华而不实，喜欢货真价实，是他们丰富的感情所展露出的风采；不喜欢拘束，积极拓展自己的生活空间，主动与他人交往，练就高超的交往艺术。

(4) 领带绿色、衬衫黄色的人。这种人性格不骄不躁，热爱生活，有自信。想什么就做什么，不喜欢拖泥带水，对事业充满信心，不过有时鲁莽冲动，自控能力较差。

(5) 领带深蓝色、衬衫白色的人。这种人性格沉稳，比较成熟，属于上下兼顾，少年老成那类人，同时不乏风度翩翩；由于视野宽阔，所以他们对工作特别专注，事业心极重，结果在奋斗过程中常常出现急功近利的表现。

(6) 领带多色、衬衫浅蓝色的人。这种人性格外向，爱慕虚荣，热衷于名利；路边的野花繁多美丽，常常使他们心猿意马，见异思迁的他们对爱情往往不能专心致志，追逐的目标总是换了一个又一个。

(7) 领带黑色、衬衫白色的人。这种人老成持重，比较成熟，做事很有分寸。多为稳健老成之士。由于看得多，感悟也多，他们懂得什么是人生的追求；善于明辨是非，相信“善有善报、恶有恶报”，正义在他们身上得到了最大的展现。

(8) 领带黑色、衬衫灰色的人。这种人性格内向，不爱与人交往，好压抑自己，有很深的忧郁，而这份忧郁是气量狭小所致，他们选择这身打扮，正是为了掩饰这个缺点。

(9) 领带红色、衬衫白色的人。红色象征火焰，代表奔放的热情，更是一种积极和主动的表现，这类人属于充满野心的类型。

（10）领带黄色、衬衫绿色的人。这种人充满自信，按照理想设计生活和人生，并努力实施，他们流露出的是诗人或艺术家的气质。深信付出就会有回报，所以不会杞人忧天地担心秋后因为意外的暴风雨而颗粒无收；与世无争，保持柔顺的性情，对人非常和蔼可亲。

4. 从穿裤子看人

以对服装的研究而出名的约翰·摩洛曾说:“比起上班或参加宴会时的装扮，平时和休闲时所穿的裤子，更能在不知不觉中表现出自己的个性。”

一个人所选择的裤子，其实正是最能让自己安心的服装，而这也表示出一个人真正的性格。

（1）穿休闲长裤的人。这种人性格随和，容易配合、帮助同事的人。没有明确的自我主张，善于自我掩饰。因为不爱与人争，所以朋友很多，人缘也很好。

（2）穿牛仔裤的人。这种人思想比较前卫，追求刺激的生活，喜欢富有挑战性的工作，一有想法就付诸行动，是能靠着自己开创一片天空的人。精力充沛，不论在工作上或玩乐上，都是神采奕奕、干劲十足，同时，也是喜欢做家事，能享受家事之乐的人。不过，若过于我行我素，在人际关系上可能会遭到意外的失败。

（3）穿短裤的人。这种人个性干脆、不喜欢受拘束，具有童心未泯、稚气未脱的性格，所以，一旦理想与现实差距太大，就会受到很大的伤害。不过，其天真无邪、活泼可爱的一面，很是讨人喜欢，让人乐于接近他们。

（4）穿长裙的人。这种女性性格内向，孤僻，感情丰富，对自己没有信心。特别在乎别人的感受。不管身在何处都很注重仪表的人多属此种类型，随时都注意周围的人对自己的看法。不过，此种人很重视女性本色，期望过着幸福的家庭生活的心情比其他人更强一倍。

(5) 穿迷你裙的人。这种女性性格内向，对自己有信心，很有主见，喜欢受人包围，喜欢热闹的场面，富于幻想，擅长社交，在宴会上，常是众人瞩目的焦点。与谁都能坦诚相交，易受到男性的诱惑。一般说来，迷你装乃表示对少女时代的一种留恋，越是在少女时代有着很多备受重视体验的女性，越有喜欢穿迷你装的倾向。正因为如此，以寂寞和爱撒娇的女性居多。

(6) 穿直筒裤的人。很保守，容易受固定观念的束缚，不会做出大胆的行动。很少主动与初见面的人交谈，不具社交性，由于过于消极，在宴会上常是孤寂一人。其实，这种人还是挺温和的，若能坦诚与之相交，必能得到其深厚的友情。

(7) 穿运动裤的人。这种人性格外向，热情开朗，认真活泼，很有个性，具有独特的魅力，他们对自己的感觉颇有自信。常借与众不同的穿着来表现自己的特色。虽对流行有着高度的关心，却不会随波逐流。穿着上的重点为：表现真实的自己。

(8) 穿西裤的人。这种人有修养，有城府，有个性，独立性较强，比较有智慧，很有自信，得体高雅。在宴会上，能配合当时的气氛，与人侃侃而谈，可以说是个社交家。当气氛过于热烈时，他们会巧妙地把场面冷却下来。另外，其对个人隐私很敏感，一旦涉及，就会马上改变话题。

5. 从穿鞋看人

鞋子，并不是单纯地起到保护脚的作用，还可以从一个人选择穿的鞋察其个性。因此，在观察他人的鞋子的时候，除了注意其美观大方外，还可以通过它对一个人进行性格的观察。

(1) 始终穿着自己最喜爱的一款鞋子。这种人十分专一，即使喜欢的这一双鞋穿坏了，会再去买另外一双。这样的人思想相当独立。很了解自己，知道自己的喜好，他们很重视自己的感觉，强调为自己活着的生活方式，做事小心和谨慎，在经过仔细认真的思考以后，要么不做，要做就会全身心地投入，把它做得很好。他们很重视感情，对自己的亲人、朋友、爱人的感情都是相当忠诚的，从不轻易背叛。

（2）穿没有鞋带的鞋子的人。这种人比较传统和保守，中规中矩，追求整洁，表现欲望不强，没有自信，过分依赖别人。不喜欢热闹，很在乎拥有自己的私人空间。

（3）穿细高跟鞋。这样的人喜欢张扬爱慕虚荣，自以为是表现欲望很强，他们希望能引起别人的注意，做事草率，没有毅力。

（4）穿时髦鞋子的人。这种人的观念新潮，适应能力强。那就是只要是流行的，就全部是好的，但没有考虑到自身的条件是否与流行相符合，有点不切合实际。这种人做事时常缺少周全、缜密的考虑，所以会顾此失彼。他们对新鲜事物的接受能力比较强，表现欲望和虚荣心也强。

（5）穿运动鞋的人。这种人对生活持相对积极乐观的态度，他们为人较亲切和自然，生活规律性不强，比较随便，做事毛糙，没有毅力。

（6）穿靴子的人。这种人缺乏自信，安全意识很强，懂得在适当的场合和时机将自己很好地掩蔽起来。

（7）穿拖鞋的人。这种人性格开朗，随意散漫，过分自爱，只追求自己的感觉和感受，从不为别人而轻易地改变自己。他们很会享受生活，绝对不会苛刻自己。

（8）热衷于远足靴的人。这种人比较乐观自信，有较强的挑战性、创新意识，喜欢冒险，敢于向陌生领域挺进，并且坚信自己能成功。在工作上投入的时间和精力也很多，他们有很强烈的危机感，并且时刻做好了准备，准备迎接一些可能突然发生的事情。

（9）穿露出脚趾的鞋子的人。这样的人属于外向型性格，而且思想意识比一般人要先进和前卫，不受人约束、管制。浑身上下充满朝气和自由的味道。他们喜欢结交各种朋友，并且能做到拿得起放得下，比较洒脱。

（10）穿系鞋带的鞋子的人。这种人的性格比较矛盾，他们希望能有人来安排他们的生活，对于安排好的一切却又总想反抗。为了化解这种矛盾，他们多是在尊重他人为自己所做的安排的同时，又以寻找自由的空间，以发展自己，释放自己。

手提包样式与人心理密不可分

手提包是人们在工作、学习和生活当中非常重要的一件物品，很多时候它几乎与人形影不离，人走到哪里，它们也被带到哪里。正是因为手提包具有非同寻常的作用，因此，它们在一定程度上可以向外界传达一定的信息，让外界通过提包来认识提包的主人。

1. 携带装满东西的大提包

这种人性格内向，比较冷淡，不大会体贴人，办事不太谨慎，工作态度比较随便。比较容易让人接近，但是也比较容易分开。在工作当中，那种具有高度责任心的人不太愿意跟这种人合作。

2. 携带比较精致的手提包的人

这种人一般虚荣心很重，具有很强的自尊心。他们办事认真，生活比较有条理，擅长待人接物，安排生活，对工作有高度的责任感。

3. 携带休闲式提包的人

这种人性格外向，比较积极和乐观，也有一定程度的进取心，很会懂得享受生活。他们对生活的态度比较随便，从不过分苛刻地要求自己。能很好地安排工作、学习和生活，做到劳逸结合，在比较轻松惬意的氛围里把属于自己的事情做好。

4. 携带公文包的人

这种人比较谨慎、认真，对待生活的态度比较严肃。这样的人大多办事比较小心和谨慎，他们不一定非得要不苟言笑，即使是有说有笑，对人也会相当严厉。他们对自己的要求往往更高。

5. 携带有小把手的方形或长方形的手提包的人

喜爱这一款式手提包的人，性格懦弱，没有经历过什么磨难。感情比较脆弱和不堪一击，遇到挫折，容易妥协和退让。

6. 携带中型肩带式手提包的人

这种人性格上相对比较独立，但在言行举止等各个方面是相对较传统和保守的。他们有一定相对自由的空间，交际圈子却比较狭窄，朋友也不是很多。

7. 携带非常小巧别致，但不实用，装不了什么东西的手提包的人

这种人性格保守比较单纯，但如果已经过了这样的年纪，步入成年，非常成熟了，还热衷于这样的选择，说明这个人对生活的态度是非常积极而又乐观的，对未来充满了美好的期待。

8. 携带具有浓郁的民族风味、地方特色的小提包的人

这种人的自主意识比较强，是个个人主义者。他们个性突出，往往有着与他人截然不同的衣着打扮，思维方式等等。有些时候显得与他人格格不入，对他们来说，营造出比较好的人际关系存在着一定的困难。

9. 携带超大型手提包的人

这种人性格外向，追求自由自在、无拘无束的生活，他们很容易与他人建立某种特别的关系，但是关系一旦建立以后，也会很容易就破裂，这也是由于是他们的性格所决定的，因为他们的生活态度太散漫，缺乏必要的责任感。虽然他们自己感觉无所谓，却并不是其他所有人都能容忍和接受的。

10. 用购物袋当手提包的人

这种人多是希望寻找捷径，在最短的时间内以最少的精力把事情办成的人。他们很讲究做事的效率，但做起事来又比较杂乱无章，没有一定的

规则，很多时候并不能如愿以偿。这种人的性格多比较随和和亲切，有很好的耐性，满足于自给自足。在他们的性格中感性的成分要比理性成分多一些，做事有些喜欢意气用事，独立能力比较强。

11. 携带的手提包有很多口袋的人

这种人性格沉稳，善于思考，生活有规律性，而且能在大多数的时候保持头脑的清醒，不会轻易做出糊涂的事情。

12. 携带金属制手提包的人

这种人性格内向，比较敏感，思想前卫能够很快跟上流行的脚步，他们对新鲜事物的接收能力是很强的。但是这一类型的人，在很多时候自己并不肯轻易就付出，而总是希望别人能够付出，爱占小便宜。

13. 携带中性色系手提包的人

这种人表现欲望不强烈，目的是减少压力。他们凡事持得过且过的态度，比较懒散。在对待他人方面，也喜欢保持相对中立的立场。

14. 不习惯于带手提包的人

这种人性格要分几种情况来说，有可能是因为他们比较懒惰，觉得带一个包是一种负担，太麻烦了。还有一种可能是他们的自主意识比较强，希望独立，而手提包会在无形当中造成一些障碍。两种情况都是把手提包当成是一种负担，可以显示出这种人的责任心并不是特别强，他们不希望对任何人任何事负责任。

15. 携带男性化皮包的人（这里理所当然是针对女性而言，因为男性本应该选择男性化皮包）

这种人性格外向，比较坚强、剽悍、能干、泼辣、精明、独立意识强，有争强好胜的心。

16. 携带帆布提包的人

这种人性格外向，过于随便，放荡不羁。做事没有原则性，生活杂乱无章，奉行的是“无所谓”的随便态度。做事多较含糊，目的性不明确，但对人比较热情和亲切。可是由于他们的生活态度有些过分随便和无所谓，所以常常会导致使自己陷入到比较难堪的境地。

17. 携带旅行包的人

这种人性格沉稳，有自信，是一个很有原则性的人，他们多有很强的进取心，办事认真可靠，待人也较有礼貌。这一类型的人有很强的自信心，且组织能力突出。但缺点是他们大多比较严肃、呆板，会过多地拘泥于生活中的某些细节。

首饰造就仪态，也造就个性

随着社会的进步，人们的生活水平，也有所提高。有了经济保障，人们对首饰的选择越来越挑剔。有关专家调查发现，一个人选择什么样的首饰，不仅仅是其生活富裕的象征，更是一个人性格的表现。

从佩戴的项链看人

日常生活中，我们常常看到一些佩戴项链的人。这些人当中，有女性，也有男性。他们在打扮上常会借饰物来使得自己看起来更洒脱、美丽。尤其“颈部”是表现一个人自尊的部分，戴在此部位的饰物就是项链。亦即可从项链得知一个人自尊心的强度。

1. 佩戴昂贵而华丽项链的人。这种人性情孤高，过分自信，自强自立，追求独立的生活，不屑于和任何人交往。自尊心过强，而且对男性会采取高压的态度。

2. 选择粗的黄金项链的人。这种人性格外向，重物质享受，对金钱或物质有着强烈的欲求，不论男女，恋爱时也是会提出很高条件的人。感情的起伏很激烈。一旦自尊心受到伤害，就会转而攻击对方。

3. 选择简单的项链的人。这种人感情异常丰富，心地仁慈、性格温柔、浪漫，富有直觉性和艺术性，肯自我牺牲，但性格多变，意志也不坚定，常受旁人左右而不易作出正确的判断。虽有很高的自尊心，却不会将它表现于外，非常聪明。很有能力也很有自信，他们喜欢戴样式简单、价值昂贵的项链。

4. 选择心型项链的人。这种人性格温和，比较保守，憨厚老实，不论在哪方面都不善于表现自己，恋爱时，也是属于热情内敛型，喜欢可信赖的异性。

5. 选择好几条项链串在一起的项链的人。这种人性格外向，自信乐观，过分注重外表，追求物质生活，有强烈的金钱欲望。也有强烈的自我显示欲，可是多半的情形是自己的魅力不受周围人的理解，因此，处于欲求不满的状态中。

6. 选择宝石项链的人。这种人性格沉稳，有贵族气质，性格高傲，戴此饰品的多是一些孤傲、富有个性的年轻人。

从戴戒指看人

一个人的双手都暴露在外，无形中泄露了个人许许多多的个性。戴在手指上的装饰品，更是一种向别人暴露自己个性的方式。

1. 戴结婚戒指的人，这种人性格外向，爱慕虚荣，喜欢张扬，处处爱表现自己，凡事爱与人一争高低，嫉妒心强，偶尔要耍耍小聪明。

2. 戴俱乐部的戒指的人。这种人性格外向，高傲自负，有很强的自尊心。凡事爱与人争，意志坚强。做事非常认真，富有挑战精神。

3. 戴图章戒指和家族徽章。这种人性格外向，夸夸奇谈，过于浮躁，喜欢夸大其词，有时还爱说些子虚乌有的事情，借以为自己身上镶金。

4. 戴钻石戒指的人。这种人过于爱慕虚荣，性格外向，乐于向人炫耀。

5. 戴小指戒的人。这种人性格开朗，乐观热情，不喜欢张扬，待人随和，喜欢结交朋友。

6. 戴手工戒指的人。这种人性格内向，有自信，感情丰富，敏感多疑，内心世界复杂多变。为了让别人认识他，他会花更多心思看看他。他积极树立自己的流行时尚，而且有信心成功。

7. 同时戴好几个戒指。这种人很世俗，害怕受伤害，自我保护意识强烈，深受物质、精神和美学等动机所左右；但不幸的是，他的思想价值在人群中迷失了，虽然戴好几个戒指的起因是犹豫不决，但这些戒指看起来实在很像一套金属指节环。因此，他是在全力保护自己。

8. 不戴戒指。这种人充满自信，不喜欢杂乱或烦扰的感觉。凡是他所做的每一件事，所经手的每一样东西，都力求自然舒适，如此才能够自由行动、自由表达。

从所戴的手表看人

俗话说："一寸光阴一寸金。"说的是时间的宝贵。一个人对时间持什么样的看法，这在很大程度上是由于人的性格所决定的，而时间对人具有什么样的影响，很多时候又通过所戴的手表传达出来。这两者之间有着非同一般的关系，下面就针对这一点进行一下说明和介绍。

1. 戴新型电子表的人。这种表只要按一下显示时间的键，就会出现红色的数字，如果不按，则表面上一片漆黑，什么也看不见。戴这一类型手表的人是与众不同的。他们独立意识十分强烈，不愿受到约束和控制，而是自由自在，无拘无束地去做自己想做并且也愿意去做的事情。他们善于掩饰自己的真实情感，一般人不能轻易走进他们的生活。给人一种神秘感，他们乐于让他人对自己进行各种猜测。

2. 戴液晶显示型手表的人。这种人性格外向，比较沉稳，在生活中比较节俭，善于精打细算。他们的思维比较单纯，对简洁方便的各种事物比较热衷，对于太抽象的概念则难以理解。他们在为人处世方面比较认真。

3. 喜欢戴闹钟型手表的人。这种人性格外向，很保守。对自己要求比较严格，总是把神经绷得紧紧的，一刻也不肯放松。这一类型的人十分传统和保守，习惯于按一定的规律和规定办事，他们在争取成功的过程中，对任何事情都是以相当直接而又有计划的方式来完成的。他们有责任心，有时候会刻意地培养和锻炼自己在这一方面的能力，还具有一定的组织和领导才能。

4. 戴具有几个时区手表的人。这种人很不现实。喜欢幻想、聪明、智慧，但一切都止于想象而已，不会去付诸实践。做事常三心二意，这山望着那山高。在一些责任面前，常以逃避的方式面对。

5. 戴古典金表的人。这种人性格外向，比较自信，具有发展眼光和长远打算，不会为了眼前一些既得的利益而放弃一些更有发展前途的事业。他们心思缜密，头脑灵活，有很好的预见力，骨子里有一种反传统的精神。思想境界比较高，而且很成熟，把任何事情都看得清楚透彻。有宽容力和忍耐力，又很重义气，能够与家人朋友同甘共苦，生死与共。他们有坚强的意志力，从来不会轻易向外界的一些困难和压力低头。

6. 戴怀表的人。这种人性格沉稳，老成稳重，自控能力很强，即使生活忙忙碌碌，仍然保持着生活的规律性，懂得如何在有限的时间里放松自己。他们善于控制和把握自己，适应能力比较强，能够很好地调整自己的心态。他们的怀旧心理很强，乐于收集一些以往的东西。他们言谈举止高雅，有一定的文化修养。他们有比较浓厚的浪漫思想，常会制造一些出人意料的惊喜。他们为人处世有耐心，很在乎人与人之间的友情。

7. 戴上发条表的人。这一类型的人独立意识比较强。他们自给自足，很多事情都坚持要自己动手，求胜心理十分强烈，乐于做那些可以立竿见影的工作。他们很看重自己所获得的那种成就感，但在这个过程中，他们不希望不劳而获，这样反而没有了意义和价值。他们并不希望得到他人过多的关心和宠爱。

8. 戴没有数字表的人。这一类型的人抽象化的理念较为强烈，他们擅长于观念的表达，而不希望什么事情都说得一清二楚。他们很在意对一个人智力的锻炼和考验，他们认为把一切都说得太明白就没有任何意义了。他们很喜欢玩益智游戏，而且他们本身就是相当聪明和智慧的。他们对一切实际的事物似乎并不是特别在意。

9. 喜欢戴由设计师特别为自己设计的手表的人。这种人性格外向，爱慕虚荣，非常在乎自己在他人心目中的形象和地位，并且可以为了迎合他人而改变自己。他们时常会大肆渲染夸张一些事情，以证明和表现自己，吸引他人的注意。

10. 不戴手表的人。这种人大多有比较独立自主的个性，他们不会轻易地受别人支配，而只愿意做自己想做的事情。他们的随机应变能力比较强，能够及时地想出应对的策略，而且非常乐于与人结识和交往。

第十章　饮食小细节，看人大学问

俗话说，“民以食为天”。任何人活着总是离不开食物的，食物对于人来说可谓是重中之重。从一个人喜欢吃什么东西可以观察出他的性格特征，同样，从一个人以什么样的方式来吃东西，也可以观察出他的性格特征。

从喜爱的食物见性情

一般人的身体状况，通常由其饮食习惯决定，譬如肥胖的人多半喜吃甜食，肠胃不好的人容易紧张，这些都是基本常识。一个人的个性又与其健康状况息息相关，因此从饮食习惯去归纳一个人的个性，确实有一定的可信度。

1. 从爱吃的海鲜看人

通过吃东西，不但可以摄取各种物质和营养，保证身体的健康，还可以享受到生活的乐趣。吃是一种文化，这其中的学问可谓大矣。

吃有千百个品种，而选择那种最爱吃的食品，是根据其性格来区分的。科学实验发现，食品的属性，总是有意无意地影响着一个人的性格。因此，从一个人的爱好吃的食品中，很容易看出一个人的本质。

（1）爱吃咸鱼卵的人。这种人性格比较细腻，喜欢刺激冒险的生活，不满足于平凡的事物，希望获得周围人赏识自己的能力的意识很强烈。讨厌平凡，是无可厚非的，但要做到不平凡，就得努力地去磨炼自己，若做不到这点，就会变成很讨人嫌了。对上司总是直率地表现出对抗意识。很适合做推销员类工作，即能直接显示个人能力的职业。如果是从事需与周围取得协调的职业，恐怕就会与人纷争不断了。

（2）爱吃虾的人。这种人性格保守，有执著精神，执著型为实现自己的欲求，牺牲一切也在所不惜的拼命三郎型。虽然有一定的能力，却不擅于交际，人际关系也搞不好，因此，这种人很孤独。

（3）爱吃鱿鱼的人。这种人性格内向，不爱动，只是喜欢幻想，属于行动和判断都很平常的类型。甚少采取冒险、大胆的行动，是消极的保守型，不过，这种人很重视人际关系，所以很受周围人信赖，最适合做个平凡的上班族。

（4）爱吃鲍鱼的人。这种人性格活泼大方，喜欢冒险，但缺乏耐心，活力不足。虽有强烈追求刺激的心情，却总是半途而废无法获得满足，所以，常常处于焦躁的状态中。对于工作的集中力不足，当然得不到上司的好评价了。

（5）爱吃乌贼的人。这种人虚荣心很强，爱面子，不听从别人的劝说，现实型不注意外观或表面，言行总是我行我素，想到什么就去做。对金钱很关心，是极想出头的人，在工作中争强好胜，喜欢出风头得到上司的赏识。

（6）爱吃海苔卷的人。这种人性格保守，没有朝气，多愁善感，凡事都想得很多，有较强的自我保护意识，很会隐藏自己的本意，采取与周围妥协的行动，所以，很难有向上爬的机会。因行动上总喜欢压抑自己，所以，心中往往易积聚压力，就算自己很有能力，仍会自我压抑不敢表现出来，因此，在公司里，甚难有晋升的机会。

2. 从喜欢吃的口味看人

俗话说：萝卜白菜，各有所爱。比如有的喜欢吃素，有的喜欢吃荤，一个人的个性与口味有着很密切的联系。

（1）喜欢吃大米的人。一个人喜欢吃大米，这个人属于自我陶醉、孤芳自赏的人。他们对人对事处理都比较得体，比较会通融。但是，这种人互助精神一般都比较差。

（2）喜欢吃面食的人。这种人性格外向，擅交际，能说会道，喜欢夸夸其谈，往往不会考虑后果和顾及影响。这种人的意志不够坚定，做事常常会半途而废。

（3）喜欢吃油炸食品的人。这种人常常具有一定的冒险精神，有理想，希望干一番事业，但是这种人有时爱犯冷热病，一旦受到挫折就会灰心丧气，一蹶不振。

（4）喜欢吃甜食的人。这种人性格外向，热情开朗，平易近人，但是平时有些软弱或胆小，缺乏冒险精神，做事情很难有所突破。偶尔也很任性，孩子气十足。

（5）吃冰淇淋的人。这种人性格温和，对待任何事情都比较认真。

（6）喜欢吃零食的人。这种人性格外向，往往是信口开河，嘴巴毫无遮拦，所以给人一种心直口快的印象。视野比较狭窄，不能参与激烈的竞争。但是有口无心，比较正直，值得信赖。

（7）喜欢吃蔬菜瓜果的人。这样的人是比较聪明的，处世也很圆滑，从不得罪任何人。

（8）喜欢吃鸭的人。这种人有较强的选择能力。他们的心思往往比较细腻。凡是经过他们精心挑选的东西，一般说来，常常都是很不错的。这种人有时还是一个完美主义者，所以他们有时活得很累。

(9) 喜欢口味重的人。这种人的性格果断，待人接物比较稳重，对人有礼貌，做事有计划，喜欢埋头苦干，但是常常不太重视人与人之间的感情，有时还有点虚伪。

(10) 喜欢吃酸的人。这种人比较有事业心，但是个性孤僻，不善交际，遇事喜欢钻牛角尖，很少有知心朋友。

(11) 喜欢吃辣椒的人。这种人善于思考，比较有主见，常常是吃软不吃硬，有时爱挑剔别人身上的小毛病。

喜欢吃瓜子的人。这样的人一般肚量比较大，心情比较宽松，属于笑口常开一类的人。一个人能够笑口常开，就会向人们显示他们乐天安命，知足常乐。笑口常开就像大门上挂着一束橄榄枝，向与他们交往的人表示着和善与友好。

(12) 喜欢喝咖啡的人。喜欢喝咖啡的人往往很看重情调，但是他们的言辞却常常咄咄逼人，好像只有自己才是英雄。蔑视常人，极端自信，自私自利。所以，他们也不被常人所理解。按理说，这样的人有能力取得更大的成就，但是因为他们的自命不凡，常常会失去竞争的机会。这种人一旦失意，常常会怨天尤人，感叹“世态炎凉，人心叵测”。这种人最大的弱点就是一辈子只能生活在自己的圈子里，无论面对什么人，总是高高在上，不能低下头来与人亲近。即使是好朋友、好同事乃至夫妻之间，他们这种傲视一切的神态也不会有什么大的改变。

4. 从吃酱油看人

医学上发现，酱油不宜多吃。但在日常生活中，人们的饮食仍然离不开它。实验证明，从一个人吃酱油的习惯方式能看出其性格。

(1) 喜欢淋酱油的人。这种人性格急躁，办事风风火火，直言快语心口如一，头脑较清晰，聪明。不爱与人斤斤计较。

(2) 法式调味汁的人。这种人具有极佳的音乐感和美感。不论对哪种工作，都很有适应力，基本上来说，喜欢艺术的气氛。

（3）选择沙拉酱的人。这类型的人，性格顽固不化，极端自然，过于敏感，很任性，生活上常喜欢依赖他人，所以是个麻烦人物。孤单、脆弱的此种人，缺乏靠自己改变生活的积极性。因此，有很强的幼儿性，倾向于向年长的人撒娇。

（4）选择日式调味汁的人。这种人性格外向，喜欢用酱油调成的日式调味汁的人，头脑清晰，有着极佳的思考和独创力。但缺乏决断力，因此，生活形态倾向于不定的形式。

了解人的心理从他吃食物的方式着手

进食是所有人的天性，人们利用进食使生命得到延续，所以，进食可以说是人们活动的最主要的一部分。心理专家将人们进食的方式，以及从中反映出一个人的个性与心理做了如下分析：

1. 从吃玉米看人性格

吃烤玉米真是一大乐趣。吃玉米方法因人而异。有的人是大口大口地咬，有的人则是一粒一粒地吃。一般来说，一个人采用哪种吃法吃，可以显示其性格。

（1）从上往下吃的人。这种人性格独特，爱占小便宜，不顾及自己的脸面，有一股“只要我不吃亏”就行的心理，不在乎别人如何谈论，但心态很积极，爱耍小聪明。属于平时不注重外观的类型。不太在意周围人的眼光，自己想怎样就怎样。

（2）边转边吃的人。这种人属于内向性格，心地善良，做事相当小心。不管做什么事情都很小心翼翼，不太会提出自己的意见。常会在他人行动后，经过确认才开始行动，喜欢一成不变的生活方式。

（3）折成两半再吃的人。这种人性格外向，自信但很在乎他人对自己行动的看法，很在意周围人的视线。因此，不会随意地将自己的欲望和欲求表现于外，是典型的内向型性格的人。

（4）用刀或叉子挑玉米粒吃的人。这种人性格内向，极其敏感，过分神经质，属于装模作样的类型。喜欢打扮，喜欢高级品，很重视形象，一旦没有打扮，就会显得落落寡欢，若有所失。

2. 从吃鱼方式看人性格

鱼的吃法并没有一定的规则可循。所以，要从哪里开始吃，因人而异。怎么去吃，却能反映出一个人的性格特质来。

（1）从头开始吃的人。这种人性格乐观开朗，乐于助人，对生活充满信心，富有开拓精神，不拘小节，是典型的乐天派的人。属于想到什么就直截了当说出的类型，对事物易热也易冷。这类型的人很不肯服输，极其顽固，讨厌接受别人的命令。

（2）从尾巴开始吃的人。这种人性格内向，办事认真，心思比较细，很敏感，凡事都想得很多，虚荣心很强，是慎重小心型的人物。很在乎小节。很憧憬柏拉图式的恋爱。不论男女都很重视打扮，在服装方面舍得花钱。但是，出乎意料之外的是，此种人对他人的感觉很迟钝，常没发觉到被异性所爱恋，而自己又很容易陷入单相思之中。由于凡事都很慎重，所以，不会做出很失败的事情。

（3）从肚子开始吃的人。这种人性格外向，办事认真，不管做什么事都很积极，具有运动员的精神。有阳刚之气，却又喜欢照顾他人，对任何人都是和蔼可亲的，很受周围人的信赖。但从另一方面来说，此种人因喜欢照顾人，所以不会拒绝他人的请求，因而常会把自己弄得分身乏术。如果是女人，比较会受到同性的欢迎。在行动方面，倾向于采取和男性对等的行动。

（4）从脊背开始吃的人。这种人性格内向，爱慕虚荣，过分敏感，疑心很重，有点神经质，又非常爱撒娇。多为独子或最小的孩子。平时比较喜欢独自看书或看电视，不喜欢和一大堆人起哄吵闹。有着一颗温柔体贴之心，常会捡回流浪狗或猫。

（5）分成一半，从尾巴开始吃的人。这种人性温和，心地善良，聪明智慧好学上进，对人真诚，平时一副彬彬有礼的仪表，举止小心慎重。能受到老师和父母的信赖。心中虽常想去做某些事情，但真正机会来了，又没有勇气去做。但一些循规蹈矩之事都能努力地做到。在金钱方面，是属于很会存钱的合理主义者。

（6）分成一半，从头开始吃的人。这种人性格刚烈，脾气暴躁，爱慕虚荣，此种人一旦决定了某事，就会从头做到尾。很擅长运动，在金钱方面，有吝啬的倾向，很讨厌借钱给人家。如果是女性，属于做事干净利落的类型，但在男性眼中，是个“很啰唆、很讨厌”的女性。

3. 从吃鸡蛋的方式看人

吃鸡蛋的方式，也可以看出人的性格，让我们对照一下身边的人，看看是不是这样。

（1）吃炒蛋的人。这种人性格开朗，活泼大方，热情好动，喜欢凑热闹，有爱心，对人友好，体贴他人。善于交际，他们也能与其他人很好地相处。他们不拘于小节，对人对事能持比较宽容的态度。他们不喜欢张扬，也不太希望引起他人更多的注意，但善恶是非多是分得比较清楚的，别人对他好一分，他会回报别人十分，可是如果别人对他恶一分，他可能也会回敬别人十分。缺点是没有进取心，不喜欢改变自己的常规生活。

（2）把蛋煮得过了火候，喜欢吃很硬的鸡蛋的人。这种人性格内向，寡言少语，总是想隐藏保护自己，不爱与人交往，他人不会轻而易举地就走近、了解他们。要想认识这一类型的人需要花费很大的力气，慢慢来。这一类型的人，在外表上看起来给人的感觉很冷酷，没有同情心。一旦走近他们以后就会发现，他们的内心十分刚强，并不会随便地就被什么东西所感动。这类人见的世面很广，或许是见得太多，遭遇得也太多，所以才导致他们缺乏温情，没有人情味。

（3）吃煮得半生不熟的蛋的人。这种人性格孤僻，不喜欢与人交往，喜欢封闭自己，比较保守，冷眼看待周围的一切。不过，他们虽然外表上看起来很固执，但他们的内心脆弱，容易向别人妥协。他们的性情是热情而又温柔的，一点小小的事情，可能也会让他们感动不已，是个性情中人。

（4）法式煎蛋卷的人。这种人性格外向，热情大方，爱慕虚荣，处处想显示自己，比较有心计，是一种开朗而神秘型的人物，他们的外表也许很严肃很呆板，内心却与外表存在着很大的差距。他们总是能够隐藏一些秘密，然后吸引别人来探个究竟。对于所谓的秘密，他们会不费什么事就说出来，但在开始总是要故弄一下玄虚，以显示自己的与众不同之处。

（5）吃单面煎的鸡蛋。这一类型人的性格开朗、乐观对生活充满了积极向上的精神，富于幻想对未来有着无限的向往，并且抱着很大的信心，相信自己能够开创出一番事业来。同时，他们也会很努力地脚踏实地地去做一些事情。

（6）吃两面煎蛋的人。这种人性格开朗，是一个积极乐观的人，乐于与人交往，但是他们在为人处世方面要相对地谨慎小心得多，不会不加分析和思考就莽莽撞撞地去做某件事情。正是由于这一点，他们避免了许多麻烦和失望的产生，他们多能够很好地有计划地安排自己的生活，很会享受生活。

（7）吃煮荷包蛋的人。这种人性格内向，有点保守，做事相当有分寸，平时喜欢思考问题。待人谦恭有礼，不招摇，不惹是生非。行为举止彬彬有礼。但他们会经常被一些麻烦缠身，甩也甩不掉，不是他们制造麻烦，而是麻烦经常光顾他们。

（8）吃蛋白牛奶的人。蛋白牛奶酥是把蛋白打散，然后烤得又松又胀，而蛋黄则放在一边不用的人。这样的人爱慕虚荣，过于追求形式上的东西，喜欢在人前大肆张扬自己，虽然有比较漂亮的外表，很能吸引他人的目光。但是通过接触就会逐渐地发现，他们只是空长了一副皮囊，其实并没有什么内涵。

从饮食仪态看人

进餐的仪态，很容易就会暴露一个人的真正性情。

这样吃饭的人，你注意过吗?

1. 站着吃饭的人。这种人性情温和，比较随和，善于为他人着想，体贴别人，对朋友很有耐心，有一种为朋友而两肋插刀的气概。是一个难得的好人。

2. 边煮边吃的人。这种人性格外向，心地善良，凡事为别人着想，对自己要求不高，有执著精神，喜欢把别人的快乐当成自己的快乐，不爱招惹是非。

3. 边吃边看书的人。这种人性格内向，思维敏捷，追求新生活，有很强的时间观念，从不浪费时间，恨不得把一秒钟分成两秒钟来过。

4. 边走边吃的人。这种人性格外向，爱感情用事，兴趣广泛，没有时间观念，干什么事情凭借自己的一腔热血，从不和人计较一些小事。

5. 一边看电视一边吃的人。这种人性格内向，孤僻，不喜欢凑热闹。

6. 吃饭速度很快的人。这种人性格急躁，办事风风火火，有很强的时间观念。

7. 细嚼慢咽的人。这种人性格内向，沉稳，老成持重，不与人攀比，会享受生活。

8. 饭后带剩菜回家的人。这种人性格内向，很会理财，也喜欢节省，很会居家过日子。

9. 喜欢在餐厅吃饭的人。这种人性格外向，独立性差，不善于照顾自己，对任何事情不挑剔。但有主动性，喜欢别人主动和自己说话。

10. 喜欢在家里吃的人。这种人性格外向，自信，乐观，有点自私，喜欢一成不变的生活，善于在熟悉环境中寻求放松。

11. 定时进食的人。这种人性格外向，活泼大方，对自己要求很严，做事情有规律，与人交往也讲究分寸，是个极会享受生活的人。

12. 不吃早餐的人。这种人性格善变，追求自由的生活方式，干什么事情都是风风火火的，有时追求速度而不讲究效率。

13. 吃相不紧不慢，不慌不忙，不大嚼，不出声的人。这种人的性格温和，有一定的文化修养，成熟，凡事都能做到有条不紊，是一个懂得享受生活的人。

14. 有的人吃东西口味较重，食物一上桌，就乱加调味品，醋、酱、辣椒粉，都要沾一点。这样的人性格外向，喜欢冒险，不愿意平平淡淡生活，做事常常不会考虑太多，所以往往比较轻率。

15. 有的人一面进食，一面唠叨不停，好像在开座谈会，总有说不完的话。因为急于和人交谈，吃东西讲究的是速度，有时来不及将食物吞下肚。这类人性格比较性急，做什么事情都雷厉风行，立刻就办，还不拖泥带水，在与他人相处时，经常显得锋芒毕露。

从就餐方式看人

姑且不论餐桌礼仪，一个人的取食顺序，乃是其内心欲求和愿望的象征。不论是肉、面包、酒等，在下意识之中都会表现出您的欲望。在不顾及餐桌礼仪，依自己想吃的顺序来选择的情形下，可以看出一个人的性格。

1. 先吃面包的人。这种人有城府，欲望强烈，但颇有心计，不会直接地表现出自己的欲望，是会依一般常识来设想的人。多半是在严格的环境中成长，很有家庭观念。

2. 先吃肉的人。这种人脾气急，行动干脆利落，不会迟疑的人。所想的都不会违背现实，是很积极、充满活力的人，会直接地表达出心中所想的事。

3. 先吃沙拉的人。这种人性格内向，很有心计，把自己掩盖得很好，心中有很多未获得满足的欲望，但绝不在人前表露出来。不过，不管再如何不满足，也不会直截了当地表现出其愿望，是很慎重、很小心的人。而一旦时机来临，就会以一种讨人喜欢的方式来表达。

4. 先喝酒的人。这种人性格外向，富于冒险精神，很讨厌被限制在一定的框框内，追求的是变化、刺激和冒险。可是，一旦遇到困难，就会变得很歇斯底里。

据心理学家调查发现，约有80%以上的人在外面选择饭店就餐时，都是与他们的心理有关，而从一个人的就餐方式，最能发现一个人真实性格。

从选择饭店看人

选择在外面吃饭，是一个人日常生活中随时可以遇到的事情，心理学家和行为学家研究发现，从一个人选择什么样的饭店吃饭，可以显示其不同的性格来。

1. 选择立刻可食的面食店的人。这种人性格内向，谨小慎微，过分胆怯向新领域挑战的人，多是安全主义者，极为保守。

2. 选择汉堡店的人。这种人性格外向，对自己很有信心，属于安全主义者，在面对未知的领域时，会极力避免因陌生所带来的不快。

3. 选择便当店的人。这种人性格外向，很会享受生活，想要享受未知体验的意识很强，是富有弹性的、极力想熟悉环境的人。想积极地与当地的气氛融合。

4. 选择有商业午餐的咖啡厅的人。这种人性格外向，对生活抱有积极的态度。属于乐观主义者，对“自己”有着明确感，不论在任何环境中，都不会失去自己的步调，对新的领域，不但会采取积极的态度，而且会逐渐地使它成为自己的一部分。

5. 选择街头小吃的人。这种人性格外向，乐于和人交往，活得很实在，喜欢热闹，好奇心很强。

6. 到其他餐厅就餐的人。这种人性格内向，任性，保守，属于较时髦、见解较偏颇的人。这种人是受固定观念拘束的人，例如：吃东西应在这儿，而喝酒时又应在那儿。

对烹饪喜好的性格分析

说到吃，首先要有吃的东西，而这些又需要一个准备的过程。一个人在准备食物的时候持什么样的态度，往往会透露出他对生活的某种感受。准备食物并不是一件特别复杂的事情，但准备的方法和过程，可以看到一个人的性格特征。

1. 把烹饪当成一种艺术来享受，乐于自己动手的人。这一类型的人，性格外向，独立意识比较强，从来不企图依靠别人来达到自己的某种目的，同时他们对他人也缺乏足够的信任感。在他们的心里有非常强烈的靠自己的意识，不会轻易相信任何人。他们很满足于自己完成某件事情，并获得成功以后的那种成就感。他们不自卑，即使是陷在困境中，也对自己充满了自信，相信自己一定可以渡过难关。

2. 在烹饪时经常采取剁、揉的方法的人。这一类型的人性格外向，踏实肯干，有吃苦耐劳的精神。属于实干型的人，他们很实际，总是能够以非常积极和诚恳的态度来面对生活中的各种问题。他们的生活节奏快，有很多有意义的计划正在不断地实施。他们的生活态度也十分积极，一件事情，只要决定去做，就会全身心地投入，尽量把它做好。他们有可贵的积极探索的精神。

3. 按照有关烹饪的书籍做菜的人。这种人性格内向，活在自我的世界中，不与世人相争，生活中追求平谈，多少显得有些呆板，不灵活。凡事喜欢依据一定的法则，如果没有这一类指导性的东西，就会显得手足无措，他们习惯被人领导，而不可能领导别人。他们总是过分地追求各种细节，精确严谨，从来不会轻易放弃任何一件他们认为重要的事情即便自己做的事情没有多少价值也不在乎。他们对自己并没有多少自信心，不善于改变现状，墨守成规。随机应变能力比较差，遇到一些突发事件，常会惊惶失措，不知该怎么办才好。

4. 只是凭着自己的感觉进行烹饪，这一类型的人性格比较善变，常凭着一时的冲动感情用事，想象力丰富，感情细腻，极其敏感，向往自由自在的生活。不愿意受到他人的约束和限制，喜欢随心所欲地做自己想做的事情。他们极少向他人做出承诺，因为他们非常了解自己，知道自己根本无法兑现。他们的心地比较善良，并不想去伤害别人，可到最后还是会有许多人受到伤害，他们会为此感到难过，但并不改变自己什么，或许也是改变不了。

5. 打电话给美食专家的人。这一类型的人性格温和，比较有宽容性，能够虚心认真地接纳他人给自己提出的意见和建议，但只是接纳并不是全盘的接受，他们是有着自己独特的思维的，会充分考虑他人的意见和建议，但并不接受，而是在此基础之上，自己作出决定。

6. 爱做烤肉的人。这种人性格外向，待人热情大方，开朗活泼，乐于结交各行各业新的朋友，而且富有同情心，做事常不拘小节，随随便便，从不斤斤计较。得过且过就好，由于过于大意，才会制造一些不必要的麻烦，他们乐于向他人介绍自己，以更好地与别人相处。

7. 跟着电视上的烹饪节目自己动手的人。这一类型的人自主意识强烈，很有自信，争强好胜，不愿意让他人为自己作决定，他们喜欢把一切都变得简单和方便，他们很容易获得满足，在各方面从不横加挑剔，但对于一些事情还是有追求完美的心理倾向的。在大多时候，他们活得比较快乐，善于开导自己，有一种阿 Q 精神。

8. 喜欢美食烹饪的人。这种人性格外向，富有朝气，对前途充满信心。不甘于平庸和寂寞，他们总是要想方设法地使自己的生活中多些激情和色彩。他们有很好的创造力和想象力，并且总会给亲人和朋友制造一些意外的小惊喜。他们总是有着很高的目标和理想，并会为此而不断地追求。

杯中物反射出的性格

迷恋杯中物之人，有些并非纯粹是为了麻醉而买醉，他们有的还有其原则，有所喝有所不喝，绝非是来者不拒。这种对酒的态度，有所讲究和坚持的现象，道出了喝酒文化的人性问题。

从选择的酒类看人

一个人喜欢什么样的酒类，是与其性格有着密不可分的关系的。心理学家发现，从一个人所选择的酒类可以观其性格特征。

1. 选择白葡萄酒的人。这种人性格外向，感情炽烈，富于幻想，强烈追求梦想和理想。不过，需注意的是，不要过分强求，免得白忙一场。

2. 选择红葡萄酒的人。这种人性格外向，举止沉着、冷静，踏实肯干，具有从容不迫的性格，不轻易尝试冒险性的活动，做起事来格外谨慎小心。干劲十足。想到就做的此种人较不浪漫，乃是现实第一主义者。凡事都较顾及眼前。对金钱的执著心很强。

3. 选择罗塞葡萄酒的人。这种人性格内向，感情细腻，多愁善感，优柔寡断，心地善良，喜欢恋旧。

4. 选择香槟的人。这种人属于不满足于平凡事物的类型，总是追求豪华、高贵的事物，但也因此常过分勉强地去做某事，而落于失败。对异性的要求也很高，所以，终身不婚的可能性很大。

5. 选择啤酒的人。这种人颇具社交性，与任何人都谈得来，是服务精神旺盛的人。很喜欢去取悦他人，易获得他人的好感。

平常也许让人觉得有点冷漠，可是一旦有事，就会显示出体贴之心，因此，颇让对方感激。在金钱方面也是蛮乐天的，不会很在乎。

6. 选择烧酒的人。这种人性格外向，开朗善交际，喜欢结交朋友，社交广阔，待人和蔼，很有顺应力，只要是看得顺眼的人，就会打开心扉与之交往，即使涉及个人隐私也毫无保留地告诉对方。不论是工作或游乐，都很积极地参与，很有"青春活力"，在正作场合上，是个很好的"合作者"，颇受信赖。以自己的生活方式为一切价值判断的基准，且期望对方也采取这样的生活方式，这也可说是此种人的缺点吧。

7. 不喝酒的人。这种人性格内向，个性保守，温和含蓄，善于照顾他人，给人温暖安全的感觉，但不擅于表达自己内心的感受。比较敏感，感情脆弱，有洁癖，总顽固地把自己关在壳内，不愿听从他人的意见，也不轻易地表露出自己的真意。

从酒后醉态观人

一个人若能事先掌握住自己的酒癖，就可以更加理解自己是个什么样的人。为让他人理解自己，也有必要事先掌握自己的酒癖。

1. 喝了酒老是喜欢喋喋不休，“吃吃”地傻笑的人。这种人性格内向，平时沉默寡言、彬彬有礼的人，一旦喝了酒就喋喋不休，不时露出真感情的话，这种人平时的人际关系一定是处于紧张的状态中。

这种类型的人，一丝不苟，很有韧性，重视秩序，对于长辈必是采取毕恭毕敬的态度。对于女性也是很认真的，绝不会开玩笑，总之，是个“正经八百”的人。基本上，此种人的精神压力较多，所以，会借酒来发泄其精神压力。

但是，反过来说，这种人若不是借酒来发泄的话，压力就会积蓄在身体内。因此，当知道喝了酒就有喋喋不休的毛病时，就尽量地放松自己，让自己的压力能够化解。

2. 猛敲猛打，到处活动，动作很大的人。这种人性格刚烈，反抗心很强，有强烈的欲求不满或强烈的自卑感。此种人不喜欢配合他人来行动，若硬要他们配合他人来行动，就会出现挫折感，而他们就会借酒来发泄此种挫折感，例如摔杯子、摔椅子等等。他常会做出让周围人吃惊的事，需特别注意。

3. 沉默不言的人。这种人性格外向，平时很活泼、很具行动力，受大家信赖的人物，一旦喝了酒，反会很安静、很沉默的话，表示其强烈地想排除自己的判断，才会有这样的行动。在其心底深处，有着“现在我觉得一切还算顺遂，但如果我就任此下去的话，难道就不会出问题？以后的情况我也许无法把握得住”的不安，而其心中的迷惘就会借酒发泄出来。

4. 醉了就会哭的人。这种人性格内向，感情炽烈，待人接物放不开，常常压抑自己。既是个热情家，也是个浪漫主义者。具有强烈的自我控制力，过分压抑自己强烈的感情。

5. 喝了酒爱唱歌的人。这种人性格开朗活泼，自信，很有活力，极富冒险精神，随和。既有社交性又喜欢照顾人，是把工作和私生活划分得很清楚的人。此种人很有发展前途，很值得信赖且不惧失败。是会把自己的技术和个性发挥在工作上的人。但如果是属于在卡拉 OK 里拿到麦克风就不交给他人的类型的话，就另当别论了，这种人多是有着精神压力的“任性中年人”。

6. 喝了酒喜欢跟人吵架的人。这种人性格外向，刚直，嫉恶如仇，有情有义，爱打抱不平，乐于交各种朋友，喜欢帮助弱者。可以说是个具有强韧行动力的热血汉子型人物。

7. 喝了酒呼呼大睡的人。这种人性格内向、意志薄弱，心思比较缜密，优柔寡断，待人接物很放不开，没有主心骨，依赖性强，没有创新的激情。可能是因为白天把太多精力花在注意周围的缘故吧。

8. 喝酒时老劝他人的人。这种人性格外向，善于交际，虚荣心强，希望对方和自己是相等的，属于保守且防卫本能强的类型。若是热心地劝异性（尤其是女性）喝酒，则是对异性有强烈的憧憬和具有支配欲的人。

9. 喝酒时不断喊“干杯”的人，这种人性情冷漠，颇有心计，十分注意自身的仪表。听他的口令好像很懂事，其实很固执，看起来很和蔼可亲，其实性格很冷淡的人物多有此种酒癖。

10. 喝得再多也跟平时一样的人。这种人性格内向，很有城府，谨慎认真，不太爱暴露出自己的缺点，因而有比他人强一倍的警戒心。总之，可以确定的是，此种人皆具有“小心翼翼”的性格。

11. 喝到可能醉酒时就不喝了的人。这种人性格随和，心地善良，待人真诚，为人处世极有分寸，很会处理各种人际关系。他们喝酒绝不是为了一解口瘾，而是借着喝酒营造很愉快的气氛，这种类型的人富于协调心，在团体中最擅长赢得众人的协助。

12. 有特殊酒癖的人。这种人性格具有双重性有时过于内向，有时又过于外向，有着很独特的性格。

握杯方式的性格差异

有关专家测验发现，从一个人握杯子的习惯可以看出各种不同的行为方式，从中可以了解一个人的性格。

1. 手持玻璃杯上方的人。这种人不拘小节、乐天而大方的人。嗓门很大，喜欢边喝酒边谈天。现在正处于舒畅的状态中。

2. 手持玻璃杯中央的人。这种人能很快地适应不同的环境，属于安全型人物，待人亲切。不会拒绝他人的请求，是个好好先生。有时心里虽不乐意，表面上仍会和颜悦色。

3. 手持玻璃杯下方的人。这种人性格较内向，心思细密，很在意小节。由于颇介意他人的想法，因而显得有点内向。特别是，小指伸向外侧的人相当神经质。一般说来情绪善变，一旦不高兴，马上就会表现在脸上和动作上。此种人对自己过分自信。

4. 两手持杯的人。这种人性格内向，害羞，很少与人交往，孤僻，不善言辞，多为寂寞孤独的人。虽然也想与人快乐地交谈，打闹成一片，但总是难以办到。然而此种人“亲和的欲求”是很强的，有着强烈的与人接触的愿望，对异性的关心度也很强。

5. 喝酒时会摇杯子的人。这种人性格外向，活泼大方，乐于接受各种新鲜事物，喜欢动，不喜欢安静。有多方面的兴趣，容易见异思迁，不喜欢在一家店、一张椅子上从头喝到结束。

6. 一面拿杯子一面抽烟的人。这种人很有个性，自尊心强，极富于创新精神，对自己充满信心，在富有个性化的工作上，可施展自己的实力。可是，在人际关系上是很不顺利的，可说是独来独往型的人。

7. 紧握住杯耳的人。这种人自我主张稍强，个性过于张扬，凡事爱赶在别人面前，喜欢引人注目，是个我行我素的人。

8. 小指扬起的人。这种人性格内向，感情脆弱，有点神经质，是个拘泥小节，对周围人吝啬的人。

9. 握杯时感觉像在抓某东西的人。这种人性格外向，思维敏捷，为人坦诚，爱助人为乐，非常活泼大方，能说会道，是个八面玲珑的人。但有时不免流于“轻浮”。

10. 用小指、拇指或者是用两者来支撑杯子的人。这种人是具有艺术家气质的幻想家，然而常因不理会周围的意见而频频吃亏。

破解瘾君子的性格绝招

一提到抽烟，人们首先会想到男人。以为抽烟是男人的专利，其实，随着现代生活节奏的加快，人们的工作压力越来越大。抽烟也成为女人的一种消遣方式。研究发现，不同的人对香烟所持的不同看法，也是人性格特征的一种外露。从一个人的抽烟方式，能看出其性格来。

1. 喜欢抽低焦油含量的烟的人。这种人明明知道吸烟的害处，想把烟戒掉，但又控制不住自己被之吸引，所以选择低焦油含量。这样既减少了吸烟对身体健康的危害程度，同时也使自己获得了满足。这种人性格偏向内向，没有主见，虚荣心强，好面子。缺乏必要的果断力，凡事不能雷厉风行地做出决定，优柔寡断，总是想着要几者兼顾，不轻易地放弃什么，多打算采用居中的办法使事情得以解决。意志和信念不坚定，在遇到挫折和磨难的时候，总能为自己找到许多理由和借口寻一条退路。

2. 喜欢无过滤嘴香烟的人多诚实可信。这种人性格比较外向，有城府，坦坦荡荡，有同情心，有生活原则。为人处世比较脚踏实地，人格魅力很突出。他们是很现实的人，不会把时间和精力花费在一些没有意义的事情上面。他们会以一种非常积极和乐观的精神为自己寻找创造快乐，然后享受。对于某件事不尽如人意的结果，他们也会感到深深的懊恼，事后却不加改变。

3. 自己卷烟抽的人。这种人性格保守，凡事都追求完善性，对生活充满信心，很有自信，这样的人多有耐性，但很固执，并不会轻易地接受他人的建议和忠告。即使是自己有错，很多时候也会坚持己见。

4. 搜集香烟的人。这种人不一定是为了抽，只是为了获取一种心理上的安慰的人。这样的人性格多是双重性的，他们对很多事物都是一方面具有非常强烈的想拥有的欲望，但另外一方面，理智又压抑着这种欲望的膨胀，结果使之陷入到非常痛苦的境地当中。

5. 用烟嘴抽烟的人。这种人的性格中有非常强烈的表现欲望和虚荣心，但这种人缺乏一定的安全感，所以要与他人保持一定的距离才会觉得比较自在。这样的人也没有十足的自信心，他们在很多时候会故意营造出一种假象，使自己看起来成熟老练一些，以混淆视听。

6. 没有在国外生活的历史，却对外国烟情有独钟的人。这一类型的人性格外向，热情奔放，虚荣心强，喜欢自我标榜，吹毛求疵，表现欲望和虚荣心比较强，爱出风头以吸引别人的目光。他们会在各个方面不断地严格要求自己，以达到无懈可击的完美程度。

第二篇

SHUN JIAN
ZHANGKONGRENXIN

应用篇

第十一章　识人方法的精华概括

通过具体细节的掌握可以观察到人心，在具体的生活中，有人对综合运用识人方法进行了总结。他们形成了具体的方法，如引蛇出洞、抛砖引玉。在观察、认识别人时，不要把自己放在被动的位置上，也要学会主动出击。

从手观人的秘诀

手是人的重要器官。人之所以脱离动物界而成为人类，手的作用不容忽视。因此人们对手的观察也非常仔细。

从手的光滑度、手的大小看人

手上有许多一般人没有注意到的秘密，比如手的光滑度，手的大小，都能看出一个人的性格来。

1. 手很柔软的人。这种人性格明朗，乐观大方，喜欢交际，富有同情心，他们的朋友很多。

2. 手硬的人。这种人性格内向，能吃苦，不爱抱怨。感受性迟钝，适合劳动工作，靠体力做事。

3. 手硬而薄的人。这种人比较保守，生性多疑，生命力弱，感受性迟钝，劳苦多，过着劳碌的人生，但并不以为苦，是任劳任怨的类型。

4. 手的肌肤细腻的人。这种人性格多疑，感情丰富，比较敏感，感受性比一般人强，具善感神经质。

5. 手的肌肤粗糙的人。这种人忠厚老实，不爱与人计较，能吃苦，感受性迟钝，不在意周围人的看法或者议论。

6. 手的肌肤普通的人。这种人性格随和，有同情心，乐于助人，开朗活泼，勤劳能干。

7. 手粗糙干瘪的人。这种人性格木讷，比较固执，不善言辞。没有自信。

8. 大手的人。与身体相比，手比较大。这种人一般属于细腻、慎重、小心、气度小的性格。他们的想法与行动周密，富有理性。

9. 小手的人。与身体相比，手比较小，这种人性格外向，比较粗心，直觉力敏锐、喜欢冲动，行动大胆，是有个性的人。

最直接的性格表露——握手

握手虽然是个简单的动作，但在握手的一瞬间，识人高手便看出对方具有什么性格，可以了解对方那种微妙的心理活动。

1. 使劲握手的人。这种人比较自信，主动性很强，而且充满了信心。能说会道，善于交际，凡事以自我为中心，有较强的自我显现欲。

2. 握手时，软弱无力，表现出完全被动的姿态的人。这种人性格内向，没有主见，依赖性强，缺乏坚强的个性，遇事可能优柔寡断。绵软地和别人握手，遇事总是让人三分。

3. 过分殷勤地同对方握手。这种人性格外向，争强好胜，处处占上风，办事目的性很强，会奉承巴结人。如果用谦卑的神情一再同对方握手，表明这个人怀有某种目的，因为握手不过是一种礼节性接触，过分看重这种接触，可能是有弦外之音了。

4. 用右手拉住对方的一只手，再把左手握在上面。这种人性格外向，热情大方，有爱心，喜欢交际，乐于与人交朋友，人缘好，能很好地同周围人相处。

5. 用力握手是一种显示力量的表现。见面时用力握住对方手的人。性格外向，爽快，有自信，办事讲究效率，但有时容易急躁。

6. 握手时，手心出汗的人。这种人大多数属神经类型，情绪容易激动，内心不易平衡，比较敏感。

7. 握手时手指头软弱无力，手也握得不紧的人。这种人性格内向，保守，对自己缺乏自信，依赖性强，没有主见，过于悲观，做事情爱犹豫不决。

8. 握手猛烈，握时用劲，活像一把虎钳，非等对方有畏缩或表示激动之意时，才肯罢手的人。这种人比较自信，爱出风头，争强好胜，喜欢以体力标榜自己。

9. 踌躇的人无法决定自己要不要跟人家握手。当对方断定他不会握手时，而把手缩进口袋里时，他又突然把手伸出来，等对方伸手过去。这种人性格优柔寡断，没有主见，对自己没有信心，比较保守，不善言辞，凡事都可能踌躇不定，缺乏判断力的人。

10. 握手时手臂不但伸长，肘的弯度呈直角，手背贴近身子的人。这种人性格谨慎，比较保守，感情丰富，生性多疑，不相信任何人。

主动识人

有的时候，我们很难察觉他人的心思，因为人们都越来越善于伪装自己，越来越提防他人，就越不容易被看透。如果我们想了解的人始终没有行为表现，我们也不能永无止境地等待，这就需要我们积极地采取主动，先下手为强，诱使对方有所行动，进而察觉他的内心。

某公司职员小李察觉老板近来似乎对他有些不满和起疑，但又无法确定老板的真实心意，于是故意散布谣言，毁坏老板身边一个亲信的名誉。这个亲信听到小李诽谤的话，勃然大怒地对周围的人说："哼！小李还有心说别人的闲话？老板早就对他不满了，他自身难保了……"由此，小李探知了老板的真意。

尽管试探别人想法的技巧很多，但都是在用某些设计好的圈套、事件来侦察他人，基本思路就是向被测者输入一定信息，并想好各种控制方法，观察对方得到这样的信息的反应，进而进行评价。有的公司在招聘人才的过程中，有时会把纸屑或图钉等小物件放在某个地方，看有没有应聘者能发觉并正确处理，这样来选拔人才。他们认为小细节能反映出一个人的道德品质和业务能力，这就是一种常用的试探技巧。

更多的时候，在主动出击探测别人想法时，实际情况往往会很复杂，因此，在使用时，构思缜密的试探方法是非常重要的，还要因人而异，才能做到全面客观。

哪些识人招数很有效？战国时期的齐国，有一位宰相叫田婴，在乱世中能够经历三代王室，没有卷进王位争夺的旋涡，还能身居高职达十余年之久，这与他善于解析人心是密不可分的。当年，齐国王后去世后，后宫有十位齐王宠妃，其中只有一位能继任，但齐王对究竟是哪一位并不表态。

田婴想，如果能确认哪一位是齐王最宠爱的妃子，然后加以推荐定能博取齐王欢心，对他更加信任，还能让新王妃对他另眼相看。可是，万一弄错的话，事情可能会搞砸。他苦想很久，终于想到个好办法。于是，田婴命人赶紧打造十副耳环，而其中一副要做得特别精巧美丽。然后把十副耳环献给了齐王，齐王分别赏赐给了十位宠妃。不久，田婴看到宠妃中有一位戴着那副特别漂亮的耳环。果不其然，新继位的王后，就是田婴推断出的那位妃子。

我们读了这样的故事，都不禁要佩服田婴的才智。事实上，并不是所有的识人招数都需要那么高超的智慧。在日常生活中，有很多识人招数不复杂，实用而且有效。最简单的就是直截了当地询问，从他对事情的了解程度来判断。当然，如果你的问题提得过于直接或者涉及对方的隐私，会变成追根究底，像在逼问，对方就会对你不信任，不会对你坦白直言。所以，要拿捏好你的问题。另外，让不相干的人从侧面探寻，观察他的反应。还可以把秘密泄露给他；将经济重任托付给他；以艰难的工作试探；用美色、烟、酒、谎言、知道装不知道等方法探测，这些都不失为好方法。

读人从培养洞察力开始，让我们从观察入手，学会识人。

每个人都是一个独立的个体，每个人都有自己不同的先天禀赋和人生经历，个性的不同导致每个人处世的方式大有不同，更不能用同一种个性标准来要求所有的人。因此，尊重他人的性格特征是人际交往中最起码的准则。只有学会了尊重他人，才能激发了解他人的热情，才谈得上学会与不同个性的人进行交往。当我们认识到人的性格千差万别时，才能学会在人与人的交往过程中采用多种多样的方法与手段。

掌握准确的观察人的方法，亦可以使你把握好人际间的微妙关系，从而在芸芸众生中脱颖而出，成为社交中的焦点人物。在培养观察人的方法时，对形形色色的人都加以留心，找出每个人的性格特点。必要的话，还可以用做笔记的方式加以记录，这对收集和整理所观察到的事实是极重要和有益的，也是促进准确观察的一个宝贵的方法。收集到一定数量的时候，你会惊奇发现，不同的人之间又存在着许多共同之处，比如同样热情、同样细腻等，这是“人以群分”的出发点，也是你以后可以迅速判断一个人性格的资本。这时，也许你会感慨，看来看去人就只有那么几类，但此时你绝对还没有抓住人的各种本质。只有当学会了“人以群分”之后，再细致深入地分析，你才会有新的发现，就算是同一类人，往往性格又会有各种各样的特点。比如，同样是想干事业的人，终日干劲十足，一心扑在事业之上，有的人事情繁多，却能把每件事情都安排得井然有序，取得了卓越的成就，而有的人看上去忙忙碌碌，却只是瞎闯，甚至是装忙，根本就没有什么成果可言。所以说，只有在现实生活中不断地收集和分析，才能不断地提高你观察人的能力。

大侦探福尔摩斯破案的故事，已广为流传，脍炙人口。形形色色、离奇古怪的复杂疑案，一经福尔摩斯的侦察分析，蛛丝马迹毕露，真相大白。在作家柯南·道尔的笔下，福尔摩斯完全是一个学识渊博、观察力非凡的人。

有一次，福尔摩斯同他的助手华生同时鉴别一块刚刚得到的怀表。华生的鉴别仅仅停留在怀表的指针、刻度的设计和造型上，没有发现一丝线索。而福尔摩斯凭借手中的放大镜，看到了表壳背面的两个字母、四个数字和钥匙孔周围布满的上千条错乱的划痕。经过周密的思考，福尔摩斯认为：那两个字母表示主人的姓氏；四个数字是伦敦的当铺的当票号码。表明怀表的主人常常穷困潦倒；而钥匙孔周围布满的上千条错综的划痕，则说明怀表的主人在把钥匙插进孔去给表上弦的时候手腕总是在颤抖，因而这个人多半是个嗜酒成性的醉汉……

福尔摩斯在破案过程中，没有顾及这只怀表的新旧程度和价值，而是紧紧抓住那些与案件有本质联系的细节，进行深入细致的观察。观察是一种有目的、有计划、有步骤的知觉，它是通过眼睛看、耳朵听、鼻子闻、嘴巴尝、手摸等有目的地认识周围事物的心理过程。在这当中，视觉起着重要的作用，有90%的外界信息是通过视觉这个渠道进入人脑的。因此，也可以把“观察”理解为“观看”与“考察”。

一个人的观察能力与他的知识、经验以及职业兴趣有着密切关系。对于同一块怀表，福尔摩斯之所以能够比华生看到得更多，理解得更深，一下子就能抓住那些不太明显，然而却是本质的特征，正是因为他们有着不同的知识和经验。

人的观察能力是可以培养的，那么怎样培养自己的观察能力呢？

1. 要有明确的观察任务。在确定任务的时候，可以把总任务分解为一系列细小的和逐步解决的任务。这样可以避免知觉的偶然性和自发性，提高观察的积极主动性。

2. 观察的成功与否主要依赖是否具备一定的知识、经验和技能。俗话说：“谁知道得最多，谁就看得最多。”一位富有学识的考古学家，能够在一片残缺不全的乌龟壳（甲骨）上，发现不少重要而有趣的东西，而一个门外汉，却一无所得。

3. 观察应当有顺序、有系统地进行，这样才能看到事物各个部分之间的联系、关系，而不至于遗漏某些重要的特征。

4. 要设法使更多的感觉器官参与认识事物的活动。这样一来，不仅可以获得事物各方面的感性知识，而且所得到的印象也是深刻的。

第五，观察时应当作好记录。这不仅对于收集和整理所观察到的事实是十分必要和有益的，而且也是促进准确观察的宝贵方法。

我们在生活中每天都需要与人进行交流，掌握准确地观察人的方法，就可以进一步把握好人际交往中的微妙关系，从而在芸芸众生中脱颖而出，成为人际交往中的焦点人物。

“不识庐山真面目，只缘身在此山中。”只有跳出感情的圈子，摆脱利益的束缚，心平气和地观察和了解一个人，才会有更清楚的认识。

识人方法的精华

1. 请君入瓮

怎样“请君入瓮”，“请君入瓮”是很经典的策略，是用某人整治别人的办法来整治他自己。唐朝武则天时期就有这样的典故。

武则天为了维持统治，采用严刑峻法，消除异己。她的两名大臣周兴和来俊臣是当时有名的酷吏。后来，周兴被人密告谋反，武则天便派来俊臣去审理。来俊臣和周兴平时关系不错，感到很棘手，心生一计。他故意请来周兴，装出满脸愁容的样子对周兴说：“唉！最近审问犯人老是没有结果，请教老兄，不知可有什么新绝招？”周兴很得意地说：“我最近才发明出一种新方法，不怕犯人不招。就是用一个大瓮，四周堆满烧红的炭火，再把犯人放进去。再顽固不化的人，也受不了这个滋味。”来俊臣听了，便吩咐手下人抬来一个大瓮，照着周兴所说的方法，用炭火把大瓮烧得通红。来俊臣突然站起来，把脸一沉，对周兴说：“有人告你谋反，我来审问你，如果你不老老实实供认的话，那我只好请你进这个大瓮了！”周兴听了惊恐失色，知道自己在劫难逃，只好俯首认罪。

平时，我们也会遇到这种情况，我们已经识破了对方的诡计，但还是担心对方睁眼说瞎话，不承认，这就需要你挖一个陷阱，要让对方心甘情愿地跳进你的陷阱里。

2. 引蛇出洞

如何引蛇出洞？引蛇出洞策略的具体措施很多，大凡卖个破绽、诱敌深入、示敌以弱、将欲取之必先予之等，都属于引蛇出洞的策略。这种策略在实际应用中十分奏效，一般用在找出为非作歹的人，引诱坏人进行活动使之暴露等。《红楼梦》里就有这样的例子，贾瑞不自掂量，想勾搭王熙凤。凤姐内心恼怒，表面故意迎合，约他深夜候于某处，再派贾蓉等前去惩戒。贾瑞从此一病不起。

在识人阅人之时，可以应用引蛇出洞这一招。你需要先盘算好对方的反应，事先设下一个套路，让对方按照你的逻辑思维去办事，最终达到你的目的。《左传》名篇《郑伯克段于鄢》描写了这一策略的经典运用。郑伯怀疑他的弟弟想取代他的位置，就想办法探测他的弟弟是否有狼子野心。郑伯就稍稍增加其弟弟的实力，故意怂恿他的野心。自己则表面上装作懦弱可欺，暗地里厉兵秣马、蓄势待发。他的弟弟看到这种情况，起兵造反。郑伯正好一举扑灭，他不仅探出了他弟弟的野心，还名正言顺地将其消灭。

生活中，我们也可以用这样的方法看看我们身边有没有“坏心眼”的人。如果你想知道他是不是斤斤计较的人，就可以拜托他帮你买东西或者一起共同分担租房、买东西的钱，看他是不是会向你如实报价。若你发现他喜欢贪小便宜的话，以后最好不要和他有经济上的纠葛，更不要共同创业。还有最简捷的方式就是你可以用语言直接试探。你可以向他提起一些不择手段的成功者，看他是不是对那些人眼中露出羡慕之色，津津乐道其手段果断和残忍。如果他是这样的人，你可以初步判断他是一个阴谋家。在必要时，他就会不顾及你们的友谊，一脚把你踩在脚下。

有这样一个故事：

某人家里来了客人，其父亲叫他去附近小店买一瓶茅台酒。待酒买回之后，发现是假货。父亲将假酒揣在怀中，去了小店，让店主拿过一瓶茅台酒来。父亲持酒仔细审视并自语道："唉，这年头假茅台太多了，不知你这……"店主抢过话头："你放心，我这里绝对全是真货！"

父亲仍叹道："前几天，我在市中心一家店铺买了一瓶，店主还不是打包票说绝对不假，谁知一打开来——是一元钱半公斤的高粱酒！"店主道："你去找他呀！"父亲哭丧着脸说："已经过了好几天才开瓶发觉的，他还会认账吗？"店主惋惜道："你当时发觉就好了，他敢不认账！"父亲认真请教："要是当时发觉了，他还是不认账咋办？"店主指教说："找工商局去呀！人赃俱获，他能不怕吗？"

父亲见时机已到，向躲在一旁的儿子一招手，而后从怀中摸出那假酒来："那好！请你看该咋办吧？"店主一下傻了眼："实在……对……对不起，对不起！我退款，我退款！"

这就是"引蛇出洞"之法。有时掌握了足以制服对手的有力证据，但却因时机不成熟或环境不适宜而不便抛出。为了能够抛出证据，必须采取一些措施，引诱对手进入自己所需的时机或环境之中，然后将其一举击溃。

3．抛砖引玉，多听少说

鬼谷子说过，正如对事物的考察要经历从今到古、从古回今的过程，对人的试探也要经过多次反复的考察，好比投石问路，不断地收集对方的信息，观察他的反应，特别是要诱导对方多多说话，让他情不自禁地说出真情。也可以你先开口说几句简单的话，静听对方的反应。如果对方已进入角色，就随时诘问他，让他打开心扉。说话时最好能引述各种实例，给人以具体的形象，以刺激对方的发言欲望。

别人讲话是处于动态，自己倾听是处于静态。以静待动，以安待哗，对方的气势莫不衰竭，对方的实情莫不透露。以无形的技巧钓有声的语言，如果他所说又与事实相符，那么其人的真情毕至。如果一个人对此道熟谙深察，那么他就掌握了打开人心的钥匙。

乔·库尔曼是著名美国金牌寿险推销员，是第一位连任三届美国百万圆桌俱乐部主席的推销员。他成功的秘诀之一就是擅长抛砖引玉性地提问。如客户说，“你们这个产品的价格太贵了”。他会说“为什么这样说呢?”“还有呢?”“然后呢?”“除此之外呢?”提问之后马上闭嘴，然后让客户说。“客户说得越多他越喜欢你”。这是每个销售人都应该记住的名句。通常客户一开始说出的理由不是真正的理由，抛砖引玉性提问的好处在于你可以挖掘出更多的潜在信息，更加全面地作出正确的判断。通常当你说出“除此之外”的最后一个提问之后，客户都会沉思一会儿，谨慎地思考之后，说出他为什么要拒绝或购买的真正原因。

在社交活动中，想要掌握主动权，就要学会抛砖引玉、投石问路，这样才能尽可能多地了解对方的情况，了解他的最小极限值是什么，并对其需要做出相应的回答，也只有这样才不会使自己处于劣势。

在商业谈判中，当对对方的商业习惯或真实意图不大了解时，通过巧妙地向对方提大量问题，并引导对方做出全面的正面回答，然后得到一些不易获得的资料。关键的地方在于：不陈述自己的观点，让他们多说，从而来摸索、了解对方的意图以及某些实际情况。

有位做服装生意的个体户，当他预测到某一新款式的西装将有很大的销售前景时，便决定购进 400 件。因此，他便展开了与卖主谈判的较量。为了了解从卖主处批发这批服装的极限价，也就是服装的最低价格。他要求卖主分别对购买 40 件、400 件、4000 件乃至 4 万件报价。卖主把价单送来后，眼光敏锐的他立即从中获得了许多有用的信息。由于卖主一般不愿失去此次卖出 400 件乃至多十倍百倍的大笔生意，因而在报价中它的价格会作相应的下降。

从这种下降趋势之中，他十分容易地就了解到西服的最低价（最小极限值）。在这种知己知彼的情况下，这位个体户以最合理的价格做成了这笔西装交易。

但是，常拿“钓人之网”套人语言，对方终究会发现自己的上当而不再应答，这时，就要以诚挚的语言感动他，作为对他袒露心迹的报答。如果对方的感情随之而动，就加紧引导和控制。自己不断地追问，对方不断地应答，言语具体又能推理，那么大事可定。如此反复，一切事情都可游说。高明的人以此诱导无论是智者还是愚者，都能得到真情实事。

那么。该怎么抛出我们的“砖”呢？什么样的砖才能引来玉呢？

当你与一位刚刚认识或不知底细的人交谈时，避免冷场的最佳方法是不停地变换话题，你可以用提出一些问题的方法进行“试探”。一个话题谈不下去时，就换到另一个话题，你也可以接过话头，谈谈你最近读过的一篇有趣的文章，或说说你刚刚看过的一部精彩的电影，也可以描述一件你正在做的事情或者正在思考的问题。如果谈话出现短暂停顿，不要着急，不必无话找话谈，沉默片刻也无妨。谈话是交流，可以涓涓细流，不必像赛跑那样拼命地冲到终点。

很多时候，一句恰到好处的提问就够了，而许多难忘的谈话也都是由一个问题开始的。

在一个谈论自己成功之道的宴会上，众多成功的企业家无暇出席。小王的老板由于有重要事情要办，便让公司职位最高的小王代表自己来参加这次宴会。小王本打算露露脸过去就行了，可是，来到晚宴现场，发现全场只有六桌，自己还被拉到主桌，坐在小王旁边的是一个大富翁。当晚，小王觉得很难熬。可是，他只说了一句话，那位富翁整晚就滔滔不绝。

小王只是问：“早就听说您公司的大名了，请教您的生意是怎样成功的？”于是，那位大富翁便滔滔不绝地讲起他从年轻到今天的奋斗过程。

由此看来，提问的方法是非常有效的。不必配合不同的环境去找不同的话题，只要你记住“请教”这两个字，就可以马上让对方打开话匣子。

另外，在提问的时候，可以把对方下意识的动作当成打开沉默的话题，这也不失为一个好的办法。假如对方只是一味抽烟，你发现他熄火柴时有某种习惯，就立刻问他：“你熄火柴的动作很有趣，轻轻一弹就熄了。”看到对方的咖啡里加两勺半的砂糖，你也可发问：“对不起，为什么你非要放两勺半砂糖不可……”通常面对这类问话，人们都会热心地回答，说不定还会唤起对方滔滔不绝的回忆呢。对较内向、看来羞怯的人，不妨多发问，帮助他把话题延续下去。

4. 投其所好观察人

了解一个人，从侧面观察是很好的方法。除了前面教你的识人之术，你还可以看看他交往的朋友，借以了解他的为人。如果他的朋友都是正直的、善良的，那这个人也不会坏到哪里去的。如果这个人交往的都是白领、老板等，那这个人的经济实力也不会差的。

大致了解了一个人之后，你就要顺着对方的心意，做到投其所好，真诚地赞美对方的长处，使对方心情愉悦，拉近双方的距离，消除隔阂，然后再一步步地将自己的想法和盘托出，这样，就会用话语巧妙地引领对方一层层地听清你要说的话，对方也会心甘情愿答应你的请求。

比如，一个人给你看了他小孩的相片，那么一定要夸小孩。如果你无声地放回去，别人一定会不高兴。一个人升官了，第二天见到他，一定要用大官的称呼去叫他，用大官的职权去恭维他，以及压低自己同别人做比较，扮演一个捧人的角色；记住对方特别的日子，或是特别的事情，在关键的时候提出来，给对方以惊喜，了解别人的兴趣与爱好……这样，你在求人办事时，才不会遭到拒绝。

在交际过程中，能否抓住对方的软肋，是很重要的。一旦你知道了对方的底线，再以正确的方法进行处理，那么胜算肯定是在你这边的。

于华在一家公司工作三年了，在公司他以出色的应变能力得到了上司的赏识。一次，公司派他作为谈判代表与一家外企谈判一笔电子产品的合作合同。谈判进行得非常艰苦，在技术授权和资金方面双方存在很大的分歧。在预定的谈判期限的最后一天，于华认为自己所做的已经达到了双赢的目的，但是，外企的谈判人员得寸进尺，一再地用自己的技术优势给于华一方施加压力。

这时候的于华清楚对方并不是不满意自己先前开出的条件，而是在争取更多的利益，自己绝不能再给对方机会了。所以，于华淡定地对对方的谈判代表说："我们的诚意已经给贵公司看到了，如果贵公司觉得这笔生意不合适的话，可以寻找另外的合作伙伴。至于新的合作伙伴能不能作出我们这样的承诺，我想大家都应该很清楚了。"对方的谈判代表仍然想给于华一个下马威："那好，于先生，既然这样，我们也不必多谈了，我们先离开了。"

于华始终面带微笑，没有露出半点异色，外资谈判代表将要拉门离开的时候，发现于华没有挽留的意思，却又转身回来，缓和了语气："于先生。我想我们还是应该再谈谈。毕竟我们已经不是第一次合作了。"结果可想而知，于华已经看到了对方的底线，所以以不变应万变，为公司争得了一笔大生意。

关键时刻，一定要冷静地分析对方的思想，而淡定往往会成为你胜出的关键。所以面对强大的对手，自己一定要稳住，不能让对方识破自己的底线，这样才能掌握主动权。

5. 以退为进

精明的谈判者都会不择手段地揣摩对方的真实意图，摸清了底牌，就掌握了谈判的主动权，这时再以什么方式取胜，便是技术问题了。暂时离开谈判桌，也就是说，以退要挟达到进的目的，就是常用的一种。

有一年，在比利时某画廊发生了这样一件事：

美国画商看中了印度人带来的三幅画，标价为250美元。画商不愿出此价格，于是便展开了一场唇枪舌剑的争论，谁也不肯退缩。谈判进入了僵局。那位印度人恼火了，怒气冲冲地当着美国人的面把其中一幅画烧了，美国人看到这么好的画烧了，当然感到十分可惜。他问印度人剩下的两幅画愿卖多少钱，回答还是250美元。美国画商见毫不松口，又拒绝了这个价格，这位印度人把心一横，又烧掉了其中一幅画。美国画商只好乞求他千万别再烧最后这一幅画了。当他再次询问这位印度人愿卖多少钱时，卖者说道："最后一幅画能与三幅画是一样的价钱吗?"最后，这位印度人手中的最后一幅画竟然以600美元的价格成功拍板成交。

当时，其他画的价格都在100美元到150美元之间。而印度人这幅画价却能卖到如此之高，其中的原因何在？首先，他烧掉两幅画以吸引那位美国人，便是采用了"以退为进"的战略，因为他"有恃无恐"，知道自己出售的三幅画都是出自名家之手。烧掉了两幅，剩下了最后一幅画，正应了"物以稀为贵"。同时，印度人还了解到这个美国人喜欢收藏古董名画，只要他爱上这幅画，就绝对不会轻易放弃，宁肯出高价也一定要买走珍藏。聪明的印度人施展这招果然很灵，一笔成功的生意唾手而得。

在商谈中，卖方很想出售自己的商品，而买方则会提出种种借口，以图达到最高利益，这个时候，以退为进的战略便会大奏奇效。

当然，要想利用好这种策略，就必须要拥有一定的后盾，把握好分寸。"不打无准备之仗。"心中没有十分的把握而轻易使用此计，难免弄巧成拙。如果那位印度人不了解美国人喜爱古董的习惯，不能肯定他一定会买下那最后一幅画而去烧掉前两幅。如果最后美国人没有买那幅画，印度人可就是"赔了夫人又折兵——后悔莫及"了。

社交场合中，不要以为谈判就非得谈不可，其实，有时候离开谈判桌，并不是你不想做成这笔交易，而是成交的有效手段，交易筹码通常只多不少。所以，谈判时，别忘了随时准备离开谈判桌，而且要说到做到。当你再度回到谈判桌上时，行情往往看涨。

当然，这需要一定的技巧，要根据当时的实际情况具体对待，而且一个人的应变能力是以人生经验为基础的，经过多次实践，必然会变得老练聪明。与此同时，应变能力也反映着一个人的机智和修养。这方面功底深厚的人才有可能在情况发生变化时化险为夷，化拙为巧，使自己摆脱不利的境地，并在交际中取得良好的效果。

读人的十大忌讳

在读懂人心的过程中，我们还要尽量避免一些忌讳，这样，我们才能更准确和真实地了解他人。

1. 切忌“先入为主”

我们与不相识的人初次见面时，对方首先给我们留下印象的一般总是外貌。外貌（包括长相如何、风度怎样等等）似乎决定着第一印象的好坏。

他人给我们留下的第一印象是相当深刻的。但是，我们认识人不能只停留在第一印象上，第一印象只是对一个人的认识的起点，而决不是终点。因为它毕竟是建立在信息不足，尤其是反映内在本质的信息不足的基础上的，因而具有一定程度的表面性和片面性，有时还会有虚假性；并且，它也常常受我们的生活经验、我们个人的好恶倾向所左右。须知，生活中，人是可以改变的。我们应该努力看得更深刻一点。

第一印象基本上是由直觉得出的。我们对直觉不能不信，也不能全信。直觉往往是最纯净、最不被掩饰的，但是它也往往是最简单、最肤浅的。因此，不要光凭直觉，除非受过专门的训练，已达到老练的侦探或者渊博的心理学家那样的水平。记住：全然听信“第一印象”是幼稚的，甚至是危险的，应当去验证它。如果后来所观察到的事实与第一印象不符，就应尊重事实，去除先入之见。

不了解事实真相，就不可能明智地思考问题。有些人并不逃避思考，可是在分析问题时，总喜欢像猎犬追捕猎物似的，一个劲儿地捕捉那些足以能够说明其先入为主的观点和事实，而对其他情况不屑一顾。他们只对那些说明其行为正确性的事实感兴趣。

人们常根据听到或知道的关于他人的情况，甚至不等见面就对别人做出判断，他们甚至疑心或无视自己的判断力，以便符合原来的结论。先入之见使人不可能有真正的洞察力，必须努力克服。克服先入为主的最好方法，是把感情和事实严格区分开来，努力对事实做客观、公正和全面的分析与判断。

2. 只从自己的角度看问题

我国有句老话："看人挑担不吃力。"仔细琢磨这句话，可以感到回味无穷，启发不少。有时候，我们常常百思不得其解，"这个人为什么会这样呢?"其实，只要你在内心假设处在此人那样的位置和情况，你会怎样做，就会明白此人的行为了。你也许会发觉，你也不得不和此人曾经做过的一样，甚至还不如此人。"设身处地"，不仅有益于搞好人与人之间的关系，也是了解别人的最简单的一个方法。A 当小科员时，常常在背后议论科长无能，"一件小事也要考虑再三"，"优柔寡断"，宣称如果有朝一日能"掌权执政"将如何如何，大有一番扭转乾坤的气势。事有凑巧，不久 A 果然"上马施政"。结果大半年下来也不过如此而已。A 深有感触地说："看人挑担不吃力，现在才知道办一件事是多么难啊！看来前任科长不是优柔寡断而实在是身不由己，何况在那样的情况下还做了许多事，真是不简单啊！"将心比心，设身处地，有助于更加深入地认识一个人。

3. 不保持适当的距离

西方有这样一句谚语，说出了一个很平常但又深刻的道理："英雄的妻子，不知道自己的丈夫是英雄。"

事实常是这样，对于朝夕相伴的人，一方面非常熟悉，闭上眼就能说上十几条特点；但另一方面，对其特点也容易漠然视之，有什么新变化、新发展，也常常不注意了。要深入了解一个人，就应该长时间与其接触。但是，这又会造成习惯上的错误，有许多问题反而难以觉察，因为“脸挨着脸，就看不见脸”。

心理学研究表明，人对人恰如其分而正确的理解无须经过长期的、过分亲密的熟悉。在时间长短、密切程度和恰如其分的认识等参数之间，最有可能存在着曲线关系。更准确地使人们彼此相互理解，必须有某种最适合的时间和适度的密切程度，这两者是相互依存的。如有一方面不合适，就会限制有关的必要信息，与此同时，长时期的过于密切的相处，很可能歪曲相互理解的准确性，给对方凭空抹上许多色彩，或过高地估计了对方。要知道，“情人眼里出西施”。两个互相很要好的人，彼此在内心留下的都是对方美好的形象，而这对于认识一个人是不利的。从这个意义上可以说，“熟知并非真知”。

因此，在与一个人的结识时间不过长、关系不过密时头脑最冷静客观，这对于正确地认识此人是最适合的。

4. 不敢进行大胆猜测

要认识、判断一个人，不妨先根据此人留给我们的最初印象来进行分类，假设就是这么一种类型的人，然后，在实际生活中逐步有意识地观察，看看是否符合我们的假设。如果全部符合，此人就是我们原来假定的那种人；如果全部不符合，此人就是另外一种类型的人；如果部分符合部分不符合，此人就是具有这种类型的人所具有的某些特征。一般这种情况最多见。这样，至少有助于我们的认识。

大数学家高斯曾说过：“如果没有某种大胆放肆的猜测，一般是不可能有知识的进展的。”现实生活中也是这样。当然，运用这种方法，首要条件是已具有了认识人的丰富的知识，而且还应注意不要落入定式心理的陷阱，用先入为主的框架限制人。分类是必要的，但更重要的是与实践是否相符。要灵活，而不要偏执死板。

记住，我们仅仅是假设。

5. 不用比较的方法

俗话说："不怕不识货，就怕货比货"，认识人也是这样。见的人多了，就会自然而然地感觉到张三与李四的差别，李四与王五的不同了。

比较，是我们认识周围世界和思考问题的一个重要方法。比较在我们的日常生活中随处可见。例如，一个买鱼的人说，"现在鱼真贵。"之所以认为鱼贵，是和过去相比，过去几角钱一斤的鱼，现在几元钱一斤。又如，"今天天气真好"，这总是和过去有几天不好对比而言的。我们也时常这么说："老张家的两个儿子长得挺相像，可老大老实，老二滑头。""老李的两个女儿都长得水灵灵的，不过小女儿比大女儿更漂亮。"说某人聪明、漂亮、高尚，或者愚蠢、难看、卑劣，都是和别人对比而言的。

可以说，心理比较是人们普遍的心理状态，没有比较是不可能的，问题在于怎么比。对比的方法正确，会收到良好的效果。"横看成岭侧成峰，远近离低各不同。"如果只有横向视野，没有纵向视野，或者只看近不看远．就会产生各种错觉、猜疑和误会。

比较是一个好方法。它对于认识人，分辨出人们之间的微小差异是有很大帮助的。

6. 不克服偏见

正确地认识一个人之所以极其困难和复杂，其主要原因就在于感情对我们理性的干扰和影响，使我们常常迷失方向，走向歧路。

当我们认定某人是好人时，其一切就都变成好的了；当我们认定某人是坏人时，其一切就都又变成坏的了，甚至以前做的好事也说成"别有企图"。感情，统治着人的内心，神秘而且无所不在，有时甚至可怕。

培根说："情感以无数的、而且有时是觉察不到的方式来渲染和感染人的理智。"《圣经》中说，一个人感情激动时，"虽有耳朵，却听不见"。

每个人都有自己的偏见，认识上的局限、感情上的偏爱。

7. 不看他周围的人

认识一个人还有一个很简便的方法，即只要看看环绕着这个人的经常是些什么人就行了。“物以类聚，人以群分。”人们总是喜欢与自己志趣相投的人，也总是喜欢与自己相似的人。一个安静、乐于思考、性格内向的人。一般不会喜欢与大吵大嚷、轻浮、外向的人交往；一个行为主动、办事沉着的人也一般不会喜欢一个行为被动消极、办事急躁慌张的朋友。由于各种原因，有时人们会结交与自己截然相反或者反差很大的人为友作伴，但只要仔细分辨一下，真正从内心喜欢的，还是和自己相似的人。

同时，长期的、稳定密切的人际关系的相互联系，会使交往双方在某些行为准则、性格特点、价值定向等方面变得相近或者相同起来，所以说“近朱者赤，近墨者黑”。

8. 以貌取人

人们长期以来形成了这样一种观念：好人必定是身高体壮、眉清目秀；而坏人则总是形容猥琐、獐头鼠目的。

其实，人的相貌之好坏，与其内在在素质之优劣，并非都是正相关。大圣人孔子满脸是毛，简直像个恶鬼；周公又瘦又小，像干枯的树桩，但他们都功业卓著，名垂千古，使后人仰慕不已。桀和纣，尽管长得英俊高大，是当时天下有名的美男子，结果却身死国亡，遗臭万年。

“人不可貌相，海水不可斗量。”如果仅以相貌来判断人，最终会失误的。唐朝的安禄山，长得肥胖，肚子很大，一副忠厚的样子。一次唐玄宗问他：“你这肚子里都装些什么玩意儿?”安禄山答道；“我的肚子里装的只有对你老人家的赤胆忠心，别的什么也没有。”唐玄宗听了心花怒放，对安禄山越发信任。可后来，安禄山却兴兵作乱。

9. 不进行独立的思考

倾听别人的意见固然是很重要的，但听过之后，自己还要再思考。当确信自己的观察、认识是正确时，就决不可轻易地被别人的言论所左右，即使100个人当中有99个人唱反调也要坚持下去。

不过，要注意的是，不要被偏见、成见束缚而固执己见。如何把握好这个分寸，全在于自己是否冷静、公正、客观。尤其是年轻人，思想依赖性大，往往容易怀疑自己的直观感觉，又容易受到外来意识的影响，轻易地动摇自己正确的判断和见解。

如果别人的意见是像数学那样清清楚楚的东两，那自然还可作另论，但不管怎样，也是从别人的那一个侧面观察的，往往带有一定的片面性和表面性，而且还常常带有投其所好、看当事人的心情等感情色彩。

如果我们对各种人的评价标准、鉴定意见加以比较，那么不难看出，不同的人有着不同的评价标准，有些评价甚至是缺乏科学根据的臆测。

因此，成见不可有，定见不可无。应记住：眼睛比耳朵更可靠，但是如果不能用自己的头脑进行认真的思考，那么，眼睛看得再多，耳朵听得再多，也是毫无益处的。

10. 做极端的判断

有的人这样写道：“人，乃是宇宙间最错综、最完全的事物：集怜悯、友善、坚韧、顽强、智慧、高尚于一身；集自尊、自私、懒散、贪婪、愚昧、鄙俗于一体。”确实，一个人的性格是多方面的，只不过一个侧面的突出掩饰了其他的侧面。人都存在着自我矛盾，有时为爱国热情所燃烧。似乎贡献生命也在所不惜；有时却又心灰意懒，想躲进深山老林……

不要强求吧！这就是人。在现实生活中，2 ×2 往往不等于4。因此，不要做极端的判断。作为社会的人，其心灵世界是极其复杂、极其丰富的，不可能是单一的。高尔基在他的长篇小说《三人》里，曾经借主人公伊利亚的口说过这样的话：“如果一个人是坏的，也还有好的地方；如果一个人是好的，也还有坏的地方。我们的灵魂是多色的，随便什么人都是如此。”

第十二章 管好你的手

手的动作暗藏深意。手的动作有着丰富的语言，手的动作也是除了语言之外的一种很重要的肢体语言，它可以通过不同点的动作表示不同的含义。

十指交叉可能是心情愉快，也可能是怀有敌意

把手合在一起，是我们常见的一种手部动作。这种人常见的姿势是十指交叉举在面前，面带微笑地看着对方；或者十指交叉平放在桌面上，这种动作，常见于发言人正处于心平气和或娓娓叙谈的时候。乍一看，似乎采用十指交叉的动作表明很自信，但有时并非如此。心理学家尼伦伯格和卡莱罗对十指交叉手势研究后得出结论：这是一种表示心理不安的手势，表明在掩饰消极态度。千万不要误认为十指交叉是很自满的意思，事实恰恰相反，将十指交叉，遮住一半面部，一般都是在隐藏自己的感觉。当然，这种动作也有表示对抗情绪的意思，表示对你所说的东西不感兴趣。而如果他忽然把手松开，配合着上身前倾，这说明他想发表自己的观点，

或者想离开，却又碍于面子，不好表达。十指交叉有时还表示焦虑、紧张不安的情绪。

一般来说，做出十指交叉手势，手的位置的高低似乎与消极情绪的强弱有关。有的将十指交叉放在膝上，也有的站立时将十指交叉放在腹前。就交往的经验而言，高位十指交叉比中位十指交叉更显得高深莫测。正像所有表示消极情绪的姿势一样，要想让使用这个姿势的人打开紧紧交叉的十指，都需要用某种努力来完成。否则，对方的不安和消极是无法改变的。

日常交谈中，我们经常会看到或在无意中做出十指交叉这个手势。这一动作貌似简单，实则内涵十分丰富。

我们先来看一个刑警所讲的小故事：

几年前，我们专案组曾经接手过一个重大的连环杀人案件。犯罪嫌疑人被抓以后，审讯很快就成了一件十分棘手的事情。因为那是一个极其聪明而且反侦查能力很强的男人，他的态度十分配合，可以说是有问必答，但是，他说的显然有很多都是假话，可恨的是他的谎言滴水不漏，我们无论如何都发现不了破绽，也确认不了他的话究竟哪句是真，哪句是假。这种状态僵持了数天之久，我们想了很多办法都无能为力，眼看着再找不出证据就只能“放虎归山”，我们全组都焦急不已。后来，一个曾经搞心理学的同行给了我们一个重要提醒，我们开始使用他所说的办法。

再次审讯时，我们安排了专人在一旁摄像，然后我们开始提出各种各样的问题。审讯结束后，我们反复看审讯过程的录像，其实我们只是在总结一点——回答哪些问题时，该犯罪嫌疑人的手势做了改变。结果我们发现，在回答一部分问题时，他的双手会比较自然地放在腿上，而且一般会一动不动；而回答另外一部分问题时，尽管他的眼睛依然会十分镇定真诚地看着我们，回答的内容也让我们挑不出任何毛病，他的双手却会在不自觉中做十指交叉状，而且不断用一手拇指轻轻摩擦另一手的手背。

我们以此为线索发现了许多问题，最终将这个罪大恶极的家伙绳之以法。也许，直到临死，他都不明白我们到底是怎么破解他的谎言的。

你知道故事中的刑警是如何破解犯罪嫌疑人谎言的吗？如果懂得“十指交叉”所暗喻的心理，你就会完全明白了。这个手势是个比较复杂的动作，搭配其他不同的动作，会传达出完全不同的意思。

十指交叉后自然放置，多是说话者比较自信的信号。使用这种手势时，人们往往会神情坦然并且面带微笑。英国的伊丽莎白女王在出席皇室访问以及参加公众活动时，就经常使用这个手势，在做这个动作时，微笑的女王常常会把双手优雅地放在膝盖上。

十指交叉，双手紧握，常常是拘谨、焦虑、消极、否定等心理的外现。由此可知，当在谈判过程某人使用该手势时，则证明该人已经有了挫败感，连他自己也认为自己的话缺乏说服力，开始自我否定。

我有一个做商务谈判的朋友，有一次，他因为丢了大单而懊恼不已，不断向我倾诉。结果我发现，在复述那件事的过程中，他的双手十指交叉握到了 起，并且越握越紧，以至于他的手指都开始泛白了，他的双手看上去就好像被焊在了一起一般，动弹不得。看得出，这件事使他相当沮丧和焦虑不已，他甚至因此产生了比较严重的自罚式消极心理。

十指交叉，自然放于身体胸腹部之间，是一种传达“拒绝”心理的手势，也在一定程度上意味着挫败感。如果在交谈过程中，对方出现了这种手势，那么进一步的沟通就会相对困难。这时候，如果你希望交谈进行下去，就要立刻采取一些行动，解开对方那些缠绕在一起的手指，比如给他一杯饮料，或其他需要用手握住的东西。不然的话，他交叉于胸腹部的双手会像交叉于胸前的双臂一样，将你所有的观点和想法全都拒之门外。

十指交叉放于大腿，两拇指尖相顶，这种手势表示说话者不知如何是好，也就是当下的情境或话题让他感觉进退两难。如果遇到这种手势，你去观察一下，伴随着这个动作，对方往往还会有放缓语速，甚至有咬下唇的动作出现。

十指交叉，一手拇指向上伸直，跟上一个动作不同，这个动作中只有一只手的拇指向上伸直，或者即便是两手拇指都向上伸直，两个拇指尖也不会顶在一起。这个动作的含义是：我很自信，我对自己所说的话十分有信心，对我们所谈的事情也报以十分积极的态度。

十指交叉，眼睛盯着对方，这个动作是一种忍耐之态，多表示该人正在努力压制自己的不满或反感之心。

十指交叉，置于面部，十指交叉时双肘撑起，从而使交叉的双手被置于脸前时，是一个很明显的“敌意”动作。该动作表示对对方已经心存不信任等消极情绪，不希望谈话再进行下去。

十指交叉，一手手指摩擦另一手，十指交叉在大多时候表现出的是一种负向心理。当处于怀疑或压力状态下时，人们多会在这个动作基础上用一只手的手指（通常是拇指）去摩擦另一只手的手掌。按照心理学的说法，这种自我接触会产生一种安慰大脑的功效，因此，他揭露了做动作的人内心的焦虑不安和复杂多变的心理活动。开篇故事中的警察之所以能够由犯罪嫌疑人的此动作推知其心理，就是应用了这个心理学知识。

人在无助的时候往往会做出一些很焦急很焦虑的表情和动作。两手相扭、十指交叉便是其中一种。两手相扭、十指交叉有“手无处可放、有力使不上”的含义。自己空有一身力气，却无法派上用场，或不对路，所以就会做出一种想使劲却使不上的动作来，就会把力气作用于自身——两手相扭、十指交叉，想找出发挥力量的空间。

在无助的时候做这种两手相扭、十指交叉动作的人，往往是性子比较急的人，遇到无助的时候，他们不能冷静地坐下来去思考解决问题的方法，而是表现得十分急躁，不停地踱来踱去，扭扭手，挥挥拳等。他们急于求成，想亲自上阵，所以手往往闲不下来，会不停地动来动去。当然最常做的动作就是两手相扭、十指交叉。他们的急躁如果在脸上看不出来的话，那么通过手一眼就能看出来。

喜欢两手相扭、十指交叉的人，通常心态也不是很好，特别是在遇到事情的时候，到了关键时刻，他们就会不自觉地紧张起来，而他们紧张的表现也往往是两手相扭、十指交叉。他们非常希望有个人能站出来帮他们一把。当没有人站出来帮他们时，他们则会越发显得焦躁，双手的动作也会随之愈演愈烈，最终形成恶性循环。

所以，当我们看到有人两手相扭、十指交叉，我们便可推知此人肯定是需要帮助了。如果我们能够帮上忙的话，不妨去帮他一把。

双手抱头坐着的人最具领导才华

喜欢拉扯自己头发的人，大都个性鲜明，如果有人与你面对面坐着或站着，时不时地摸一摸头发，你可能会以为这是他在引起你对他的发型的注意，其实不然，这种人就是一个人独自在家看电视，他也会每隔三五分钟“检查”头发上是否沾上了什么不好的东西。

他们一般很善于思考，做事细致，但大多缺乏一种对家庭的责任感。他们对生活的喜悦来源于追求事业的过程。这句话听起来有点玄乎，不过仔细想来你就会明白，喜欢拼搏和冒险的人，他们是不在乎事情的结局的，他们在事情失败后总是说：“我问心无愧，因为我努力了。”

其实，在日常生活中，很多小动作常常会引起别人的注意。而这个拉扯头发的动作，虽然细小，却能在危难的时候，让你迅速找到你想求助的人。

坐时常双手抱头者，是领导型的人

这种悠闲的坐姿是半躺而坐，双手抱于脑后，一副怡然自得、处之泰然的样子，通常是领导者的表现。虽然他们往往充当领导者的角色，却性格随和，与任何人都相处得来，也善于控制自己的情绪，因此能得到大家的信赖。他们的适应能力很强，对生活也充满朝气，从事任何职业好像都能得心应手，加之他们的毅力也通常较强，往往都能达到某种程度的成功。这种人喜欢学习但通常不求甚解，可能他们要求的仅是“学习”而已。

这类人的另一个性格特点就是热情、出手大方。如果让他们去买东西，很多时候他们是凭直觉的喜欢与否。对于钱财，他们从来都是将其看做身外之物，“生不带来，死不带去”，以至于他们时常得承受因处理钱财的鲁莽和不慎所带来的苦果，尽管他们挣的钱不少。他们的爱情生活总的来说是较愉快的，虽然时不时地会点缀一些小小的烦恼。这种人的雄辩能力也很强，但他们并不是在任何一个场合都会表现自己，这完全取决于他们当时面对的对象。

总而言之，坐着时双手抱头的人，凭借其性情随和、适应能力强的特质，往往能充当领导人物。

摊开的手掌最诚实

在用来传递肢体语言信号的身体部位当中，手掌是最容易为我们所忽略的，但是其作用实际是最大的。借助手掌来传达内心的动作主要有三种：手心向上、手心朝下以及有一根手指在外的握拳状。当我们开始说心里话或说实话时，我们会在不自觉中把手掌张开，并且把手心向上或者把手心展现给对方。

你应该有印象，乞丐在空手乞讨时，他们所用的手势无一不是手心向上的，除非他们的手部有残疾。这表明，伸出双手且手心向上，带有“服从”、“弱势”和“乞求”之意。

除了这个意思外，把手心显示给对方还常常被人看做一种表示善意和妥协的手势。比如在遥远的古代社会，人们就通常以此来告知对方：“我没有携带武器，我是善意的，你不必害怕我或防御我。”在现代，被击败的一方则常常以手心冲向对方摆手作为请求结束的动作。犯罪分子在被警察逮捕时，也常常被勒令或自动做出手掌张开、手心冲向对方的投降姿势。

在日常生活中，手掌摊开的动作有时也会被用来表示“谈话权的移交”，比如两个人谈话，当一方发表完自己的观点后，往往会同时做这么一个动作：张开手掌、手心向上、手指端冲向对方，然后将整只手轻轻平推一下，表示“我说完了，该你说了”。如果谈话内容涉及第三者，而第三者恰好在场，那么对着第三者做这个动作，就表示“就是他”之意，而且在表达这一种意思时，这个手势还会传达出一种意思，那就是谈话者非常尊重这个第三者。

另外，当人们开始说心里话或正在说实话时，这个手势也会被视做一个标志性动作。为了表示自己的清白或者自身的诚意，人们通常会摊开手掌，把手心显示给对方，然后向对方说一些诸如“我真的没做过”、“我给你说实话”之类的话。这似乎是一个无意的动作，却与大多数肢体动作一样，传递着说话者内心微小但真实的信息。当看到这样的动作时，大部分人的直觉会告诉他：这个人没有撒谎。

由此我们会想起生活中的许多现象，比如当一个孩子撒了谎或心里有什么事，在面对老师或父母时，他们通常会把自己的双手藏在身后或攥成拳状。如果你为人父母或是个老师，那么，你就可以依此判断孩子是不是有撒谎的嫌疑。

再比如，在推销培训课程中，老师会告诉推销员们：如果你的顾客拒绝接受你的推销，你可以通过观察对方双手的举动来判断他的理由是否真实。假如对方拒绝购买的理由是真实的，他们通常会将自己摊开的手掌暴露于你的视线之内；假如对方只是想找个理由搪塞你，他虽然也可能说出同样的一番话，却会将自己的双手隐藏起来，躲开你的视线。

看到这里，有人可能会问了：我在说谎时不把手藏起来，而是像在说真话时那样把手摊开给对方看，这样对方是不是就会相信我所说的话了呢？这个问题的答案是“非常正确”，也可以说是“非常错误”。因为如果你的谎言天衣无缝，其他肢体动作也配合得恰到好处，那么摊开手掌的动作就能够为你锦上添花，让对方对你深信不疑。相反，如果你的话是个破绽百出的弥天大谎，你的语气和眼神等已经把你出卖了，如果再做这个动作，即便人们不懂相关知识，潜意识也会告诉他：你绝对在撒谎，而且越做这个动作，越让人们感觉你不可信。

正是因此，以“骗”为业的撒谎者才会有意去训练自己，将原本无意识的肢体语言转变成有意识的动作，使其能够为自己的理性所控制，为说话的内容服务，以达到让对方深信不疑的目的。从利用肢体语言行骗这一点来说，这些高手们掩饰的技巧越娴熟，他们行骗成功的概率就越大。

不过有一个有趣的现象：这个让我们看起来更加坦诚，能够为我们赢得更高信誉度的简单动作，一旦被养成习惯经常使用，就会在一定程度上促进个人的坦诚度，从而使自身说谎的概率大大减少。因为人们几乎都认可一点：当将自己的双手暴露于对方的视线之内时，说谎就变成了一件不可能完成的任务，即使再怎么努力去让对方相信，也总会有一种对方明知是黑自己还要强说成白的心虚之感，这种压力会迫使许多人不得不说真话。

懂得了这个道理，我们便得到一个启示。先说一个事实，当人出于自卫心理交叉双臂于胸前时，对方会有一种“你在防卫他”的感觉。如果他真的想侵犯你，在知道你对他有所防范之后，就会心生顾虑；如果他本来没想侵犯你，那么他就会表现得更加善意，以便让你放松下来。由此可知，我们在用摊开双手的方式向对方表示坦诚时，也可以以此来“诱使”对方变得更加真实。也就是说，当你主动把自己的双手置于对方的视线之中时，会让对方在无形之中感到一种心理压力，从而不得不说真话。看来，暴露的手掌不仅有助于自己信誉度的提升，还能阻止对方向你传递虚假信息，敦促他对你坦诚相待。

“攥紧拳头”

拳头紧握，内心可能缺乏安全感，一般情况下，在庄重、严肃的场合宣誓时，必须要右手握拳，举至右侧齐眉高度。有时在演讲或说话时，捏紧拳头，则是向听众表示：“我是有力量的。”但如果是在有矛盾的人面前攥紧拳头，则表示：“我不会怕你——要不要尝尝我拳头的滋味？”由此看来，握紧拳头能给人带来力量和安全感。从另一方面来说，总是拳头紧握的人，也可能是内心缺乏安全感。

总是紧握着拳头的人，可能是缺乏安全感，所以其防御意识比较强。他们并不是要去攻击别人，可能只是提防别人的攻击。他们做人的信条很可能就是“人不犯我我不犯人，人若犯我我必犯人”。除了缺乏安全感以外，经常握着拳头的人，是能够关心体贴别人、富有同情心而又善解人意的，冲动起来便伴有咬指甲的行为。这无疑是一种紧张、恐惧的症状，说明这一类人是缺乏安全感的。

演讲者如果讲话时攥紧拳头，证明这个人很自信、很有感召力；但在日常生活中，我们与人发生不愉快时，请把你的拳头藏起来，而不要攥起拳头在对方面前晃动。那样做的结果，势必会引起一场打斗，这是不可取的。同时，总握着拳头，也会很容易让人发现你内心缺乏安全感的弱点。

奥巴马当选美国总统以后，在发表就职演讲时，他在整个过程中不止一次出现了“攥紧拳头”这个动作。在后来的许多公开演讲场合中，他也经常用这个动作。为什么呢？因为攥紧拳头这种肢体动作能够帮助有声语言表达出更丰富的意思，从而使听众更到位地体会你所讲述的内容和你此刻的心理状态。下面我们就来分析一下，这个动作具体都能传达哪些意思。

表示愤怒。在出现激烈的矛盾或纷争时，成年男人通常用攥拳或伸出拳头来展示自己的力量，某些崇尚武力的人，甚至会以“法远拳头近”作为解决问题的理念。在日常生活中，男人们打架的前奏可以为我们证明这一点：愤怒的一方用很大力气攥紧拳头，甚至把手指关节攥得咯吱作响，接着就迅速挥出拳头，朝对方出击。

遏制情绪。攥拳头也可以用来表示对内心某种强烈情绪的遏制。比如极度愤怒又不想上升到肢体冲突时，有人便会低着头紧紧攥起双拳。再如，因为听到某个不好的消息而十分悲伤或极度懊恼时，有人会攥紧拳头敲打自己的头部。

表示亢奋。拳头还能表达亢奋和庆祝之意。当运动场上的己方获得胜利时，运动员们常常用振臂握拳加上欢呼来表示庆祝，而作为观众的我们也会用攥拳振臂来表现内心的兴奋。

表示鼓励。在亲友即将进入比赛或走入考场时，我们会用攥拳的方式来给他加油，表示鼓励。运动员们在比赛之前，也会用这个动作来为自己加油，表现必胜的决心。与此相类似的，人们还常采取以拳击掌、互相击掌等动作来表达此意，只是力量稍轻。

表示挑战。遇到使自己不快的人时，或面对对手时，我们会以伸拳头来表示挑战、挑衅或攻击之意。也许正是因此，许多与“拳”有关的成语都表示这个含义，如“握拳透掌”。

表示犹豫。常常不自觉地做握拳手势的人，性格上多属于优柔寡断型，他们似乎是在以这种动作来促进内心决定的形成。

表示紧张和防御。当人感觉情势或对方对自己不利，心里紧张不安时，也会将手攥成拳头状。这时候拳头传达出的是小心谨慎、紧张不安和情绪不佳的含义。延伸一下，在做出该动作时，人们的心里实际上已经做好了反击他人、抗击不利情境、保护自己的准备，因此它也传达着防御之意。婴儿在突然受到惊吓时，很自然会把拳头握起，似乎也证明了以该动作传达此意是出于人类的本能。

叉腰的男人雄心勃勃，叉腰的女人河东狮吼

两个吵红了眼的冤家、运动员对待自己即将参加的项目、拳击手在更衣室等待鸣锣开战……这些情形中，我们最常看到的姿势便是双手叉在腰间，这是一种表示抗议、进攻的姿势。

猫或狗在搏斗的时候，会努力把身上的毛都竖起来，鸟也会抖动自己的羽毛以使自己显得更加强壮。人的体毛不够丰富，没法像动物那样竖起

毛发让自己显得更加伟岸，于是只有双手叉腰，这一动作不仅占据的空间更多，能使躯体显得更加挺拔伟岸，而且也显示出了特有的自信，给对方造成一种威慑力。

王华是足球队的教练，这天正带着球员们在食堂吃饭，突然许教练也带着一帮球员进来了。王华带的是一线球员，学校给他的队员配备的均是上等的设备，每个人穿的都是名牌，吃的都是山珍海味。许教练带的是二线球员，相对来讲设备就差了点，球服是旧的不说，连正式的训练场地都没有，只能经常问王华借场地。看着许教练带着这帮一脸菜色的人进来，王华心里就没好气，跟旁边的助理抱怨道：“这帮穷酸鬼，动不动就向我借场地，真烦人。”

话刚说完，许教练就满脸堆笑地走了过来：“王教练，您下午用健身房吗?”王华说：“今天下午我们全体球员都要在健身房锻炼身体，一直练到天黑。”“啊！是吗？果然不出我所料，那把那块标准训练场借给我用用吧!”王华一听对方给自己下了套，把双手往腰上一叉就说：“不行!”“王教练，您也太那个了吧？您又不用，借来使一下又怎样。”许教练也把手叉到了腰上。

紧接着，一线和二线的球员都站在各自教练的身后，都双手叉起了腰，不知道的人还以为是在演一出滑稽戏呢。但知情的人都知道，双方这样僵持不下，是在挑衅、示威。这种情况一直持续了十几分钟，直到领导来了才算结束。

叉腰的姿势，有时还被理解为“成功者的姿势”。许多毛泽东的绘画雕塑，都少不了双手叉腰的姿势，或是左手叉腰右手指挥东方，或是反手叉腰。孙中山也有一手叉腰，一手握拐杖的动作。在这样的情境下，叉腰的动作被定格成了一个符号，都是“伟人的动作”！所以许多男人都喜欢用这个姿势来表示自己的雄心勃勃。

在女人面前，男人也用双手叉腰的姿势来表现自己的男子汉气概，以此告诉她，他是上进心强并且主动的男性。但在看到一个男人双手叉腰时，还要结合其他肢体语言进行分析判断，如果他在衣服扣着的状态下做出双手叉腰的姿势，那他当时肯定很沮丧而不是自信；如果他把衣服敞开，要让你看到他结实的胸膛，那就是明显的挑衅；如果他紧握拳头，双手叉腰，两脚均匀地分开，有种台风都刮不倒的姿态，那么攻击性的气息就更强烈了。

女人双手叉腰却经常会给人一种母夜叉的感觉，有河东狮吼之嫌。还记得《功夫》中的那位暗藏狮吼功绝技，将租户们吓得话都不敢多说的包租婆么？还记得《食神》中从西贡街追到公众四方街去砍人的双刀火鸡么？还记得《河东狮吼》中那位性情暴躁，把老公打得不敢回家的月娥么？这些"悍妇"最典型的形象，便是在发作之前先双手叉腰。所以，女人就算自信心再膨胀，也最好不要采用这种姿势来表现自己，那样只会把周围的人都吓跑。

然而，并不是说双手叉腰的女人就都不温柔。在一种情况下，女人双手叉腰是在显示自己的魅力，那就是在T台上走秀的模特，她们无不以叉腰的姿势走来走去。有行为学家研究发现，这是模特们在告诉观众，她们穿上这样的衣服是多么自豪、多么自信，心动的人们快快来买。

如果你不是伟人，不是在向一个女人展示魅力的男人，也不是行走于T台上的模特，那么还是少用这种姿势为佳，因为不管怎么说，双手叉腰的姿势都比较容易冒犯别人。比如，第二次世界大战结束时，在接受了日本的投降后，道格拉斯·麦克阿瑟将军和日本天皇有一张合影。照片上，天皇站在那里双手安静地放在身体两边，不敢造次，而麦克阿瑟将军却无意识地把双手放于髋上，摆了个"叉腰肌"的动作，这在日本人看来是一个极为不敬的标志。

当然，如果你在与别人聊天时想让自己看上去更有支配性，想给人留下身体强壮、沉着稳定的印象，那就要么双手叉腰，要么单手叉腰，准没错！

双臂合抱是在建立防御工事

双臂交叉合抱于胸前，是一个含义比较明确的肢体语言。通常来说，该动作有三种意思：一，表示感觉冷；二，表示内心焦虑不安或紧张恐惧；三，表示防御和拒绝。

当感觉寒冷时，我们会很自然地将双臂交叉合抱于胸前，然后用一手或两手上下摩擦所接触的上臂。这种驱寒方式实际并不能带来多少热量，它却能够使人通过自我接触获得一种温暖的心理安慰。

内心焦虑不安或者比较紧张时，人也容易做出双臂合抱的动作。在这种情况下，该动作有自我保护之意。

更多时候，这个动作会被用来传达“防御”和“拒绝”之意。如果将双臂交叉抱于胸前，你与对方之间就如同建立起了一道障碍物，这道障碍物能够将你不喜欢的人或物统统挡在外边。不知道你注意过没有，在排队等候或等电梯时，许多人会下意识地做出这个动作，以表示在周围聚满陌生人时内心的不确定或不安全感。

某市政府曾经组织过一次辩论会，辩论的焦点是房地产开发商在开发过程中的伐树问题，与会者则是开发商代表和绿化环保代表。显然，这次辩论会的双方有着比较突出的矛盾。

辩论会一开始，双方便剑拔弩张、唇枪舌剑起来。有意思的是，除了言语上的犀利往来外，双方均使用了一个相当一致的肢体语言——双臂交叉合抱于胸前。在主持人发言，正式辩论即将开始时，有将近半数的与会人员出现了这个姿势；当开发商代表发言时，绿化环保代表中保持这一姿势的人数比率迅速上升到了90%；而当绿化环保代表开始发言时，开发商代表们又几乎都摆出了这个姿势。

显然，故事中的辩论双方都是在以这种姿势传达着对对方观点的拒绝和否定，同时传达着对自身观点的坚持和维护，表明自己不会轻易被说服，对方很难化解他们的敌意。

现实生活中，这样的场景很多。许多演讲者之所以没能成功地将信息传递给观众，就是因为他们没有留意到观众们这种交叉双臂的姿势；推销员之所以没能够成功推销自己的产品，有时候也是因为忘了对方摆出此姿势的含义；商务谈判的双方之所以没能说服对方接受自己的条件，就是因为没能化解该姿势所传达出的对方的内心敌意，等等。

相反，如果是经验丰富的人，当他们看到自己的听众摆出了这样的姿势就知道自己必须改变策略，迅速驾驶一艘性能良好的“破冰船”，击碎自己与听众之间的冰山，以便更好地吸引听众，说服对方，直到他们改变姿势，将原本的否定转变为肯定。

由此可知，当与他人交谈时，一旦看到对方摆出了双臂交叉的姿势，我们就该立刻意识到自己已经不受欢迎了。这时候应该迅速反思：我是否说了一些让他不高兴的话？我是否表达了他不能同意的观点？……如果你希望谈话继续进行下去，那么就该想办法找出让对方出现这种姿势的原因，然后对症下药，尽快使对方转变态度。如果暂时找不出原因，但希望对方改变这种姿势，那就要点小手段吧：找一件让对方必须用手来接或用手握着的物品，或是找一件让对方必须放开交叉的双臂才能做的事情，以此迫使他们改变姿势。譬如，如果你在演讲中遇到这种情况，就给听众来次简单的笔头测试；如果你在推销中遇到这种情况，那就把手里的宣传资料给对方一份；如果你在谈判中遇到这种情况，那就把一杯水递到对方面前；等等。

另外请注意，现实生活中，该动作已经衍生出了许多种变体。除了最原始、最普通的交臂交叉，双手自然放松地放置外，属于该动作范畴的还有：

双臂交叉抱于胸前，双手抓住另侧的胳膊，我们称之为“抓握式合抱”。这种姿势在上述三种心理状态下均有可能出现。

双臂交叉抱于胸前，双手攥成拳状，我们称“握拳式合抱”。这个姿势除了表明该人有相当强烈的防御意识之外，还传出十分明显的敌意。如果随着该姿势，对方还伴有双唇紧闭或者干脆露出咬牙切齿、满脸涨红的表情，那么你就准备好战斗吧，因为接下来，对方很可能马上就要与你有场口舌之争或者肢体冲突。

双臂交叉抱于胸前，双手攥成拳状，但是大拇指竖直指向上方。这种姿势也是出于一种防御心理，但与上一种情况不同的是，它还表示此人自我感觉良好，觉得自己很棒，有着很强的自信和必胜信念。

一只手臂曲起，一只手臂下垂，曲起的一手抓握住下垂手臂一侧的胳膊，该姿势被称为“自我拥抱式”。女性更容易做出这个动作，多数情况下，它传达的是女性心里的焦虑、落寞与无奈。当反感对方或感觉对方对自己可能有不良影响时，女性也容易出现这个姿势。

双臂不交叉，但双手扣搭在一起，放在自己的上腹部或下腹部。这是个非常典型的防御动作，男性更容易出现这个动作。他们会将自然下垂的双臂略微前移，用扣在一起的双手护住自己相对脆弱的部位。纳粹元首希特勒使用此姿势的频率相当高，只为掩饰自己身体上的缺陷，因此该姿势也被称为“护短式握臂”。如果有机会你可以观察一下，许多男人都会摆出这个姿势以对下半身进行保卫。

手摸下巴会泄露天机

我们曾经分析过下巴出现各种动作时的具体含义，其实，除了下巴本身的动作外，和手配合时，更能传达出一系列含义丰富的信号。比如：

得意：当得意扬扬时，人们容易出现抚摸自己下巴的动作，而且往往伴随着面部抬高的动作，有时候还会摇头晃脑，或者面带笑容。

感兴趣：当对某人、某物或对方所说的话十分感兴趣时，人往往会注意力格外集中，这时候就容易出现托下巴的动作。初次约会时，如果女孩对你做出了该动作，而且还眼睛发亮、面带笑容，那么大多表示她对你十分有好感。

思考：当一个人陷入沉思时，他往往会无意识地去抚弄下巴。大雕塑家罗丹所塑造的“思想者”采用的就是手托下巴的姿势，看过这个雕塑的人，有谁会说这不是一个代表深思的形象呢？因此，如果你是一名销售人员，你的客户在听了你的话以后，做出了摸着下巴不说话的动作，就表明你说中了他的需求，他已经心有所动，已经开始在心里评估、判断和过滤你所说的话了。这时，你可以放缓语速，重申刚才所说的重点，或者干脆闭上嘴巴，只在适当时候用少量的语言点拨一下，以给对方足够多的时间思考和作出决定。

反对：有时候，在以否定性态度评估对方时，人们也会出现与下巴相关的动作，如用手掌托住下巴，用手指捂住半边脸，或用食指伸在脸颊上而用拇指托住下巴，其他手指蜷曲着放在嘴唇和下巴之间等。采用这种姿态的人，思想比较严谨，而且内心保持有强烈的批判态度或正在打算用截然相反的意见去说服对方。如果在谈话时，你对面的人对你做出了这个动作，那么你该注意了，对方接下来很可能要反驳你。

说谎：如果不是技巧高明的骗子，说谎时，大多数人会无意识地出现用手抚触下巴的动作。

尴尬：当与他人话不投机或被人点到痛处，内心颇感尴尬时，人们也多会用手去触摸下巴。

上述最后两种心态都属于负向心理的范畴。按照身态语言学的观点，这些动作属于自我亲密性的一种表现，只有在不具信心、内心不安、感觉孤独等时刻，人们才会下意识地借触摸自己的肉体来掩饰自己、安慰自己。

假如有机会上台演讲或在众人面前发言，你可以在说话过程中观察台下的观众，体会一下我们的上述观点。如果你是一个比较成功的演说家或发言者，那么在整个过程中，你的多数听众应该会做出这么一系列的动作反应：在聆听过程中，将一只手放在脸颊旁边，做出以手托下巴的动作，这意味着他们正处在思考当中；当接近尾声，你请求听众们就你的观点提出意见和建议时，他们会停止思考的手势，转而用手抚摸下巴，这表示他们正在考虑以便作出决定。

在听众以抚摸下巴之姿考虑做出什么决定时，他们接下来的手势就变得格外重要，因为那往往预示着他们会给你肯定还是否定的回答。这时，你最要做的就是冷静观察，捕捉他们肢体语言所传达的信息，提前做好应对的准备。

在抚摸下巴之后双臂和双腿彼此交叉，或者后背紧紧贴到椅背上，这是一个否定的信号，意味着他很可能要提出反对的意见。这时，你可以抓住机会抢先发话，重申自己的观点中最有说服力的部分，以免别人首先提出反对意见。

如果在抚摸下巴后，听众双臂舒展，身体前倾，或是拿起了你提供的建议书等材料，那么你可以放心了，他极有可能给出肯定的意见。这时，你需要做的就是对其点头默许或用眼神鼓励其发言，促使自己的目的更快达成。

第十三章　在具体生活中的运用

具体的识人术，要运用在具体的生活中，在朋友、家庭、职场关系的处理中，只有在日常生活中把它们发挥得淋漓尽致，才能真正收到实效。朋友间的友好相处，家庭的和睦，职场的顺利，都在很大程度上需要正确地识人。

生活中透视人心的点点滴滴

我们知道人心隔肚皮，人心莫测。事实上，人的内心状态并非不可揣测，而且我们的生活中时时刻刻都可以透视人心。最后不得不重提一下肢体动作语言的妙处。肢体语言是那些非词语性的身体符号，比如外貌、面部表情、身体动作、触摸、姿势、身体间的空间距离等。

我们在与人交流沟通时，即使不说话，也可以凭借对方的身体语言来探索他内心的秘密。人们可以在语言上伪装自己，但身体语言经常会“出卖”他们。

有一次，一位女病人对著名精神分析学家弗洛伊德有声有色地讲述她的婚姻是如何幸福，但弗洛伊德注意到她在讲这些话的时候却下意识地将她的结婚戒指从手指上滑上滑下。正是这个小动作让弗洛伊德心里有底，认为她对自己的婚姻并不满意，也不珍惜。后来，这个病人的婚姻果然出现了问题，因而弗洛伊德一点也不奇怪。

生活中这样的例子也不少。

一天晚上，丈夫回来很晚，进门后，他就急急忙忙地向妻子解释因为有许多业务与客户商谈，所以耽误了很长时间。此时，他说话时却下意识地用手摸摸嘴唇，尽量避免与妻子目光相对。如果妻子善于观察，一眼便可看出丈夫的理由是编造的，他肯定隐瞒了什么。而且妻子还应该注意到，她不问他自己就主动解释的行为也是一种掩饰的行为。

人事部经理与求职者的谈话结束了，经理站起来和求职者握手："我们考虑一下，回家等消息吧。"这位求职者心中没底，他究竟被录取没有呢？其实，留心观察就能发现答案就在其中。在谈话时，经理的右手总是撑在脸上，中指封在嘴上，食指伸直指向右眼角，左臂又横在胸前，更明显的一点是他很少和这位求职的青年人进行眼神交流。这分明是在暗示求职者，我对你讲的不感兴趣，你不是我们所需要的人。

如果你懂得肢体语言能够透露人的心理状态，即使你和对方没有交谈，也可以知道对方的心理。一个人在心情不舒畅时，会不停地吸烟，吸到一半又随手丢掉，也会把小纸片折来折去，甚至撕个粉碎；人在期待或遇到难题有所考虑时，往往会搓搓手掌。搓得很快，表示事情好办；慢慢地搓几下，事情就难办多了。如果你和别人谈一笔生意，对方若慢慢地搓手掌，那说明他疑虑较重，希望不大。

人物关系和交际效应也可以从肢体语言中透露出来。你和某人交谈，不要以为他的脸上仍有微笑，并不时地点头就表示他很有兴趣。也许对方已经想停止谈话，却还在捺着性子同你应付，你可以发现他身体朝向别的方向，或脚尖指向另一个方向，或眼睛盯着别处，不时地看一眼手表，等等。这些就是已经厌烦、很想摆脱的信号。

两个人在交谈，你作为第三者插了进去。倘若那两人把各自的身体稍稍转向你，并都有一只脚对着你，三双脚构成大体等边的三角形，这就是表示欢迎；如果他们只是看了你一眼，身和脚没转向你，这就是冷淡的表示。因为脚位指示会透露内心的奥秘，脚尖所指的方向不仅可以指示一个人所向往的目标，而且会指示对他有吸引力的人。

两个关系密切、很谈得来的朋友之间还会在身体动作上相互感染，采取同样的姿势。倘若两个好朋友相遇，停在路边交谈起来，那么两个人就会面对面，身对身，脚尖对脚尖，甚至采用几乎一模一样的坐姿或站姿。

在朋友间游刃有余

相对来说，处理好朋友间的关系，远比处理好其他的关系容易。抛开利益关系不谈，很多朋友关系是建立在相近的思想和观念、共同的观点和兴趣之上的，是日积月累达到的一个境界。退一步说，就算遇人不淑，交到一个损友，大不了绝交就好了，顾虑也不那么多。

然而大部分人还是希望能找到可诉衷肠的知心朋友，更希望自己是能广交好友，受人欢迎的人。这需要我们从自身出发，使自己具备受人欢迎的魔力。有的人天生有一种特质，就是人缘特别好。仔细想想，你会发现你的身边就不乏这样的人。如果你想象那个人的人缘那么好，不需要你去学社交礼仪，只需要你平日里留意他是怎么做的就好了，

比如，他怎么穿衣、怎么待人接物、怎么说话，然后模仿他的行为直至变得有你的特色，你就成功了。再仔细琢磨一下，亲和力的来源就是生活中的点点滴滴。比如亲切，你乐于接触周围的人，随时保持愉快的心情，愿意和别人说一些家常话，你就做到了亲切。又比如说热心，你在别

人需要帮助的时候助他一臂之力，遇到事情不怕麻烦，不一味推托，你就做到了热心。当然，与朋友相处时保持开朗的性格和使用幽默的语言也是很重要的。他们会觉得和你见面自己也会变得很愉快，而不由自主地想与你亲近，你就能在朋友间游刃有余了。

在家庭中如鱼得水

家庭关系是一种特殊的人际关系，是需要把情和理糅合在一起的地方。有人会有这样的感受，在外面与同学、同事、朋友都能相处融洽，却苦于不能处理好简单的家庭矛盾，这是因为不能通过简单讲理来处理好家庭成员之间的关系。其实家庭里要处理的问题是相当多的，比如孩子的教育问题、婚姻问题、家庭成员关系等。家庭是一个系统，哪一个人出现问题，都和家庭其他成员息息相关。

各种关系的绝佳处理是家庭融洽的基础。

夫妻是家庭的主体，夫妻间不仅需要爱情来滋润，更需要彼此的尊重、理解、忍让、信任和一辈子互相守望陪伴。有的夫妻误以为结婚以后对方就是自己生命的一部分，强烈要求对方按照自己的价值观来规划人生路线，或者以牺牲一方促成另一方的发展，这是观念上的错误认识，更是激化矛盾的契机。所谓的夫妻平等，是观念上要互相敬重，在生活细节方面也应该多加注意，小到家务活、大到子女教育问题，都应该由夫妻共同承担。当然如果夫妻间能够在思想上产生共鸣，有共同爱好，可以是互相倾诉的对象，可以患难与共、无话不谈。那么夫妻就能创造出更多的生活情趣，在生活质量上就能有所保证。

父母与子女的关系，也应该是一种平等的爱护关系，而不应该把子女当成父母的附属品。现代教育提倡父母应当与孩子建立起朋友关系。要爱得有分寸，不要代替子女作决定，好的做法是站在子女角度去思考问题，让孩子敞开心扉与你交流，你才能了解孩子需要什么和他们的是非观是什么，让子女在开放的心态下去学习生活，长大后的孩子才能是一个生理心理健康的人。父母关心子女的成长要有原则，对文化教育和思想教育都不能放松，留意他们的行为举止，还要鼓励子女积极参加集体活动和社会活动，让他们在广阔天地里经风雨见世面。在教育时，应当以身作则，父母平时的穿戴、待人接物、个人修养有直接示范效应。因为父母是孩子模仿的偶像，父母的言谈举止会在不知不觉中给孩子的人格、性格和心理产生积极或消极的影响。作为子女的，则要尊敬老人，尊敬父母，承担对父母应尽的义务。要虚心听取父母的教导，帮助父母分担家务。父母丧失了劳动能力，经济上要资助，精神上要安慰，生活上要照顾。

兄弟姐妹间关系也占相当的比重。现在家庭中很多兄弟姐妹之间接触还是比较频繁，关系处理得好，就能和睦相处；处理不好则特别容易发生矛盾。兄弟姐妹，不论是在一起生活，还是分家另住，都以关爱和谦让为主。对于年事已高的父母，兄弟姐妹应该共同分担，回报父母的养育之恩。成年兄弟姐妹可能每个人都拥有自己的小家庭，在平时可以多加走动促进感情，但最好不要干预彼此的私人空间。当然，如果有人遇到了难事，家里有了变故则另当别论，这时大家一定要共同分担，一起解决。兄弟姐妹之间的账也不要算得那么清，但要力求做到不欠人情账，很多兄弟姐妹之间的付出是心甘情愿的，正是因为兄弟姐妹的不计回报，我们才要有良心，才更要加倍回报，回报的目的也是为了让家庭减少矛盾，更加和睦。

另外，现在家庭中的很多问题都是出在经济问题上，这是一个难题。这个问题也很好解决，就是要在个体经济上独立。家里的某一个人没有独立的经济基础，势必会让这个人只能依附家长或者配偶生活，他就失去了承担责任的独立性，也会同他内心所需的自我和自尊产生强烈的矛盾。所以说，在一个完善的家庭中，每个人都应该争取通过自身劳动获得一定财富。这也是一个家庭存在的理由，家庭中就需要大家共同努力，为获得更好的生活质量而奋斗。当然，这一点说起来很容易，在实际生活中却不那么容易做到。

在职场中呼风唤雨

现在的职场人际关系，关系到每个人的职业生涯，学会正确处理这些人际关系将会是你在职场打拼的推动力。在职场中应用识人之术，相较于其他场合更关键更复杂。因为职场是创造利益和价值交换的场所，涉及利益，人的心态多少会产生改变，而且常常需要你在很短时间内对一个人作出判断，作出的判断不仅关系到你自身的利益，甚至是整个集团的利益，这时掌握与人交往的识别要素就变得尤为重要。

在职场中更需要一种快速判断力，在这里我们可以使用“矛盾判断法”，就是说在与人接触时，观察对方的动作和眼神、语调和用词、服饰及配件等，快速寻找对方的矛盾之处。以此判断对方的性格类型。比如，有的人衣服素净，但语言夸张，眼神四射，可以初步判断该人试图追求安详生活但心里比较焦虑、不稳定。这种判断方法快速简易，很实用。当然，对人的认识是一个长期性的过程，应该结合我们前面所提到的方式方法加以观察，再加以综合性的调查与彼此的沟通磨合为主渠道，才能全面了解一个人。

要想找到能够助你事业一臂之力的人，你先要在心中有个数。根据自己目前的职务，设定一个标准，就是那些你需要拉拢的人的标准。你需要拉拢的上级领导，应该具备高超领导力，有自信心，能够赏识你、提携你，你偶尔出现过失时能够为你遮掩；你需要拉拢的同级别的同事，应该在工作中能够资源共享、互相进步，能够默契配合，意见相左时能够体谅包容，性格最好要开朗；你要拉拢的部下，应该有培养潜力，有工作执行力，外出办事能为你长脸，内部办事能让你放心，心态必须很积极向上。在拓展自己人际关系时，一方面要多结交比自己强、有互补优势的人，而不能为了自己的优越感和表现欲，只结交比自己弱或不如自己的人；另一方面是要善于以真诚赢得对方的信任，把对方纳入自己的人际圈，并由此进入对方的人际圈，从而扩大职场人际。

在职场中，我们除了要熟知识别人的技巧，还要正确认识和建立人际关系，给职业正确定位。要知道进入任何一家新的公司，要熟悉的头等大事不是工作流程、岗位职能，而就是人际关系。

职场是一个特殊的场所，是以创造利益和价值交换为核心的场所，这种特定的环境就决定了职场人际关系的支点就应该是利益关系。只有找准这个支点，并由此切入，才能把握现象背后的本质，画出人际规划的基本线。根据这点，我们就可以先在众多同事中找出自己能够结交的同盟，未来的合作者、竞争者，可以拉拢或者警惕的对象等。还要判断一下未来的发展趋势，会不会随着职位、工作岗位、工作距离的变迁而改变你们如今的利益关系链。在这种分析的基础上，对自己定位，并考虑现在应该怎么处理这些关系，下一步应该怎么做，在中间的过渡期应该留下什么样的伏笔。当然，不管你作了何种人际关系规划，都是要在以“广结善缘”的大前提下，四通八达的人脉网能使你在处世时更加顺利。关键之处还在于，你可以从数量中淘出质量，说不定你还能找到你在职场中的“贵人”，就是那些可以赏识你、肯提携你的人，将在你职业发展的道路上对你起到很大的推动作用。

当你对职场人际有了以上统筹的思考，你就可以着手为自己设定出人际关系模型了，这样可以让自己有一个清晰的思考体系。找出上司、同事、下属跟自己的利益关系，并根据利益关系确定如何与他们结交。既有眼前利益也有未来利益的人，对他们要很殷勤，要经常换位思考；未来有可期望利益，但当前没有利益的人，对他们可以主动帮忙，通过合适的渠道增加互信；当前有利益的，但未来没有利益的人，对他们可以用自身跟对方互换，让对方感觉到你对他的尊重就好了；于可期利益摇摆不定或利害掺杂，以及心机叵测的人，对他们要多听少说，不要深交；完全没有利益的人，对他们要客气而不让对方感到冷淡。这样就能够有目的、有方向、扎扎实实地发展自己的人际关系。

在职场中圆满处理好人际关系，永远不是一个坐享其成，什么都不用付出的过程，圆通处世是要有来有往的，别人对你有帮助的，你要适时反馈和回报，人际关系是在这一来一往中产生的。你还要让人觉得与你交往是值得的，而且很舒服、快乐，要让与自己合作交往的人都有利可图，而且做到凡事都很自然、愉悦，你就把握了人际交往的命脉。但这种收付之间的平衡是很难把握的，不过只要自己能力允许，就要力争让与你合作的人多赚一点，这样才能让更多的人喜欢和你合作，这样你的路才能越走越宽，而对于少数贪得无厌或者斤斤计较的合作者，你就要及时结束这种关系，不要滥情。

当处理好了利益关系层面的人际关系后，人际关系还能发展到好友和人格互信的程度。要区别对待工作和友谊，在职场中要牢记工作第一，友谊第二，不要为友谊而破坏工作的规范。在工作上，每个人都有自己的职责，必须为自己的工作负责。对于工作上的事情，不管是你还是对方都不应该私相授受，跨越工作关系办事。如果是对方犯了错误，应该找时间与他真诚沟通。人与人接触后，有一定好感，进一步接触，你们就能结成利益共同体，在职场上休戚相关，彼此挡风遮雨。你在职场中建立起的关系网，是你在前进的道路上不可或缺的关键力量，要好好把握。

保持心平气和

许多人能言善辩，时常在人群中占据上风。为了显示自己的口才有多么了得，他们更乐意尖酸刻薄，带有挑衅意味，似乎这样会显得伶牙俐齿，不好惹、有个性。

很多善于辩论的人因为不懂人际关系的维护，目中无人，争强好胜，什么都想比别人高出一截。别人说一句话，他也会从中挑刺，非要让别人同意他的观点，甚至不惜辩论一番决出胜负。卡内基对此说过：你可能赢了辩论，你却输了人缘。任何讽刺挖苦都是带有攻击性的，即使是友善的嘲弄，有时也会让你失去友情。讽刺挖苦阻挡了正常的开放式的交流，而使交往变成了荒谬的争吵。

俗话说，得饶人处且饶人，千万别因为一点小事斤斤计较。得理不饶人，那就会被人说成是“嘴不饶人”，还会给别人造成刻薄的印象。就算你是有口无心，也会令你的形象大打折扣。

戴维在公司是个小职员，一次同事跟他一起负责一个业务，可是最后却出了一点差错。戴维和同事互相责怪。

戴维一向伶牙俐齿，嘴不饶人，哪能容忍同事的责怪？就大声反驳他：“怎么着怎么着，当初你要知道我这样就别和我合作啊，既然合作了还怪我干什么？怪就怪你自己不会找搭档。我以前也是做事很认真的人，怎么到你这儿就总出错呢？你说到底是我的问题还是你的问题啊……”戴维嘴不停，一直持续了三分钟，同事气得说不出话来。最后，两个人形同陌路，戴维在公司的人缘也几乎毁掉。

公司的同事之间本应该是相互帮助，拧成一股绳。结果却为了这么一点小事撕破脸皮，那以后还怎么合作呢？公司里怎么还会有和谐的氛围呢？这就是因小失大，得不偿失了。

交谈和沟通是彼此之间交换信息、想法与感觉的过程，并不是辩论赛，没有必要分出高下，没有人喜欢总是被人驳倒，喜欢被强压在人之下。如果你只是为了逞一时口舌之快，非要置人于失败之地，恐怕会得不偿失。赢了一场辩论，失去一个朋友，这又何必呢？

所以，为了与他人有更好的沟通，请你克制住自己争强好胜的个性，隐藏住自己咄咄逼人的高超口才技艺，舍弃这种竞赛式的谈话方式。你不妨采用一种随性、不具侵略性的谈话方式。这样当你在表达意见时，别人就比较容易听进去，而不会产生排斥感。对别人的意见，你也不妨站在他们的立场上考虑考虑是不是也有道理。即使你真的无法表示同意，也要拿出宽容接受的姿态，毕竟这个世界上持不同意见的人很多，你不同意他，并不代表他就是错的。你只需要了解每个人都有不同的想法就够了。

谦虚谨慎、宽容平和是交往的一大要点。切不可感情用事，没有城府，一冲动就口不择言。有些话可能也算不得错，可是用极端的方式表达，就会惹众人恼怒。

公共汽车上人多，一个年轻小伙子不小心踩到了一位老大爷的脚，老大爷脾气不好，张口就来："你说你这么大一小伙子，欺负我这么大岁数的人干吗？"小伙子本来刚开始是想说一句抱歉，可老大爷的话实在让他反感，愧疚的心理马上无影无踪。他按捺了半天说："踩了就踩了，可我什么时候欺负您了啊？"老大爷更不高兴，说："得得得，现在的年轻人都不学好。我看你那样儿，监狱里刚放出来的吧？"这下小伙子可火了："你这人怎么说话呢？"说完就要往前冲。这下车里的人左劝右劝，好不容易才让他俩消了气儿。

一点小事，换上一种说法完全不是什么大不了的问题，可是说话太冲，不考虑别人的感受，张嘴就来，非要逞一时口舌之快，就可能激怒别人，让事情变得不好收拾。所以，与人交往不要刻意地想做出强势的作风，似乎让所有人都哑口无言才是你的最高目标。嘴上占上风并不代表你有多么了不起，别人不会因为你的“伶牙俐齿”就佩服你，反而会因为你的不识抬举、不懂礼貌而厌恶你。

生活中常有这样的人，一旦在人际关系中占了上风，就气势汹汹、咄咄逼人，仗着自己有什么优势就大逞口舌之强，非要把人逼进死胡同他才开心。这样的人，即便再能说会道，也只会招人厌烦。

一位老人去逛花鸟市场，不小心将小贩的两个花盆碰倒摔破了。老人连忙道歉，还说愿意把两盆花买下来，可是一掏口袋才发现一分钱都没带。

那个卖花的小贩就不依了，喋喋不休地说两盆花值多少多少钱，其实最多也就20块钱。

老人说：不管多少钱我赔你就是了，但是我现在没有带钱，你可以叫人随我回家拿钱。

小贩不相信，不让他走，一个劲儿地让他再好好摸摸口袋找钱。老人把口袋翻给他看，确实是没有钱。可是小贩就是不相信，还咄咄逼人，说哪有这么大一个人出门不带钱的。

老人没办法解释，只好反复说，我不会骗你的。可是无论他怎么解释，小贩就是不相信。小贩要老人拿出身份证看，可是老人偏偏又没有带身份证。于是小贩就仍然不放他走。这时围观的人越来越多，老人没有受过这种委屈，感觉很没面子，着急上火，结果一下子心脏病突发，不治而亡。

其实不过是一个小小的意外，何必太计较呢？上面事例中的小贩，为了20块钱的花盆居然葬送了一个老人的生命，岂不是追悔莫及？想想看，生活中为这种小事斤斤计较、得寸进尺的人还真不少，其实，很多事情根本没有必要非要分出高下优劣，尤其当这个结果还可能挫败别人的自尊心时，那就更不要去争辩。你尊重别人，别人就会尊重你；你要存心让别人难堪，别人一定心里不服气。这也注定为你以后的人际交往埋下隐患，所以，有时候对自己的观点要有所保留，对别人的观点也要能理解和认同，这样关系才能和谐。

伶牙俐齿尽可以用到辩论会上，但是生活不是辩论会。一个拥有好口才的人会知道一个人不能永远坐在辩论席上，不同的场合要说不同的话，必要时还要懂得沉默是金的道理。有张有弛，有理有节，恰到好处，拥有一颗体谅之心，真正的好口才才有真正的用武之地。

听懂锣鼓之音

中国有句老话叫做："说话听声，锣鼓听音。"指的就是要注意说话方的"弦外之音"。

生活中有大量的话不用直接说出来，话里带出来就行了。更有不能直言的意思，得靠暗示来表达。这就要求我们要善于听出话外之意，弦外之音，这样才能更好地跟人沟通，在交流时更好地把握对方的意思。

第二次世界大战中期，东条英机出任日本首相。此事是秘密决定的，各报记者都很想探得秘密，都竭力追逐参加会议的大臣采访，却一无所获。

有位记者有心研究了大臣们的心理定式：谁都不会说出由谁出任首相，假如问题提得巧妙，对方会不觉地露出某种迹象，从而有可能探得秘密。于是，他向一位参加会议的大臣提出一个问题：出任首相的人是不是秃子？

当时，日本首相有三名候选人：一个是秃子，一个是满头白发，一个是半秃顶，这个半秃顶的就是东条英机，在这看似无意的闲谈中，大臣没有想到其中暗藏机关，因为他在听到问题之后，神色有些犹豫，没有直接回答问题。聪明的记者从这一瞬间，就推断出最后的答案，获得了独家新闻。因为对方停顿下来，肯定是在思考：半秃顶是否属于秃子？

多练习“解话”、“接话”的功夫，可提高你表达言外之意及倾听弦外之音的本领。

在商场上，有时为了达到降低成本的目的，客户会用一些不存在的“实事”来进行试探或胁迫，我们称之为“伪理由”，这时候就看我们的“听力”如何了！

例如对方会说：

——“在别的经销商那里也有同样的商品，价格要便宜得多！”

——“产品是不错，不过我们还要考虑考虑！”

——“还有几家供应商，也来找过我们！”

……

其实要想判定对方所说是否属实并不难，只需要问得具体一些，对方便开始闪烁其辞了，毕竟真的假不了，假的也真不了！

公关专家提醒你，与上级领导谈话时更要注意，因为领导的语言是最具揣摩性的。

比如你刚到一家公司不久，领导找你谈话：“你到公司还没多久，工作成绩不错，以后有什么打算呢？”很轻松的一句话却含有领导特殊的意图，他是在考察你的工作心态。

你若很坦率地说出自己的理想志向，领导会以为你过于幼稚而缺乏城府；你若大谈自己与公司不相干的事业理想，上司会了解到你眼下只是把公司当成一个跳板，一旦有了机遇你就会远走高飞，根本没有为公司的长远发展打算。

这时你就该谨慎而言：“我想就目前的工作先干一段时间再说，以后再做打算也不迟。”以这种含蓄的语言回答是比较稳妥的。

要学会暗藏释说，以柔克刚。在日常生活中，如果说话人是利用会话隐含来侮辱人，听话人就更应注意了。听话人不仅要善于听出对方的恶意，而且必要时可以“以其人之道还治其人之身”，给对方一个含蓄的回击。

据说，有一位商人见到诗人海涅（海涅是犹太人），对他说：“我最近去了塔希提岛，你知道在岛上最能引起我注意的是什么？”海涅说：“你说吧，是什么？”商人说：“在那个岛上呀，既没有犹太人，也没有驴子!”海涅回答说:“那好办，要是我们一起去塔希提岛，就可以弥补这个缺陷。”

这里商人把“犹太人”与“驴子”相提并论，显然是暗骂“犹太人与驴子一样，无法到达那个岛”，而海涅则听出了对方的侮辱和取笑，回答时话里有活，暗示这个商人是个驴子，使商人自讨没趣。

言谈能告诉你一个人的地位、性格、品质及至流露内心情绪。因此，听弦外之音是“察言”的关键所在。只有正确地“察言”，才能在和他人的交往中把握他们的想法，更好地沟通。

把不同性格的人摆到最合适的位置

如何把不同性格的人摆到你生活中的最佳位置呢？也就是说，对于一个你很了解的人，这个人性格的方方面面，你都了如指掌，那你会让他跟你建立怎样的关系呢？大部分人会凭着感觉顺其自然，甚至认为这种关系的建立是理所应当，没有道理可言的。如果你还是用这样的观念理解并解决你的人际关系，那无疑是你成功路上的绊脚石。

在打理自己人际关系之初，首先要清楚自己的性格，对自己越了解的人，越容易抓住别人的性格特点。在建立人际关系之时，很容易找跟自己性格相似的人当朋友，特别是性格内向的人很喜欢找同样性格内向的朋友，这种是我们最本能的选择。但随着年龄的增长，我们的人际交往就不能再局限于对同类的寻找。

如果你身边有性格热忱的人，他们是伙伴的最佳人选，特别是在事业上。他们对生活的热情会感染周围的人，在工作上也表现得很有干劲，乐于助人，还比较能体贴他人的难处。但你不能让这种人介入你的生活太多，尤其是已经结婚拥有自己家庭的人，会因为性格热忱的人自主性过高又爱表现，难免会对你的生活指手画脚，导致你家庭出现问题。在同别人合作时，他们容易同人发生冲突，这时，你应该以正面和赞赏的方式鼓励他正确应对。

如果你身边有性格沉稳的人，他们是你值得信赖，甚至可以依赖的最佳人选。性格沉稳的人遇事冷静、为人内敛、不多言，他们能对周围的情况作出准确的判断，因此可以给你提供许多客观有效的建议。他们自身能承受较大的压力，积极投入工作和生活中，而且多能做到果断又面面俱到，所以能让人充分地信任他的能力和人品。但除非是你先向他发出求助信号，否则他是不会轻易地卷入你的是非之中的。

还有形形色色的人，在这里就不一一列举了。总之，你要明白把不同性格的人摆在你生活的最佳位置，会使你的人际关系更和谐。

每个人都希望自己和别人的关系和谐、美好，然而，要实现这一愿望并非易事。生活中你常会发现，有些同事间闹别扭，既不是因为思想观点上有分歧，也不是由于他们道德品质方面的毛病，只是因为性格上有差异。有的人性情沉稳，做事忠实认真，对咋咋呼呼、毛毛躁躁的人可能看不惯；有的人果断泼辣，与优柔寡断、磨磨叽叽的人可能合不来。这种“看不惯”与“合不来”，虽说只是性情不合，但这个问题不能忽视。我们常常看到：有的恋人性格不合，相互之间感到难以相处，感情上很痛苦，最终不得不分手；有的人因同事之间性格不合而搞不好团结，工作上不能合作；有的人谈生意，因为没有耐心和一个慢性子的人协商，可能失去一笔好买卖。许多事实都说明，一个人能否和不同性格的人相处，不仅会影响他的生活，还会影响他的工作和事业。因此，学会和不同性格的人相处，对我们的工作、生活都具有重要的意义。

那么，怎样和不同性格的人相处呢？

1. 要承认差别

人与人之间，不仅有体貌上的生理差别，而且有兴趣、能力、气质、性格等心理上的差异。性格是心理差异的核心特征，人与人的不同，首先表现为性格的不同，世界上找不到性格完全相同的两个人，正所谓“人心不同，各如其面”，这是不以人的意志为转移的客观现实。必须承认这一点，承认人与人的性格差异，就不会强求别人处处和自己一样，就可能消除由于性格差别而产生的“坏习惯”、“合不来”，就会缓解矛盾，就会减少对于不同性格的人的反感和厌烦情绪。

2. 要求大同存小异

性格不同的人，处理问题的方式方法往往不同，因此，与不同性格的人相处，就要善于在不同之中发现共同之处。比如你是个性情平和、处世慎重的人，你给某人提意见，可能语气委婉圆滑，丝毫没有尖刻味。你身旁有一个性格刚直、暴躁的同事，他给这个人提意见，可能语气尖锐、单刀直入，同时还可能批评你给别人提意见转弯抹角，怕得罪人。这时候，如果只看到那个直率的同志提出批评的态度和方式跟你不一样，觉得他太粗暴，不讲情面，你就会与他格格不入，合不来。反之，如果除了看到你们两人提意见的方式不同以外，还看到他和你一样，也是出于一片好心，目的都是真心帮助同事，你就不会认为他粗鲁无情，而觉得他有难得的直率和热心肠，也就不会计较他对你的批评。

我们要是都看到别人和自己之间的共同点，就容易和不同性格的人相处了。

3. 要多了解别人

心理学研究表明，一个人的性格是在环境、教育、实践等条件。

充分的谈判话题

在我们讨价还价之前，一定要做足准备，先搞清楚行情，再进入博弈中，否则将会陷入对方设定的骗局。比方说，你想寄一份快递，之前没有类似的经验，于是你给某家快递公司打电话，通过简单几句，对方摸出你是一个新手，于是骗你说要20元钱。你想了想，开始讨价还价，最后15元成交。当你为自己的谈判水平感到扬扬得意时，其实市场的行情也就8~10元而已，甚至更低，只不过，你没有摸清楚行情。这就是为什么“货比三家”这条策略如此重要的原因了。

在任何的谈判博弈展开之前，准备得越充分，对自己越有利，胜算的把握也越大。

美国总统尼克松在一次访问日本时，基辛格作为美国国务卿同行。尼克松总统在参观日本京都的二条城时，曾询问日本的导游小姐大政奉是哪一年？那导游小姐一时答不上来。基辛格立即从旁插嘴：“1867年。”这点小事说明基辛格在访问日本前已深深了解和研究过日本的情况，阅读了大量有关资料以备不时之需。

美国人十分注重商业谈判技巧，他们在行动前总要把目标方向了解清楚，不主张贸然行动。所以，他们的生意成功率较高。美国商人在任何商业谈判前都先做好周密的准备：广泛收集各种可能派上用场的资料，甚至连对方的身世、嗜好和性格特点也不放过。因此自己无论处在何种局面，均能从容不迫地应付。

一家美国公司与日本公司洽谈国内机器设备。日本人素有“圆桌武士”之称，富有谈判经验，手法多变，谋略高超。美国人在强大对手面前不敢掉以轻心，组织精干的谈判班子，对国际行情做了充分了解和细致分析，制订了谈判方案，对各种可能发生的情况都做了预测性估计。

美国人尽管做了各种可能性预测，但在具体方法步骤上还是缺少主导方法，对谈判取胜没有十分把握。谈判开始，按国际惯例，由卖方首先报价。报价不是一个简单的技术问题，它有很深的学问，甚至是一门艺术：报价过高会吓跑对方，报价过低又会使对方占了便宜而自身无利可图。

日本人对报价极为精通，首次报价1000万日元，比国际行情高出许多。日本人这样报价，如果美国人不了解国际行情，就会以此高价作为谈判基础。但日本人过去曾卖过如此高价，有历史依据，如果美国了解国际行情，不接受此价，他们也有辞可辩，有台阶可下。

事实上美国人已经知道了国际行情，知道日本人在放试探性的气球，果断地拒绝了对方的报价。日本人采取迂回策略，不再谈报价，转而介绍产品性能的优越性，用这种手法支持自己的报价。美国人不动声色，旁敲侧击地提出问题：贵国生产此种产品的公司有几家？贵国产品优于德国和法国的依据是什么？

用提问来点破对方，说明美国人已了解产品的生产情况，日本国内有几家公司生产，其他国家的厂商也有同类产品，美国人有充分的选择权。日方主谈人充分领会了美国人提问的含意，故意问他的助手：“我们公司的报价是什么时候定的？”这位助手也是谈判的老手，极善于配合，于是不假思索地回答：“是以前定的。”主谈人笑着说：“时间太久了，不知道价格有没有变动，只好回去请示总经理了。”

美国人也知道此轮谈判不会有结果，宣布休会，给对方以让步的余地。最后，日本人认为美国人是有备无患，在这种情势下，为了早日做成生意，不得不作出退让。

“准备充分再做交易。”这是美国人的经商法则。在经商过程中，如果遇到不懂的问题，美国人会问到自己彻底弄清楚以后才善罢甘休。美国人这种问则问个水落石出的性格，在商业谈判中可以彻底地表现出来。

美国汽车业“三驾马车”之一的克莱斯勒汽车公司拥有近70亿美元的资金，是美国第十大制造企业，但自进入20世纪70年代以来，该公司却屡遭厄运，从1970年至1978年的九年内，竟有四年亏损。其中1978年亏损额达2.04亿美元。在此危难之际，艾柯卡出任总经理。为了维持公司最低限度的生产活动，艾柯卡请求政府给予紧急经济援助，提供贷款担保。

这一请求引起了美国社会的轩然大波，社会舆论几乎众口一词：克莱斯勒赶快倒闭吧。按照企业自由竞争原则，政府决不应该给予经济援助。最使艾柯卡感到头痛的是国会为此而举行了听证会。那简直就是在接受审判。委员会成员坐在半圆形高出地面八尺的会议桌上俯视着证人，而证人必须仰着头去看询问者。参议员、银行业务委员会主席威廉·普洛斯迈质问他：“如果保证贷款案获得通过的话，那么政府对克莱斯勒将介入更深。这对你长久以来鼓吹得十分动听的主张（指自由企业的竞争）来说，不是自相矛盾吗?”

“你说得一点也不错，”艾柯卡回答说，“我这一辈子一直都是自由企业的拥护者，我是极不情愿来到这里的，但我们目前的处境进退维谷。除非我们能取得联邦政府的某种保证贷款，否则我根本没办法去拯救克莱斯勒。”

他接着说：“我这不是在说谎。其实在座的参议员们都比我还清楚，克莱斯勒的请求贷款案并非首开先例。事实上，你们的账册上目前已有了4090亿元的保证贷款。因此务请你们通融一下，不要到此为止，请你们也全力为克莱斯勒争取4100万美元的贷款吧，因为克莱斯勒乃是美国的第十大公司。它关系到60万人的工作机会。”

艾柯卡随后指出，日本汽车正乘虚而入，如果克莱斯勒倒闭了，它的几十万职员就得成为日本的佣工，根据财政部的调查材料，如果克莱斯勒倒闭的话，国家在第一年里就得为所有失业人口花费27亿美元的保险金和福利金。所以他向国会议员们说："各位眼前有个选择：你们愿意现在就付出 27 亿呢，还是将它一半作为保证贷款，日后并可全数收回?"持反对意见的国会议员无言以对，贷款终获通过。

艾柯卡在这次关键的谈判博弈中胜出，可以想象，他之前做了多么巨大的准备工作，他调查了政府所发放的保证贷款，搜集了财政部的调查资料，找到了为赢得贷款所需要的一切论证。当他拿出这些有利证据时，政府委员已经失去了讨价还价的主动权。

第十四章　走进工作习惯中，识得庐山真面目

每个人的生存都离不开工作，工作是人生活中不可缺少的一部分。有的人在工作中豁达干练，有的人在工作时却是懒散拖拉；有的人办公桌整整齐齐，有的人的办公桌则凌乱不堪。一个人的工作是干练还是拖拉，是整齐还是凌乱，我们从他们工作中的细微动作不但能够看出其性格特征，还可以推测出他们的工作能力。

主持会议风格面面观

人们在自然而然中都会将自己的性格特征表现在工作当中。无论是企业、公司、院校和政府机关，开会就像吃饭和喝水一样司空见惯；而踏入社会的人，无论背景如何深厚，资格如何高不可攀、身居何等要职，都难以避免出席会议或主持会议。有的人能在规定的时间内完成会议内容，而且使与会者满意而归；也有的人长篇累牍、喋喋不休，直到把所有的与会者都讲得进入梦乡，能否达到预期效果和目的则另当别论。主持会议与一

个人的性格有着密切的关系。

1. 在会议上简捷明快、豁达干练的人。这种人属于外向型性格，性情直率、坦荡、真诚，敢想敢做，敢想敢为，快言快语，办事雷厉风行，对工作对生活都充满信心。做事很有原则。主持会议亦清晰明了，内容安排得当，讲话时条理清晰，言之有物，令与会者为之钦佩。是做领导的人才。但由于办事雷厉风行，所以做事情时容易犯错误。

2. 在会上不说废话的人。这种人性格直率，作风正派，有文才，修养也好。事业多有成就。有一定的身份、地位和手段，对自己目前所拥有的一切满怀信心，而且坚信自己会拥有更多更美好的东西。他们通常是靠自己的真才实干攀到现今位置上的，顽强的毅力是他们取得成功的保证，他们做事胸有成竹，从容自若，很有大将风度，但总是固执己见，不容他人说话，很难得到大家的喜爱。

3. 把会场当课堂的人。这种人性格外向，幽默风趣，博学多才，因为学问高，开会的时候，他们会以老师的姿态站在与会者面前，不厌其烦地讲解“学生们”不明白或懂得不彻底的理论和观念，常常忘记了时间、地点和自我，而被误认为学生的与会者则会哈欠连天，瞌睡连连。

4. 在会上信口开河的人。这种人自私狭隘，比较势利眼，由于近水楼台的缘故，他们与高层通常是总裁级的人物接触密切，所以变得又红又紫，而且常常自豪不已。他们会毫不客气地用大部分会议时间来做自我宣传，信口雌黄，而且不允许其他的人置疑，还会动不动地打断他人的发言，进行一番补充说明。他们反应敏捷，善于阿谀奉承，欺下媚上。

5. 在会议上优柔寡断的人。这种人很有涵养，有知识，大有发展前途，彬彬有礼而又谦卑含蓄，一点也不咄咄逼人，允许其他的与会者在会议上畅所欲言，提出自己的观点，但往往由于理论可行，拍板犹豫不决而难以和与会者达成共识，结果降低了自己的威信，让下属心存不服。

6. 在会议上要威风的人。这种人性格外向，城府较深，有心计，在企业居于不高不低的位置，一心想往上攀爬，野心勃勃。他们喜欢摆架子，显威风，总是让很多不相关的人参加会议，如若人手不够，还会派部属到场呐喊助阵，滥竽充数；他们常常打着“群众意愿”的幌子，中饱私囊，在“多数民意”面前，上级常常无话可说。

从办公环境看出真实性格

办公室是职员工作的场所，内部都是与员工工作密切相关的陈设。由于每件陈设都体现了职工的喜好，所以在办公室里，每一个员工的办公桌都可以展现出这个人的性格特征。

从办公桌的外观看人

1. 办公桌内部整洁的人。这种人性格外向，自信，很有朝气，干一行爱一行，做事踏实认真，对工作一丝不苟。有很高的工作效率，是个很出色的员工。他们严于律己，为着崇高的目标坚持不懈，特别珍惜时间，每个时间都有相应的工作，办事和工作都有条不紊。但适应能力较差，常在突如其来的变故前手忙脚乱，不知所措，有时候会乱了阵脚，发生错误。

2. 办公桌里空空如也的人。这种人性格直率，对人坦诚，是个急性子。工作起来也很卖力。他们为了工作方便，免除工作中从办公桌找资料的麻烦，常常把所需要的东西放在伸手可及的地方。

3. 办公桌凌乱不堪的人。这种人性格直率，他们温和善良，痛快，办事干净利落，但喜欢耍小聪明，有点小心计，爱贪小便宜，做事没有计划，仓促应战，结果不佳；喜欢追求简单，不愿把事情规划得透不过气来，目光短浅，但比一般人有较强的应变能力。

4. 办公桌里存放纪念物的人。这种人性格内向，多愁善感，忧郁孤独，有怀旧情素。办公桌里的物品琳琅满目，种类繁多，有儿时的玩具、情人的相片、老掉牙的首饰，甚至还有学生时代的舞会邀请函。他们朋友不多，不喜欢外面的世界，经常独来独往，但与故人联系得较为密切；靠着美好的回忆调剂生活和排遣孤独，常在夜深人静的时候独享愉悦；情感丰富，也较脆弱，很容易受到伤害。

从处理文件的方式看人

一个人在什么样的工作环境工作，可以创造出什么样的工作效率。在研究过程当中，一位效率研究专家仍然发现职工办公桌上的文件通常可以展现出他们的某些性格特征。

1. 散放文件的人。这种人是性情中人，办事没有主次之分，这里一堆，那里一堆，像是要搬家似的。盲目顺从，没有自己的主见，做工作难以善始善终；自我控制能力差，无法调节自己的情绪和习性适应新的外部环境；虽然接受工作的时候显得很痛快，但干好工作就没那么容易了。

2. 堆放文件的人。这种人性格内向，喜欢幻想，做事不专注，文件资料堆放得乱七八糟，每找一份文件都要翻天覆地。他们工作能力较差，常常事倍功半；办事缺乏条理性，无法循序渐进，也少有责任心，缺乏持之以恒的毅力，应该重新接受培训，或改做其他与之素质相近的工作。

3. 乱塞文件的人。这种人性格外向，虚荣心很强，华而不实，爱投机取巧，耍小聪明，灵活多变，注重外表，没有多少才气，对工作不认真。爱做表面文章。一般人容易被他们干净的桌面迷惑住，但只要拉开他们的办公桌一切就都可以明白了。他们的办公桌里乱七八糟，什么东西都有，根本让人分不清是杂货铺还是办公桌。

4. 认真整理文件的人。这种人性格开朗大方，热情，精力充沛，原则性很强，极富创新精神。做事认真负责，工作起来也很敬业。不管是桌面上，还是办公桌里，所有的文件材料都收拾得整整齐齐，而且分门别类。他们办事条理清晰，有很强的组织和操作能力，所以通常办事效率都很高；责任心强，凡事小心谨慎，认真负责，而且精益求精。缺点是不善于和人合作，过于武断，听不得半点意见。

从纸张固定器来看人

在工作当中，一个人无论是使用胶水、订书机或是胶布固定纸张的一角，或是撕开纸张的一角做记号，或是把两张纸固定在一起的方式，从某种程度可以反映出一个人处理某些事情的态度。

1. 使用回形针来固定纸张的人。这种人性格内向，多愁善感，做事没有定性，自己也没有主见，凡事以自己为中心，有时会凭着一时的冲动感情用事。很难与某一个人长久地维持某一份感情，有的时间长些，有的则短些，这要视对方是什么样的人而定，但到最后，绝大多数都以结束而告终。他们虽然没有定性，但人很善良，心慈面软，有同情心。会尽自己最大的努力使对方受到尽可能小的伤害。他们从来不向他人许诺，因为过于了解自己，知道自己开出的全部是空头支票，根本无法兑现。江山易改，本性难移，他们依然是那么善变，但或许是经历得太多了，处理起类似的事情显得圆滑和老练了许多。

2. 使用订书机固定纸张的人。这种人性格内向，孤僻，思想保守，生活态度消极，只有当外界施加给他们巨大的压力，他们没有选择，不得不积极努力地去做的时候，才会激发他们的潜能，最后达到目的。

3. 使用一般胶水来固定纸张的人。这种人很有城府，性格属外向型，有心计，心底很好。不会轻易把自己的感情外露，但一旦对谁付出了感情，觉得有必要、有价值与之交往下去，就会百分之百真心实意地投入，他们会把对方看得相当重要，感情专注得让人难以接受。他们能够自始至终保持自己感情的忠诚，无论在什么情况下都不会改变。

4. 使用强力胶的人。这种人性格外向、自负、内心与表面不一致，常常是内心十分懦弱，表面装得却很清高。爱耍小聪明，不爱向人敞开心扉，与人交往时，他们更注重的往往不是感情，而是意图通过控制对方，满足自己的安全感。他们会时常怀疑自己周围的一切，并不断地找各种理由和方法进行试探。他们时常以非常的标准来要求自己的亲朋好友，却从不反省自身，有时过于自爱，到头来一事无成。

5. 使用活页夹来固定纸张的人。这种人性格外向，颇有心计，懂得如何去迎合他人。在工作中，他们对自己的要求比较严格，很会掩饰自己内心的真实感情，即使是内心有非常大的不满，也从来不会表现出来。他们具有一定的组织和公关能力，会把许多人聚集在自己的手下，听从自己的调配。在所在的企业中，他们多是起着举足轻重作用的人。

6. 使用透明胶布来固定纸张的人。这种人性格外向，自信，爱面子，虚荣心强，但心眼不坏。生活没有规律，常将工作和生活混为一谈。在与人交往中，非常注重给对方充分的自由，同时自己也有这方面的要求。这样，大家相处起来会更方便一些。

7. 折纸张的角以做标记的人。这种人性格弹性比较大，无论遇到什么挫折，能够及时调整自己，适应他人的需要和要求，发生一些矛盾，也能消除。在交往中，他们更多的是注重于现在，不想过去也不想将来。他们很在意自己的感受，只要高兴就好，但并不想承担什么责任和义务。

8. 撕掉纸张的一角做记号的人。这种人性格内向、忧郁、自闭，感情执著，爱动感情，很容易对他人付出自己的感情，并且还有可能因此而受到很深的伤害。在与他人的相处中，他们肯于做出一定的自我牺牲，有时会虐待和责罚自己。

从工作中处理信函、签字看人

在现代的社会中，通讯设施越来越先进，信函逐渐被大部分人所遗忘，但仍有一小部分人工作中与信函打交道，从一个人处理信函的方式，能洞察一个人的内心世界。而签字作为工作中不可缺少的一项内容，也成了识人性格的一种方式。

1. 收到信就打开并在最短的时间内写好回信的人。这种人性格外向，不拘小节，好强心切，自信乐观，他们的时间观念比较强，希望尽快地把事情做好，然后去做其他的事情，同时也不希望对方等得太久。但也有一种情况是，他们只是在对信件的处理上表现得比较积极，因为写信的人是他比较重视的，但在其他方面则比较散漫和随便，得过且过就可以了。

2. 接到信以后不开信也不看就把它丢在一边不管的人。这种人性格外向，没有上进心，工作态度不认真。没有时间观念，时间总是安排得很紧，把信扔到一边想等到时间充裕的时候再处理。当然，对他们来说，可能永远不会有处理的时间。

3. 在接到信以后，先仔细地看完寄信人的地址以后，再打开信看信的内容的人。这种人性格直率，坦荡，生活态度比较严肃，他们做事很有原则性，而且很彻底，要么不做，要做一定要把它做得很好。工作态度端正，能把工作做得很出色，多是事业有成的人。

4. 在接到信以后，进行一番选择，先把私人信件拣出来，看完以后再去处理其他的信件的人。这样的人性格内向，多愁善感，十分敏感，感情比较细腻，而且特别重情谊，他们一般来说在性格上显得有些脆弱，需要得到别人的安慰和扶持，这也是对私人信件比较看重的一个非常重要的原因。

5. 阅读垃圾信件的人。这种人性格外向，好奇心比较强烈的，他们希望能够接受一切自己感兴趣的东西。基于这一点，他们对新鲜事物的接收能力非常快。因为有些东西是比较无聊的，他们在看的时候，又练就了自己的忍耐力和宽容力。这种人的缺点是不喜欢接受批评。

6. 见到垃圾信件就丢掉的人。这种人性格外向，谨慎，工作态度比较严肃，在为人处世方面，都是比较小心和谨慎的，有自我防卫意识，不会轻易地相信某一个人。这一类型的人多少有些愤世嫉俗，所以显得不够圆滑和世故，所以人际关系会存在着一些不如意之处。

7. 信箱总是满满的人。这种人多属外向型人，善于交际，为人比较随和亲切，能够关心人，为他人着想，很得人心，很容易获得他人的信任和依赖，他们有很多朋友。

8. 信箱总是空空的人。这种人的性格比较孤僻和内向，不太容易与他人进行沟通和交流，心里有很多属于自己的隐私，但他们不会将这些说出来与他人分担和分享。这样的人由于性格注定自主意识比较强，凡事不用征求其他人的意见，就有自己的主张，常我行我素，容易走极端，不是过分坚强，就是过分地脆弱。

5. 从工作之余的放松习惯看人

现代社会是一个知识经济时代，社会发展越快，竞争越激烈，工作压力也就越大。生存压力和生活压力像两座大山一样压在人的背上，在这样一种情况下，人很容易疲劳、心烦意乱，为了保持身体和心理的健康，更好地加入到竞争之中，工作过程中，要进行自我调节，找到一种放松的方式。用什么样的方法放松要根据自己的实际情况和需要来决定，从一个人选择的放松方式的习惯这可以反映出一个人的性格。

1. 用运动的方式来放松自己的人。这一类型的人比较内向，郁郁寡欢，多情善感，喜欢封闭自己，缺少朋友，轻易也不会向他人倾诉自己的心事，尤其是比较熟悉的人，不过陌生人倒还是可以考虑一下。他们意志坚强，在挫折困难面前，虽然有时也会表现得失望和颓废，却是暂时的，他们多还能够勇敢地站起来，去面对一切。他们是做得比说得要多的人。

2. 采用自然疗法放松自己的人。这种人性格外向，活泼开朗，乐观自信，为人随和，很爱身边人的喜欢。他们待人真诚、朴实，说话直率，有什么说什么，不会遮遮掩掩。但这是在工作之外，他们厌恶工作，所以很难以单纯、自然、放松的心情投入到工作当中。在工作中，他们什么事也没有，就会突然间感到特别烦躁。

3. 采用睡觉放松自己的人。这种人性格外向，聪明机智，很现实，性情顽固。无论在什么时候都知道自己的目标，并且会努力寻找一种最简单最快捷的方法去实现它。因为固执，从不轻易地接受他人的意见和建议，但如果请一位权威性的人物对其进行说服，他们可能会听得进去。他们对一些原则和理论上的东西并不十分看重，而是着眼于非常具体的，看得见摸得着的实例。

4. 采用行为治疗法放松自己的人，这一类型的人性格内向，不善思考，没有主见，依赖性强，很容易向他人妥协，听从他人的安排和调度，他们是乐于被他人领导的一群人。不愿意自己动脑筋思考，而是喜欢他人把一切都安排得好好的，自己只要按着去做就可以了。他们对自己的要求比较严格，会尽力把每一件事情做好。

5. 不接受任何治疗方法的人。这种人性格在外向与内间之间，弹性很大，有时活泼得过度，有时沉默得一句话不说，不喜欢思考问题。有较强的独立自主观念，无论发生什么事情，在绝大多数时候，他们并不企图依靠外界的力量来解决，而只是寄希望于自己，并且也对自己充满了信心。他们并不相信谁，特别是那些被绝大多数人视若神明的，在他们眼里，什么也不是。他们要求不高，很容易满足，而且希望现状一成不变。

办公室的摆设折射人的内心世界

办公桌是我们工作环境中摆设的一部分，几乎每个职业人士都有。如何整理办公桌不但可以折射出一个人的习惯，还可以发现许多的秘密，这些秘密是什么呢？就是通过办公桌所呈现出来的种种表象，可以观察出一个人的内心世界。

文件摆放得整齐规则。无论是桌面上还是抽屉里，所有的文件都习惯按照一定的次序和规则放好，整齐而又干净，让人看起来有一种相当舒服的感觉，这表明办公桌的主人办事是极有效率的，他们的生活也很有规律，该做什么事情，总会在事先拟订一个计划，这样不至于有措手不及的现象。而且他们具有较强的责任心，凡事都会小心谨慎，避免失误的发生，态度相当认真。这样的人虽然可以把属于自己的工作做得很好，但是有一点墨守成规，缺乏冒险精神，所以不会有什么开拓和创新。

乱七八糟堆放文件。抽屉和桌面全部是乱七八糟的，这样的人待人相当亲切和热情，性格也很随和，做事通常只凭自己的喜好和一时的冲动，三分钟热度过后，可能就会自然而然地放弃。他们缺少某远虑的智慧，不会把事情考虑得太周密，也没有什么长远的计划。生活态度虽积极乐观，但太过于随便，不拘小节，经常是马马虎虎，得过且过，但是他们的适应能力较一般人要强一些。

桌面干净、整洁，但抽屉内却是乱七八糟。这样的人虽然有足够的智慧，但往往不能脚踏实地地做事，喜欢耍一些小聪明，做表面文章。他们性格大多比较散漫、懒惰，为人处世并不是十分可靠。从表面上看，他们有比较不错的人际关系，但实际上，却没有几个人是可以真正交心的，他们也是很孤独的一群人。

在抽屉里放一些具有纪念意义的物品。在抽屉里习惯放一些具有纪念意义的物品的人，多是比较内向的。他们不太善于交际，所以朋友不多，但仅有的几个是非常要好的。他们很看重和这些人的感情，所以会分外珍惜。他们有一些怀旧情结，总是希望珍藏一些美好的回忆。但他们比较脆弱，容易受到伤害，而且做事也缺少足够的恒心和毅力，常常会在挫折和困难面前不战而退。

要了解一个人并不是一件很困难的事情，难的是我们不懂得从他人生活、工作中的细节着手，只要用心去观察，就能够对某人的品性有个大概的了解。从工作中的很多方面都能够了解一个人的品性，如他上下班是否爱迟到早退；工作时间是不是都在做最重要、最紧急的事情；与同事的关系如何等。所有的这些细节都能反映一个人的内心世界。

看工作态度分析性格

人们在自然而然中都会将自己的性格特征表现在对工作的态度上，所以若想认识和了解一个人的性格，可以从他对工作的态度上进行观察。

1. 对工作认真负责的人。这种人性格外向，坦坦荡荡，对人真诚，凡事都会认真对待，做事很有分寸。勇于承担责任，在工作中，没有机会的时候会积极地寻找机会、创造机会，有机会的时候会牢牢地把握住机会，他们很容易获得成功。

2. 努力工作却没有效率的人。这种人性格内向，优柔寡断，凡事都想得很多，拿不起放不下。在面对一件工作的时候，首先想到的是自己该负担的责任、后果等问题，总是担心失败了会怎样，所以时常会表现出犹豫不决的神态。因为顾虑的东西实在太多，行动起来就会瞻前顾后，畏首畏尾，最后往往会以失败而告终。

3. 工作失败了，不断地找一些客观的理由和借口为自己开脱，设法推卸和逃避责任的人。这种人性格极端自私，爱耍小聪明，处处想表现自己，过分爱慕虚荣，他们常常以自我为中心。

4. 失败以后能够实事求是地坦然面对，并且能够仔细、认真地分析失败的原因，进行归纳和总结，争取在以后的工作中不犯类似的错误的人。这种人性格外向，有城府，有才气，为人处世比较沉着和稳定，具有一定的进取心，经过自己的努力，多半会取得成功。

5. 工作比较顺利，就非常高兴，但稍有挫折，便灰心丧气，甚至是一蹶不振的人。这种人多是性格脆弱，意志不坚强，不能干大事的人。

笔迹暴露人的本性

书法鉴定专家说：“通过一个人的运笔方法可以推测他的身体健康程度”。而研究笔迹的心理学家则称：“通过笔迹，可以观察出一个人的性格特征”。

从笔迹看人

从笔迹看人可以从三个方面来观察，即笔压、字体大小、字形这三个要点来研究分析这个问题。

1. 笔迹特征为字体较大，笔压无力，字形弯曲；不受格线限制，具有个性风格，容易变成草书；有向右上扬的倾向，有时也会向右下降，字体稍潦草的人。这种人性格外向，平易近人，好相处，善于社交活动。具有强烈的忧郁倾向。待人热情，兴趣广泛，思维开阔，做事有大刀阔斧之风，但多有不拘小节。缺点是缺乏耐心，不够精益求精等不足。

2. 笔迹特征为字形方正，一笔一画型，笔压有力，笔画分明，字字独立，字的大小与间隔不整齐，具有自己风格，但笔迹并不潦草的人。这样的人性格内向，不善交际，属理智型。处世认真，缺少热情。对于有关自己的事很敏感，害羞、对他人却不甚关心，感觉较迟钝。气质方面具有分裂质倾向。有较强的逻辑思维能力，性格笃实，思虑周全，办事认真谨慎，责任心强，但容易循规蹈矩。

3. 笔迹特征为字形方正，一笔一画型，有规则的平凡型，无自己风格，字迹独立工整，字形一贯笔压很有力的人。这种人性格外向，凡事拘泥慎重。做事有板有眼，中规中矩，但稍嫌缓慢。意志坚强，热衷事务。说话絮絮叨叨，不懂幽默。有时会因激动而采取强烈行动。气质方面具有癫痫质倾向，但精力比较充沛，为人有主见，个性刚强，做事果断，有毅力，有开拓能力。缺点是主观性强，固执。笔压轻，书写者缺乏自信、意志薄弱，有依赖性，遇到困难容易退缩。想象思维能力较强，但情绪不稳定，做事犹豫不决。

④笔迹特征为字形方正，稍小、有独特风格。以萎缩或扁平字形为多。字迹大多各自独立，无草书，笔压强劲：字的角度不固定，但字体并不潦草。这种人性格内向，气量较小，对事务缺乏自信，不果断，极度介意别人的言语与态度。简言之，属于神经质性格的人。有把握事务全局的能力，能统筹安排，并为人和善、谦虚，能注意倾听他人意见，体察他人长处。凭直觉办事，不喜欢推理。缺点是性格比较固执，做事易走极端。

⑤笔迹特征为每次书写，字体大小与空间大小无关；字型稍圆弯曲，有时呈直线形；有时字形具有自己风格，有时则工整而有规则；大小、形状、角度、笔压均不固定，潦草为其显著特征。这种人的性格外向，虚荣心强，重视外表，经常希望以自己话题为中心，因此话太多。不能谅解对方立场，缺乏同情心与合作精神。由于以自我为中心，因此容易受煽动，亦容易受影响。看问题非常实际。缺点是有消极心理，遇到问题看阴暗面、消极面太多，容易悲观失望，字行忽高忽低，情绪不稳定，常常随着生活中的高兴事或烦恼事而兴奋或悲伤，心理调控能力较弱。

从随手涂写看人

工作当中，每个人都有这样的经历：在工作过程中，累了，就愿意停下来，在一张纸或是其他的什么东西上随便地涂涂写写。心理学家认为，这种无意识的乱涂乱写，往往能显示出一个人的性格来。因为人内心的真实感觉，正是通过涂写这个过程显露出来的。

1. 画三角形的人。这种人性格外向，聪明机智，理解能力和逻辑思维能力比较强。在绝大多数时候能够保持头脑清醒，思路清晰，有很好的判断力和决断力，缺点是没有耐性、持之以恒的精神，容易急躁、发脾气。

2. 画圆形的人。这种人性格开朗，追求自由，浪漫，很有激情，凡事有一定的规划和设计，喜欢按照事先的准备行事。他们有很强的创造力和很丰富的想象力。具有开拓精神。缺点是不喜欢反思自己，做错事情以后，不及时认错。

3. 画多层折线的人。这种人性格外向，热情大方，想象力丰富。分析能力比较强，而且思维敏捷，反应速度快。缺点是凡事不愿意动脑筋，没有创新精神。

4. 画单式折线的人。这种人性格急躁，脾气不好，不喜欢与人交往。在很多时候都处在一种相对紧张的状态之中，情绪不稳定，时好时坏，让人难以捉摸。

5. 画连续性环形图案的人。这种人性格外向，富有同情心，能够将心比心，站在别人的立场上为别人着想。他们在大多数情况下都对生活充满了信心，而且适应能力很强，无论什么样的环境都能很快地融入其中。他们对现状感到满足，缺点是不知进取。

6. 在小格子中画上交错混乱线条的人。这种人性格外向，有恒心有毅力，做什么事情都有一股不达目的誓不罢休的劲头。缺点是过于毛手毛脚。

7. 画波浪形曲线的人。这种人个性随和，而且富于弹性，适应能力很强。善于自我安慰，遇事愿意往好的方面想。

8. 一个方格内胡乱涂画不规则线条的人。这种人性格内向，不善言辞，不喜欢与人争，优柔寡断，多愁善感。自怨自怜，情绪总是很低落，心理压力很重，但不会产生悲观厌世的想法，对人生还抱有很大的希望，并会寻找办法，解脱自己，朝积极向上的方向努力。

9. 画不规则曲线和圆形图形的人。这种人性格外向，喜欢刺激、冒险，富于开拓精神。心胸比较开阔，心态也比较平和，对环境的适应能力很强。缺点是有点玩世不恭。

10. 画不定型但棱角分明图形的人。这种人的性格直率，胆量过人，竞争意识比较强。争强好胜，总是希望自己能够胜人一筹，而事实上，他们也在不断地为此而努力，并且可以做出巨大的付出和牺牲。

11. 画尖角的图案或紊乱的平行线的人。这种人性格内向，忧郁，对什么事情都提不起精神来，凡事对他们没有吸引力。内心总是被愤怒和沮丧充斥着。

12. 在格子中间画人像的人。这种人性格外向，心直口快，光明磊落，嫉恶如仇，乐于与人交往，朋友很多。因为性子直爽，口无遮拦，因此也会得罪不少人。

13. 写字句的人。这种人性格内向，思维敏捷，喜欢读书，爱思考问题，学识比较渊博，是名副其实的知识分子，想象力比较丰富。缺点是常生活在想象当中，有点不切合实际。

14. 画眼睛的人。这种人性格内向，忧郁，活在自己的世界中，爱怀疑别人。有比较浓厚的怀旧心理。缺点是不思进取。

15. 画小小短短的线的人。这种人性格比较内向。他们对这个社会和自己所处的环境充满了恐惧感，总是想方设法地逃避。他们可能也很聪明和智慧，但通常不会有什么好的想法和创意，因为他们总是被一些无形的东西局限了正常的思维和思考，从而使得自己无法进行突破和超越。至于那些使他们受到局限的东西，在很大程度上完全是他们强加到自己身上的。

16. 画像云一样的弯曲造型，又像风扇和羽毛的人。这种人对新鲜事物的接收能力往往是很强的，而且也具有很好的适应能力。曲线一条包含着另一条，表示他们对周围人是相当敏感的。在遭遇挫折和磨难的时候，他们多能够保持相对的冷静，并积极寻找解决的办法，而不是不加思考，贸然动手。缺点是他们时常会沉浸在某种幻想当中，有一点不切合实际。

17. 画有角，两度空间的四方形、三角形、五边形等几何图形的人。

这种人性格外向，具有十分严密的逻辑性，而且是善于思考的。他们的组织能力相当强，但有时也会让人产生错觉，认为他们太过于执著自己的信念。他们对那些想改变自己或否定自己意见、看法的人简直无法容忍。缺点是他们在为人处世等方面多少有一些保守，但在面对各种事物时多能够做到胸有成竹，知道自己该做些什么，怎样做。

从签名看人

一个人的签名就代表自己的形象，这是显而易见的事。从笔迹可以看出一个人是否有门户之见，是否冷漠无情，是否骄傲，是否对某物有偏见，是否目中无人，是否凡事顺从，是否心情不定，是否一板一眼，是否胆小，是否顽强固执或者是否备受压抑，是否反叛心强。

1. 签名的字小，又挤在一起的人。这种人性格内向，很会过日子，是个例行节约的人。他的字都挤在一起，表示他想把最小的空间当做最大的空间来运用，也显示出他是个十分懂得精打细算的人。他知道如何使用一块钱。他喜欢在廉价商店买衣服。但是，很多时候他其实没省多少钱。

2. 签名的大写字、花体字、装饰字的人。这种人性格外向，开朗大方，善交际爱说笑，爱慕虚荣，凡事都争强好胜。为了克服心中的无力感，他把名字签得比自己真正的形象还大还夸张。虽然他的签名似乎很有艺术感，但他不过是佯装一副艺术的模样，并不是真正发展自己具备的天赋。

3. 签名向左斜，其他字向右斜的人。这种人性格内向，不善言辞，自我封闭，善于伪装。如果他连其他字也向左斜，那我们可以说，他就是那种喜欢违反本性的人。不过，如果他签名向左斜，但其他字右斜，那表示，他只想留给他人冷淡而缄默的印象。在这些伪装的外表下，真正的他其实相当友好、善于交际，也许个性外向，并不会因为他人在场而觉得不自在。

4. 签名向右斜，其他字向左斜的人。这种人性格外向，随和，待人大方，聪明，博学多才，极善交际。他和签名向左斜、其他字右斜的人不一样，他是一位社交高手，经常一开始就成为宴会上的灵魂人物，因为他热情、诙谐又迷人。然而，在这样开放而自然的外表下，真正的他却不认为自己是团体的一分子，而且很可能只为了唱反调而反抗任何外来的压力。

5. 下降式签名的人。这种人性格内向，喜静不好动，思想保守，喜欢一成不变的工作方式。朋友很少，生活比较狭窄。总而言之，他的生活中有挫折、沮丧和疲惫，他似乎很快便倒下去了。他讨厌做任何事情，签名对他来说是个苦差使，让他不胜其烦。

6. 上升式签名的人。这种人性格外向，野心勃勃，好胜心强，爱与人一争长短，他对工作也一样，凡事爱争先，处处表现自己，不甘人后。上升式签名代表了他的野心和必胜的决心。他计划登上爱和成功的阶梯，而且绝不放弃。他的签名并没延长、逐步消失的意味，它继续往前走、向上爬。这种正面的自我形象，使他的一生不断有股好运在身后支持他。

7. 签名字体比一般字体大的人。这种人性格外向，自我表现欲望强烈，有自我膨胀的倾向。他希望别人只记得他的外表，而事实上，别人也经常只记得的外貌。多年来，尽管他的成就实在不如自己所设计的形象那样，但他的确已经学会如何让别人清楚地记得他的外貌了。

8. 签名字体比一般字体小的人。这种人性格倾向内向型，对事物认真负责，为人坦诚，谦虚好学，有时谦虚得过分，便显得有些自卑了。有时他觉得自己渺小而没有影响力。虽然他的构想可能很有价值，可是他就是觉得一点儿价值也没有。他常常刻意避免自己应得的荣耀，自贬身价。找个人激励他，就是把心中的焦虑排解出来的最好方法。

9. 难以辨认的签名的人。这种人性格外向，独立性强，不喜欢张扬自己，总是把自己封闭得紧紧的，有了心事自己埋在心里。对世人而言，他是个谜，可能对他自己来说，他也是个谜。别人无法了解他，因为人们所得到的线索都与他的真正个性恰恰相反，但他并不在意这些。他早就学着成为一个矛盾的个体，久而久之，也就习以为常了。不过，当个谜样的人物也有好处，他会得到不少关注。

10. 波浪形底线的人。这种人性格外向，城府很深，做事有原则，是个大智若愚的人。

11. 有条线贯穿签名中间的人。这种人性格内向，虚荣心强，凡事不与人争，自怜自怨自爱。一条线贯穿自己的名字，意即他想把自己删掉，确切宣告自己不存在。

12. 签名后跟着破折号或句点的人。这种人性格忧郁，独立意识较差，见不得有困难，临阵潜逃。但有一股常人难以想象的忍耐力。他会在事情失控之前就先行脱身。天生多疑的个性，使他的决定都拥有某种特定的模式，而且他可能只需要薄弱的间接证据，就可以定他人的罪。

13. 一如学生时代的签名方式的人。这种人具有活泼开朗的性格，喜欢童真，善良。他签名的字体缺乏明确的形式和流畅，大小排列不一。这一切显示感情上他还停留在青少年时期，也许智力上也同样停留在那个时代。他无法适应成人的世界，而且很可能等他45岁的时候，仍与父母住在一起。

14. 图案式签名的人。这种人性格外向，爱学习，爱思考，学识渊博。从整体看来，他的签名高雅而有节奏感，事实上也的确如此。他的人就像他的签名一样，独特而有艺术气息。大写字、转折、一笔一画，以及平稳的力道，表示他对个人的品位有信心，有创造自己流行风格和生活方式的天赋。

从使用通讯录看人性风格

现代生活当中，由于工作的需要。人与人之间的联系越来越紧密，一个人，总是和很多人保持着一定的联系，而这些人的联系方式除了记在手机里以外，为了以防万一，还会记在通讯录上。

通讯录几乎是很多人都具有的，但是一个人对通讯录持什么样的态度，这从一定程度上是由一个人的性格所决定的。

1. 保留着旧的通讯录的人。这种人性格一般比较内向，寡言少语，有怀旧情绪，比较重感情，是一个感情非常丰富的人，有点优柔寡断。即使是彼此之间的感情已经结束了，也还是不放弃他们，因为想在记忆中保留一份美好的回忆。

2. 每年更换通讯录的人。这种人是一个非常注重于实际的人，有情有义，爱憎分明，知恩就报，内心比谁都清楚，谁对自己的帮助大，谁对自己的帮助小，他们自己在心里往往有一杆秤，分得很清楚。他们很现实，有时候做事一点儿情面也不留，让人觉得这是一个相当冷酷的人而无法接受。可是在另一方面，他们又很仗义，凡是和自己站在同一条战线上的，他们都能够为对方付出，与此同时，也会有人情愿为他们付出。

3. 使用抽取式通讯录的人。这种人比较自信，争强好胜，能言善辩。社交范围相当广，他们认识很多的人，所以必须要以最快的速度为这些人在记忆中找个落脚的地方。他们大多很繁忙，总是有许多做不完的工作，时间表安排得满满的，但他们做事的效率又很高，大多数时候心态也比较平和。

4. 习惯于使用铅笔记录通讯录上内容的人。这种人性格比较开朗，很有城府，对事情小心认真。大多数时候，为人处世是很小心和谨慎的。他们之所以用铅笔记录与人联系的方式，多是对对方持怀疑态度，如果有什么事情证实自己的怀疑是有一定根据时，就很快将这个人在通讯录上删去，而不会再与之交往。

5. 使用便宜通讯录的人。这种人比较内向，节俭，对任何事情都不挑剔，和人相处也很随和，对自己的穿着也不特别的讲究，他们多是随随便便的人。这一类型的人非常实际，什么东西对自己有用的时候就保存，没有用的时候就丢弃。他们讨厌一成不变的东西，希望能够不断地吸收或接受新鲜的人或事物，充实到自己的生活中来。

6. 使用昂贵通讯录的人。这种人的性格与使用便宜通讯录的人在很多方面是相对的。使用昂贵通讯录的人，性格憨厚，讲义气，他们的生活态度是严谨小心的，与人交往就有建立长久关系的意愿，一旦有谁真正地进入到他们的生活中，就会真心对待，给予足够的尊重，这种感情尤其是在紧要关头，会淋漓尽致地表现出来，这时候，他们是最可靠的。

7. 使用皮夹或皮包型通讯录的人。这种人的性格比较内向，不是特别坚强，缺乏必要的安全感，喜欢依附他人。总是想得到他人的关心和帮助，只有这样，才会使他们的情绪稳定下来。他们并不太轻易地与陌生人交往，他们与之交往的一些人，多是一些比较亲近的人。

8. 把通讯和联系方式随便记在什么地方的人。这种人性格极不稳定，生活没有规律，也没有原则性，但心地善良，富有同情心。有非凡的创新力和想象力。这样的人生活常常是一塌糊涂，他们的任何东西都是没有规律的，组织能力和自我约束能力也很差。但他们大多都有聪慧的头脑，在某一方面有一定的专长的人，所以很可能会做出一些重大的成就，但是由于他们又比较脆弱，所以干大事时成功的机会不多。

名片是身份地位的象征

名片是一个人身份和地位的标志，透过名片能一目了然对方的工作和职位。但是，仅仅看名片上的这些内容，我们是无法洞悉其人品性如何的。因此，我们要想通过名片，看一个人的性格与心理，就必须注意名片的其他方面。名片的字体粗大，即是其中一个方面。

1. 在名片上喜欢用粗体大字的人。这种人个性强，自我意识和功名心非常强烈。善于辞令，懂得分寸，这类人性情温和，很有绅士的气度，唯独个性相当任性，其中也有很多颇难接近的人。对他们了解得愈多的话，会发现他们也有人情味的一面。一旦被他们所喜欢时，他们会倾尽全力帮助你；如果被他们嫌弃，则连理也不会理睬你的。

2. 名片上虽印粗体大字，但没有印头衔的人。这种人具有特殊的独创性，不喜欢被人驱使，也不喜欢去驱使别人。

3. 使用特殊型名片的人。这种人是特立独行型的人，口头上能言善辩，但很少真正对别人发生兴趣；性格任性，对别人对自己喜欢与否非常在意，依赖心强。另一方面，他们性情温顺、富有同情心，对他们所喜欢的人能竭尽全力地去照顾。然而，他们常被人毁谤，还具有缺少协调性等缺点。

4. 名片用日本纸的人。这种人性情温和，讲话温文尔雅且富有罗曼蒂克色彩，同时他们对美术感觉敏锐。一般持用者多为女性，如医生、音乐家。这种类型者，随着年龄的增长会愈来愈胆大、以自我为中心。美中不足的是，缺乏坚强的意志，是个好好先生，不和别人争吵。经常去照顾别人，反而招来别人的怨恨。

5. 持用塑料加工光滑面的名片者。这种人有些神经质、虚荣、独占欲强的人。外表上看来很开朗、天真，与人交往时也很温和，特性是喜欢大言不惭、故弄玄虚，疑心和嫉妒心都很强。这种人对金钱漠不关心。

使用香水的性格暗喻

现在社会中，由于日常生活中需要交际，无论男人、女人都很注重外部形象。因此，香水的使用，不仅仅是一个女人的专利，男人也开始使用它。实验表明，从一个人用什么样的香水可以发现一个人的性格。

1. 使用香味清淡香水的人。这种人性格比较内向，孤僻，不善与人交际，寡言少语，多愁善感，心思细腻，喜欢一成不变的生活，多半是没有自我主张的老实人。不论对什么事，都抱着不勉强的态度。对于他人，总是尽量配合。因此，很少有被人嫌、被人责骂的情形发生。与异性交往时，也是努力配合对方。

2. 使用香味浓烈的香水的人。这种人个性张扬，有极强的表现欲望，非常自信，并且有着明确的自我主张，处处显示自我。富有冒险精神，常向新事物挑战。对流行也很敏感，多半是嫉妒心强的人。

3. 使用一流名牌香水的人。这种人性格外向，喜欢向人展示自己的与众不同之处，追求富有刺激的生活，讨厌平凡，喜欢卖弄智慧和气质，这种人具有精英意识的人，谈吐和举止上表现得很高雅。不过也有人与此正相反，是具有精英情结的人。

4. 使用一般香水的人。这种人性格随和，感情丰富，对人真诚，喜欢思考，是个很有思想的老实人，在哲学、宗教方面颇有研究。这种人很受同性朋友欢迎，只要有他们在场，气氛就会很热烈。与他们聊天总是件令人愉快的事。

从社交行为看真性情

若要在人际交往中获得成功，如何看人是最关键的。会观察的人，往往能从日常生活中的每个细节就能探知一个人的性情，从而知道其性格，然后再决定此人可不可以成为朋友。

1. 从打招呼的行为看人

在“人际关系”中，一般人比较重视的是外表上的打扮。其实，“打招呼”在人际关系里，可说是心理上的“打扮”，打招呼时给予他人的印象是好是坏，都会影响到他人对此人的人品判断。

①举起手打招呼的人。这种人性格直率，有修养，对人真诚、善良，乐于交际，属于爱关照他人的社交型。与人见面，他们边举起手边说“早安”或“××先生，您早”，这是因为他们不满足于只用言语交流，很重视动作，这种人即使是与初次见面的人，也会很快和对方打成一片；平时若有不高兴的事，也会马上抛到脑后。

②鞠躬式打招呼的人。这种人性格保守，孤僻，神经极度敏感。是个很重视与人交往的老好人。这种人绝不会对人恶言恶语，也不会做出让人讨厌的事，是想法很保守的人。

③稍微点点下颌，表情却不变的人。这种人性格急躁，自私，向往新式生活，有时爱封闭自己，很有心计。可以说是个现代型的人物。怕麻烦，对人的好恶很分明，不会勉强地配合对方。脾气别扭，总是抱有很多的不满。

④边碰对方的肩或手边说“您好”的人。这种人性格开朗大方，活泼热情，对别人十分真诚，喜欢热闹和交际，有着强烈的与人接触的愿望。其所以碰对方的肩或手，是想与人更亲密点。这种人以政客或中小企业老

板为多。若是年轻人，则是个开放、喜欢与人交谈的人。

2．从与人约会看人

日常生活中，朋友之间的约会，最能反映一个人深层心理的最佳指标。不论男女，从他（她）选择与好友约会的场所可以看出其性格。

①选择车站的人。这种人性格急躁，办事风风火火，他们很有时间观念，做事讲究效率。在车站与朋友会面，就是为了方便，把话说完就上车走人。这种人虽然工作出色，但人际关系处理得不是太好。

②选择在公园见面的人。这种人性格外向，热情大方，活泼开朗，个性奔放，热情、直率、独立，是天生的领导者。

③选择在咖啡店见面的人。这种人性情温和热情浪漫，很会享受生活。感情丰富，处处追求舒适，是个对自己很好的人。

④选择在家门前的人。这种人性格外向，毛毛躁躁，不太成熟，独立性强，不会做事。但人比较老实。

3．从生活中的坐车行为上看人

日常生活中，我们不管是和自己的亲朋好友，还是和陌生人，都有在车上相遇的可能性。心理学家分析得出，从一个人选择坐车的位置，能看出一个人的性格来。

①坐在司机旁边位置的人。这种人性格外向，凡事争强好胜，处处要出风头，表现欲望强烈，但为人处事比较认真，是会做好自己份内工作的人。即使有所不愿，也会很负责任地做好它。很少找人帮忙，总是把事情的程序安排好，然后努力地做好它。

②坐在司机后面位置上的人。这种人性格内向，孤僻，对自己没有信心，没有安全感，但很有主见，对外界设防很严。自尊心很强，不喜欢按照他人的话去做。

③坐在后座正中间的人。这种人性格外向，喜欢交际，开朗大方，对人热情，害怕孤独寂寞，有依赖心。

④坐在后座右边的人。这种人性格直爽，很有原则性，对人热情大方，凡事都小心翼翼。人缘好，是个人见人爱的人。喜欢照顾人、行动干脆的人。不管做什么事都很积极，且能处理得很好。是值得朋友信赖的人。

生活中的信息

1. 从付款态度看人内心世界

在生活中，有很多琐碎事情是需要一个人亲自来处理的，从处理生活中其他的琐事可以观察出一个人的性格。

①亲自付款的人。这种人性格内向，大多比较传统和保守，不喜欢新鲜事物，而偏重于循规蹈矩，守着一些过时的东西，缺乏冒险精神。他们缺乏安全感，有自卑心理，但又极希望获得他人的肯定和认同。凡事他们只有亲自参与，才会觉得有所保障。

②能拖多久就拖多久付款的人。这一类型的人性格外向，比较自私，缺乏公平的观念，爱占小便宜。总是想着自己少付出或是不付出就得到尽可能多的回报。他们在一般情况下不会轻易地去关心和帮助别人，对人虽不算太冷淡，但也算不上热情。

③把付款的任务推给别人。这一类型的人性格内向，有依赖心理，没有自己的主见，无法坚持自己的原则。习惯于服从和听命于他人，被他人领导。他们的责任心不强，若犯了错误，总是找理由和借口为自己进行开脱，在挫折和困难面前，表现得过分胆怯。

④收到账单以后就立即付款的人。这种人性格外向，很自信，要强，很有魄力的，凡事说到做到，拿得起放得下，当机立断，说到做到。他们的个性独立，为人真诚坦率。

⑤采用电话付费服务的人。这种人性格外向，聪明，头脑活络，对新鲜事物容易接受，并懂得利用它们为自己服务，但由于对某些东西的依赖性太强，常常会使他们丧失一些自我的主动权，而受控于人。除此以外，

他们对人是有很强的信任感的。

2、出生排行的明显特点

不同的家庭，其子女个数往往是不尽相同的。家里有几个孩子以及自己在几个孩子中处在什么样的位置——也就是说出生排行的顺序，这在一定程度上也关系到一个人的性格特征。

①在家排行老大的人。这种人性格外向，做事沉稳，善解人意，不但有责任心和事业心，还有爱心和牺牲精神。对父母长辈以及弟妹们会倾注很多的时间和精力，关心照顾他们。他们很能体谅长辈的难处，并尽最大努力帮助家人分担责任。他们能够保持家业和家庭的名声，对生活中的忧虑和苦恼感触很深。他们做事有始有终，不爱冒风险，这并不是说他们缺少这种精神和魄力，而是他们必须要考虑做完以后所带来的不良后果，并要为此负责。

②排行老二的人。这种人的性格外向，比较开朗大方，生活态度也是相当积极和乐观的。但性格中不好的一点是比较固执任性，他们待人比较亲切和随和，能和很多人很好地相处。随机应变的能力很强，往往能够非常轻松地应付各种人和事情。他们多有很高的人生追求和目标，并会为此而非常努力。一旦有所不满就会有很强的反抗情绪。

③排在第三的人。这种人性格内向，任性、娇气、意志力薄弱、不能体谅他人等，同时还会附带着显得胆小、害羞、敏感、脆弱、不轻易相信别人、不善于交际等等。他们常常用幻想的方式来逃避现实生活中的种种不如意，有时表现得有些自命清高，常为自己树立很远大的理想和目标。

④作为独生子女的人。这种人性格外向，自信，虚荣心强，爱要小聪明，处处以自我为中心，独立性欠佳，任性固执，稍有不顺心，便会大发脾气。

3．从对方按电话的行为看人

接电话是交际中必需的动作行为，从接电话的方式中，我们可以分析出一个人的个性特征。

①电话铃声刚响一两声，无论自己身在何方，都会快步冲来，拿起听筒，如果对方暂时没有回应，会对着话筒高声呵斥几声，然后啪地一声摔上电话，再接着忙自己的事情。如果电话要找的人恰好不在现场，没有耐心询问对方单位名称、姓名。这种人一般脾气火爆急躁，容易与人计较从而发生口角。

②电话响起，如果手头工作较忙，他会让电话在长久的等待中响着铃声，然后不紧不慢地踱步过去。如果此时的电话是多日不见的老熟人，他便会暂时放下手头的工作，与人天南地北地聊起来，并不在意身边是否有同事恰巧要用电话。这种人有太强的自我意识，容易在领导面前做假态，在弱者面前逞强。

③接电话总是嗯嗯啊啊，没有更多的话，对于再熟悉的人，也不会家长里短，甚至连一句礼貌的问候都没有。这种人对待任何事情往往不会有太多的热情，自视清高。经常摆出一副“事不关己、高高挂起”的明哲保身的态度。

④接电话时舒舒服服地坐着或躺着，一副泰然自若状。他们生活沉稳镇定，悠闲自得，泰山压顶面不改色。

⑤习惯于用拿着笔的手去接电话。这类人个性比较急躁，经常处于紧张状态，而且不让自己有片刻的空闲。

⑥通电话时从不喜欢坐立在同一位置，喜欢在室内走动，边走边谈。这类人好奇心极重，喜欢新鲜事物，讨厌任何刻板性的工作。

⑦接电话时把听筒夹在手和肩之间。此类人性格胆小，生性谨慎，对任何事情必须先考虑周详才做出决定，他们处处小心从事，极少犯错误。

⑧通电话的同时，常常要做一些琐碎的工作，比如整理文具等。此类人富有进取心，珍惜时间，分秒必争。

⑨接电话时不停地玩弄电话线。此类人生性豁达，玩世不恭，不把一

切放在眼里，活得很洒脱，不在乎周围人对自己如何看。

⑩一边接电话，一边在纸上信手涂鸦。这类人大多具有艺术才能和气质，富于幻想。他们独具的乐观个性使他们经常能度过困境。

通话时紧握听筒的下端。这类人外圆内方，表面看似怯懦温驯，其实个性坚毅，无论对事对人，一旦下定决心，永不改变。

4. 从生活中的照相行动看人

游玩、留念也是交际中一项不可缺少的行动，看看里面的内容吧。

随着现代科技的发展，一个人想照相不必非要到照相馆去照，有的手机就有照相功能，只要心情高兴，随时随地都可以照一张相。因为每一张照片不但会给自己留下美好的回忆，还可以在闲暇时拿来与朋友们一起对着照片评头论足。所以，不管任何人，都想照一张最好的照片来。心理学家发现，从一个人照相时的表现可以判断出其性格特征来。

①呈现左边的脸且视线朝上看的人。这种人性格开朗大方，为人和善，待人真诚，温柔体贴，也比较谦虚，容易与别人融洽相处。

②呈现右边的脸且视线向下看的人。这种类型的人喜欢我行我素，坚持自己的主张，如果自己的意见没被接受，就会焦躁地对周围的人动怒，且精神上会陷于低潮、不安定的状态。

③呈现左边的脸且向上看的人。这种人对自己很有信心，是个自我表现欲强烈的人，具有将自己的优点表现给他人看的强烈意识。虽易与人融洽相处，但碰到事情时，有时会突然关上沟通的大门。

④呈现右边的脸且向下看的人。这种人具有积极的行动力和领导的素质，可是有时稍微过分。所以，多属于独断独行的人。